beck'sche reihe

bsr

Katalonien mit seinen traumhaften Stränden und großartigen Weinen lockt alljährlich viele Tausende an. Darüber hinaus verfügt Katalonien über einen reichen Schatz kultureller Zeugnisse von der Antike über die romanischen Klöster bis hin zu den Bauten Gaudís und dem neu erbauten Dalí-Museum. Auch ein Blick in die große Vergangenheit des Landes lohnt sich. Katalonien mit seinen weitläufigen Besitzungen in Südfrankreich, Italien und der Ägäis beherrschte über viele Jahrhunderte den westlichen Mittelmeerraum und behauptete sich mit viel Selbstbewusstsein gegen einen von Madrid aus diktierten Zentralismus. Der vorliegende Band zeigt die wechselvolle Geschichte Kataloniens von der gewaltsamen Vertreibung der Mauren über Großmachtbestrebungen, dem industriellen Aufschwung im 19. Jahrhundert bis ins 21. Jahrhundert, in dem sich Katalonien als autonome Region in Europa mit großer Anziehungskraft erweist.

Carlos Collado Seidel hat in München und Madrid studiert. Heute lehrt er als Privatdozent Neuere Geschichte an der Universität Marburg und ist Visiting Fellow an der London School of Economics.

Carlos Collado Seidel

Kleine Geschichte Kataloniens

Verlag C.H. Beck

Mit 5 Karten

Für Karin und Yolanda

Originalausgabe

Gesamtherstellung: Druckerei C. H. Beck, Nördlingen
Umschlagentwurf: + malsy, Willich
Umschlagabbildungen:
U 1: Dalí, 1982, **getty-images/Hulton Archive;**
Bauschmuck Santes Creus (Detail), **© Ruggero Vanni/Corbis;**
U 4: Barcelona, Casa Batlló, Gaudí, **akg-images/Joseph Martin;**
Ferdinand von Aragón, Flämische Schule **© Museum Poitiers**
Karten: cartomedia, Karlsruhe
Gedruckt auf säurefreiem, alterungsbeständigem Papier
(hergestellt aus chlorfrei gebleichtem Zellstoff)
Printed in Germany
ISBN 978 3 406 54787 4

www.beck.de

Inhaltsverzeichnis

Einleitung

Mit Katalonien verbindet man die traumhafte Küste der Costa Brava, herausragende romanische und gotische Bauten, das exzentrische Schaffen von Salvador Dalí, die Erinnerung an die Olympischen Sommerspiele von Barcelona im Jahr 1992 oder den in dieser Stadt allgegenwärtigen bizarren Jugendstil von Antoni Gaudí. Weithin unbekannt ist aber die beeindruckende Geschichte Kataloniens, einer Region, die sich weit über die kulturelle Dimension hinaus als eigene Nation versteht.

Die historischen Wurzeln Kataloniens liegen in einem Lehen aus der Zeit Karls des Großen. Der territoriale Expansionsdrang seiner Herrscher richtete sich im Rahmen der Vertreibung der Mauren von der Iberischen Halbinsel zunächst nach Süden. Hier trat die Grafschaft von Barcelona in Konkurrenz zu anderen zeitgleich entstandenen Reichen auf der Iberischen Halbinsel wie Kastilien, Aragonien, Navarra und Portugal. Parallel dazu orientierte sich Katalonien aber auch weit über die Iberische Halbinsel hinaus. So drangen die Grafen von Barcelona tief nach Frankreich hinein und übernahmen im Hochmittelalter die Kontrolle über große Teile des Languedoc und der Provence. Später setzten die Könige des nun vereinigten katalanisch-aragonesischen Reiches, das zur aufstrebenden Seemacht wurde, ihre territoriale Ausdehnung im Mittelmeerraum fort und übernahmen sukzessive die Herrschaft über die Balearen, Sizilien, Sardinien und das Königreich Neapel. Zeitweilig gehörten sogar die in der Ägäis gelegenen Herzogtümer Athen und Neopatria dazu. Die katalanische Handelsmetropole Barcelona wurde darüber hinaus zur großen Konkurrentin von Genua und Pisa. Katalonien hat den westlichen Mittelmeerraum wie kein anderes Reich seit dem Untergang Roms geprägt. Der mächtige katalanische Adel und die selbstbewussten städtischen Patriziergeschlechter schraken auch nicht davor zurück, dem Herrscher die Stirn zu bieten. Damit ist die Geschichte Kataloniens auch die Geschichte schwerer innerer Konflikte und Rivalitäten, die sich am ständigen Streben der Krone nach Stärkung der königlichen Macht entzündeten. Daraus ergaben sich gewaltsame Aufstände und Sezessionsversuche, die von der Königsmacht nur mit großer Mühe niedergerungen werden konnten.

Wenngleich Katalonien im Jahr 1716 schließlich jegliches politisches Eigengewicht verlor, blieb ein starkes kulturelles Selbstverständnis erhalten, das vor allem auf dem Katalanischen als gemeinsamer Sprache basierte. Diese hatte sich parallel zu anderen romanischen Sprachen auf der Iberischen Halbinsel aus der regionalen Variante des Lateinischen entwickelt und war über Jahrhunderte die Sprache des Hofes und der Kultur. Das älteste katalanische Schriftzeugnis, die *Homilías de Organyá* bezeichneten Fragmente einer Predigtensammlung, wird auf die Zeit zwischen dem späten 11. und frühen 13. Jahrhundert datiert, und mit Ramon Llull (Raimundus Lullus) erreichte das Katalanische als Schriftsprache bald darauf einen ersten ausdrucksstarken Höhepunkt. Im Zuge der romantischen Bewegungen der ersten Hälfte des 19. Jahrhunderts kam es in Katalonien schließlich zu einer *Renaixença* genannten Rückbesinnung auf die eigene Kultur und Nation. Die sich daraus entwickelnde machtvolle kulturelle Bewegung mündete alsbald in der politischen Bewegung eines katalanischen Nationalismus. Hieraus entstanden heftige und auch gewalttätige Auseinandersetzungen zwischen der Zentralmacht und dem *Katalanismus*, die die Geschichte Spaniens im gesamten 20. Jahrhundert bis in die Gegenwart prägten.

Die Fragen, inwieweit von einer katalanischen Nationalgeschichte gesprochen werden kann und ob es eine katalanische Nation gibt, enthalten gewaltige Sprengkraft. Sie haben bis heute heftige Kontroversen ausgelöst, die weit über einen geschichtswissenschaftlichen Diskurs hinausreichen und die spanische Gesellschaft tief entzweit haben. Die emotional geführten Debatten zwischen den Verfechtern der spanischen Einheit und den Anhängern einer eigenständigen katalanischen Nation wirken für deutsche Ohren sicherlich befremdlich. Hierzulande würden weder bayerische Patrioten noch Lausitzer Sorben Deutschland als Nation in Frage stellen. Während andere Nationalitätenkonflikte wie die innerhalb des 1919 geschaffenen jugoslawischen Staates oder des Russischen Reiches einleuchtend klingen, mag der Fall Kataloniens zusätzlich verwunderlich wirken, nachdem Spanien im historischen Rückblick seit der Vereinigung der Kronen unter den Katholischen Königen gemeinhin als gefestigte imperiale Macht wahrgenommen wird. Gerade dieser Eindruck ist allerdings trügerisch. So bestand zwar bereits in den mittelalterlichen christlichen Königreichen auf der Iberischen Halbinsel ein gemeinsames «nationales Bewusstsein», das sich in der Tradition der Herrschaft der Westgoten stehend verstand und sich im als gemeinsam empfundenen Kampf gegen den Islam im Rahmen der Rückeroberung der Iberischen Halbinsel (*reconquista*) sowie in einer dezidierten Heiratspolitik zur Zusammenführung der spanischen Reiche manifestierte. Mit der schrittweisen Vereinigung der Kronen wurden die verschiedenen Reiche jedoch nicht miteinander verschmolzen. Die Könige des mächtigen spanischen Habsburgerreiches führten dem zeitgenössischen Verständnis entsprechend nicht den Titel eines Königs von Spanien, sondern waren Könige von Kastilien, Könige von Aragonien, Könige von Valencia, Grafen von Barcelona und zudem zeitweise Könige von Portugal. In jedem dieser Reiche bestanden unterschiedliche Rechtssysteme, Institutionen, Besteuerungssysteme, Zahlungsmittel und teilweise sogar Verwaltungssprachen. Erst mit der Etablierung der Bourbonenmonarchie in Spanien nach 1714 begann die Schaffung eines zentralisierten und sprachlich homogenisierten Macht- und Verwaltungsstaates.

Kastilien als das weitaus größte, bevölkerungsreichste und mächtigste der verschiedenen Reiche der Krone dominierte den Zentralisierungs- und Nationsbildungsprozess, was in Katalonien wiederum stets als Kastilisierung und damit als Kolonisierung empfunden wurde. Symptomatisch dafür ist, dass in Katalonien besonders darauf geachtet wird, dass nicht vom Spanischen als Sprache, sondern vom Kastilischen die Rede ist. So handle es sich hierbei nicht um die Sprache Spaniens, sondern lediglich um die Kastiliens, die per Dekret zur Amtssprache erhoben worden und zur Waffe bei der Kastilisierung des spanischen Staates geworden sei. Obwohl es in weiten Teilen des spanischen Königreiches schließlich zu einer dauerhaften Annahme der kastilischen Sprache kam, hat sich in Katalonien (und in anderen Regionen wie vor allem dem Baskenland) ein eigenständiges nationales Bewusstsein erhalten, das im Zuge der Entstehung der modernen Nationalstaaten im 19. Jahrhundert an Bedeutung gewann und zur Grundlage des modernen katalanischen Nationalbewusstseins wurde.

Die vorliegende Darstellung versteht sich als Einführungs- und Überblicksdarstellung zur Geschichte Kataloniens. Zum besseren Verständnis des katalanischen Nationalbewusstseins erfährt der kulturelle Reichtum der Region eine besondere Beachtung. So werden die frühen Schriftzeugnisse der katalanischen Sprache als Keime der kulturellen Identität und die prachtvollen Bauten der Gotik als eindrucksvolle Zeugnisse des Wohlstandes katalanischer Patriziergeschlechter gewürdigt. Sogar der imposant weiterentwickelte katalanische Jugendstil (*Modernisme*) versteht sich im historischen Blick als dezidierter Ausdruck eines eigenen Nationalverständnisses. Im Verlauf der Darstellung wird aber auch deutlich, wie dramatische Naturkatastrophen wie die Pest und Hungersnöte, der Aderlass endloser Kriege sowie die verheerenden Folgen von Bürgerkriegen und militärischer Besatzungsherrschaft tiefe Spuren und Brüche in der Entwicklung des Landes hinterlassen haben. Einen wichtigen Raum nehmen schließlich auch der Licht- wie Schattenseiten hervorbringende wirtschaftliche Aufschwung im 19. Jahrhundert und die Vorreiterrolle Kataloniens im spanischen Industrialisierungsprozess ein, die auch als Jungbrunnen für das katalanische Selbstbewusstsein wirkten. Mit diesem Band wird der Versuch unternommen, die eindrucksvolle, bewegte und die Gegenwart Spaniens prägende Vergangenheit Kataloniens auch in ihrer kulturellen und sozialen Dimension auf knappem Raum lebendig zu machen. Karten sowie eine Zeittafel erleichtern den Überblick. Ausgewählte Literaturhinweise laden dazu ein, die Kenntnisse der überaus facettenreichen Geschichte Kataloniens zu vertiefen.

Abschließend noch einige Anmerkungen zu verwendeten Begriffen und Schreibweisen: Personen- und Ortsnamen werden, sofern sie katalanischen Ursprungs sind, wie inzwischen im spanischen Sprachgebrauch üblich, auf Katalanisch wiedergegeben. In der Zählung der Herrscher erfolgt die genealogisch gängige Reihung nach dem wichtigsten Rang der geführten Titel. So wird der aus der Dynastie der Grafen von Barcelona stammende Herrscher des vereinigten katalanisch-aragonesischen Reiches Peter II. (1196–1213) in der Zählfolge nach den Königen von Aragonien geführt und nicht wie in der katalanischen Geschichtsschreibung üblich nach den Grafen von Barcelona. Herrschernamen werden wiederum bis auf wenige Ausnahmen (etwa beim gegenwärtigen König Juan Carlos) in ihrer gängigen deutschen Schreibweise geführt. Der Begriff *Katalanismus* als Ausdruck eines katalanischen Nationalismus ist dem spanischen (und katalanischen) Sprachgebrauch (*catalanismo/catalanisme*) entlehnt.

I. Das katalanische Seereich (878–1469)

Die Anfänge der politischen Einheit Kataloniens reichen weit in die Geschichte zurück, in eine Zeit, als nach der muslimischen Eroberung des alten Westgotenreiches in den Jahren seit 711 im Norden der Iberischen Halbinsel zwischen den fjordartigen Buchten Galiciens, dem kantabrischen Küstengebirge und den Ausläufern der Pyrenäen die ersten feudalen Staatsgebilde entstanden. Die Keimzelle Kataloniens liegt in den östlichen Grafschaften der Spanischen Mark Karls des Großen, die als Sicherheitszone geschaffen worden war, um das Fränkische Reich gegen Einfälle der muslimischen Heerscharen zu sichern.

Das Erbe der Antike

Historische Darstellungen setzen den Beginn der Geschichte Kataloniens gerne in einer Zeit an, die deutlich vor dem frühen Mittelalter liegt. Allerdings scheint die Bedeutung der griechischen und phönikischen Siedler, die an der Küste des heutigen Kataloniens Handelsstätten errichteten – allen voran die große griechische Siedlung Emporion bzw. Empúries, von der noch beeindruckende Überreste existieren –, weit überzeichnet worden zu sein. Emporion und das benachbarte Rhode (Roses) zeugen zwar von der wirtschaftlichen Prosperität dieser Gegend in der Antike; die Betonung dieser Präsenz, so vor allem aus der Feder katalanischer Historiker um die Wende zum 20. Jahrhundert, geht aber in erster Linie auf das Bedürfnis zurück, daraus Verbindungslinien zur erfolgreichen Handelstätigkeit der Katalanen in späteren Jahrhunderten zu konstruieren und damit die Ausbildung von vermeintlich ureigenen Wesenszügen des katalanischen Volkes historisch zu begründen.

Von den verschiedenen iberischen Stämmen, die sich im Bereich des heutigen Kataloniens befanden (antike Quellen sprechen von etwa einem Dutzend) und deren zivilisatorische Anfänge in der Bronze- und Eisenzeit liegen, wurden aus naheliegenden Gründen insbesondere jene durch die Handelsvölker der Antike kulturell und wirtschaftlich beeinflusst, die in Küstennähe lebten, und es ist sicherlich auf den Einfluss der mediterranen Hochkulturen zurückzuführen, dass sich in der Welt der Iberer eine eigene Schrift entwickelte und auch iberische Münzprägungen in Umlauf kamen. Zweifellos hatte aber die im Jahr 218 v. Chr. mit dem Zweiten Punischen Krieg beginnende und fast sieben Jahrhunderte währende Kolonisierung innerhalb des Römischen Reiches weitreichende zivilisatorische Folgen für den katalanischen Raum und seine Bewohner: Die Römer beschränkten sich nicht darauf, Handelszentren zu gründen, sondern durchdrangen die eroberten Gebiete politisch und kulturell. Dieser Anspruch blieb freilich zunächst einmal nicht unwidersprochen, und während die an der Küste ansässigen Stämme, die aufgrund des engen Kontaktes mit den Hochkulturen der Antike längst eine zivilisatorische Wandlung erfahren hatten, die Kolonisierung leichter annahmen, musste der Widerstand der Stämme im Inneren des katalanischen Raumes mit Waffengewalt gebrochen werden. Trotz allem konsolidierte sich die römische Herrschaft in der Region relativ rasch, womit der allmähliche Bedeutungsverlust der iberischen Kultur und die hiermit einhergehende Annahme der römischen Lebensweise einsetzten. Während die eingewanderten römischen Bürger die Schaltstellen der Macht übernahmen, bildete die angestammte Bevölkerung die Basis der hispano-römischen Gesellschaft. Dieser Prozess der Romanisierung vollzog sich allerdings nicht gleichmäßig. Im katalanischen Hinterland und insbesondere in den Gebirgsregionen behaupteten sich kleine statische und endogame Sozialstrukturen.

Um die Zeitenwende verschwanden die iberischen Schriftzeichen, und das Lateinische, zunächst reine Verwaltungssprache, wurde zur Umgangssprache der Bevölkerung. Ebenso setzten sich römische Wirtschaftsformen durch. So kam nun römisches Recht immer stärker zur Anwendung, und die römischen Münzprägungen dominierten alsbald den Zahlungsverkehr. Die traditionell gemeinsame Bewirtschaftung von Feldern wurde sukzessive aufgegeben, und es etablierte sich die private Nutzung von Flächen und damit das Privateigentum. Auch fand die römische Lebensart ihren Weg in den katalanischen Raum: Der römische Gelehrte Plinius rühmte den Wein der Gegend und verglich ihn mit den besten Weinen der italienischen Halbinsel, und das weithin bekannte Thermalwasser des heutigen Caldes de Malavella wurde, wie bedeutende Ausgrabungsfunde zeigen, im antiken Aquae Calidae hoch geschätzt. Vor allem aber wurde die Verbindungsstraße Via Augusta zur Hauptverkehrsader der Region, entlang der das römische Leben pulsierte. Sie blieb über die Zeiten in Verwendung, und ihr Verlauf deckt sich auch heute noch weitgehend mit der Hauptverbindungsstraße, die von der französischen Grenze aus entlang des Mittelmeeres führt. Gerade diese Verbindungsstraße, die aus der Iberischen Halbinsel herausführte, sollte die politische Entwicklung und geographische Orientierung Kataloniens beeinflussen.

In römischer Zeit setzte auch ein Prozess der Verstädterung ein. Oftmals kam es dabei zu einer Verlagerung von alten iberischen Siedlungen und zu Neugründungen in der näheren Umgebung. So wurde etwa aus dem iberischen Barkeno, das wohl auf dem Montjuïc gelegen war, das in unmittelbarer Küstennähe reißbrettartig entworfene römische Barcino (Barcelona). Auch Gerunda (Girona) entstand auf diese Weise, als die nahegelegene alte iberische Siedlung verlassen wurde. Die Städte, und allen voran Tarraco (Tarragona), das zur Hauptstadt der weite Teile der Iberischen Halbinsel umfassenden Provinz Hispania Tarraconensis wurde, waren fortan die Zentren des Lebens. Die Stammesorganisation der iberischen Gesellschaft scheint allerdings trotz allem fortbestanden zu haben. So lassen sich die verschiedenen Stammesgebiete möglicherweise noch an den Grenzen der Bistümer und Lehen des Mittelalters ablesen. Mit Barcino, Dertosa (Tortosa), Ilerda (Lleida) und Gerunda entstand ein blühendes Städtenetz, das weitgehend bis in die Gegenwart die Zentren des städtischen Lebens bilden sollte. Dort haben sich mit Tempelanlagen, Aquädukten, Amphitheatern, Triumphbögen (wie der Arc de Berá bei Tarragona) oder Brücken (wie der Pont del Diable bei Martorell) Zeugnisse des römischen Lebens und Wohlstandes erhalten. Dank des Umstands, dass beim in spätrömischer Zeit erfolgten Ausbau der Stadtmauern von Barcino antike Bausubstanz (insbesondere als Füllmaterial der Festungsanlage) verwendet wurde und diese Stadtmauern zu einem großen Teil bis in die Gegenwart erhalten blieben, hat eine große Fülle an Zeugnissen aus dem Alltag in der Kaiserzeit die Zeiten überdauert.

Mit den Römern setzte sich als bleibendes kulturelles Gut nicht allein die lateinische Sprache durch, sondern in der Spätantike auch der christliche Glaube, wenngleich sich die Verbreitung des Christentums zunächst auf die durch römische Lebensart geprägten Gegenden beschränkte. Das frühe Christentum etablierte sich im 3. Jahrhundert zunächst in der Gegend um Tarraco: Nachdem unter Kaiser Valerian die Christenverfolgungen einsetzten, gilt der Märtyrertod des Bischofs Fructuosus zusammen mit seinen Diakonen Augurius und Eulogius in dieser Stadt im Jahr 259 als ältester Beleg der Präsenz christlicher Gemeinden im katalanischen Raum. Den Verfolgungswellen unter Diokletian (284–305) und seinem Mitkaiser Maximian fielen weitere Christen zum Opfer. So ist die älteste Kirche von Girona den im Jahr 304 getöteten Sant Feliu und Sant Narcís geweiht, deren ursprüngliche Grablege in hier erhaltenen frühchristlichen Sarkophagen vermutet wird. Im gleichen Jahr erlitten Santa Eulalia und Sant Cugat den Märtyrertod in Barcino und wurden in der Folge zum Mittelpunkt der Heiligenverehrung in dieser Gegend: Die Reliquien der heiligen Eulalia wurden im 9. Jahrhundert in die dieser Märtyrerin geweihte Kathedrale von Barcelona überführt, während an der Wirkungsstätte von Sant Cugat ein bedeutendes Kloster entstand. Mit der Übernahme des christlichen Glaubens durch Kaiser Konstantin (324–337) endeten schließlich nicht nur die Verfolgungen, sondern es begann auch die allgemeine Verbreitung des zunächst mit heidnischen Riten und Praktiken durchsetzten neuen Glaubens. In dieser Zeit entstanden Bischofssitze und Klöster und damit territoriale Strukturen, die sich zum Teil bis in die Gegenwart erhalten haben.

Mit den einsetzenden politischen Krisenerscheinungen im Römischen Reich der Spätantike kam es wiederum zu einer sozialen Umwälzung. Das spezialisierte städtische Leben, das besonders auf den Handel mit Handwerksprodukten und die Einfuhr von Waren angewiesen war, versiegte zwangsläufig in einer Zeit, in der die Transportwege unsicher wurden. Damit begann der Niedergang vieler Städte. Baetulo (Badalona) oder Emporion (Empúries) wurden verlassen und aufgegeben, während andere Städte wie Barcino, Gerunda oder Tarraco eine grundlegende Umgestaltung erfuhren, indem ihre Befestigungsanlagen ausgebaut wurden und sie sich zu kleinen wirtschaftlich und politisch eigenständigen Zentren entwickelten. Auch auf dem Land entstanden kleinere ländliche Organisationsformen, die sich selbständig versorgten und eine eigene Verteidigungsorganisation schufen. In dieser Zeit der schwindenden Macht Roms kam darüber hinaus den örtlichen Bischöfen eine wachsende Bedeutung zu, die weit über pastorale Aufgaben hinausging, indem sie de facto zur höchsten politischen Autorität vor Ort wurden. Als schließlich die von den Hunnen bedrängten germanischen Völker im Jahr 407 den Limes überschritten und tief in das Römische Reich eindrangen, brach die römische Welt auseinander. 409 überrannten bereits Wandalen, Sueben und Alanen die Iberische Halbinsel. Die Westgoten wiederum überquerten wenige Jahre darauf unter ihrem Führer Athaulf ebenfalls die Pyrenäen und richteten ihren Hof zunächst in Barcino und später in Tolosa (Toulouse) ein. Als kaiserliche Statthalter, die über weite Teile Aquitaniens herrschten, vertrieben sie nach und nach die übrigen Germanenstämme von der Iberischen Halbinsel, und in der Folge breitete sich damit das Westgotenreich nach Süden aus. Bald richtete sich die Gewalt aber auch gegen das inzwischen völlig machtlose Weströmische Reich. Als letzte römische Stadt verschwand im Jahr 472 Tarraco, der Sitz des Metropoliten. Die römische Epoche auf der Iberischen Halbinsel war damit zu Ende, und es begann die Herrschaft der

Westgoten, die nach der Vertreibung durch die Franken aus ihrem nordpyrenäischen Siedlungsgebiet (so blieb lediglich Septimanien, ein bis zur Rhonemündung reichender Küstenstreifen unter westgotischer Kontrolle) ab dem Jahr 507 ihre Macht über die gesamte Iberische Halbinsel ausdehnten.

Die Westgoten bildeten zunächst eine kleine aristokratische Oberschicht, die kulturell, rechtlich und religiös von der hispanoromanischen Bevölkerung getrennt blieb. Da die Westgoten Anhänger des Arianismus waren, koexistierten auf diese Weise zunächst sogar manchmal zwei Bischöfe nebeneinander. Die eingewanderten Westgoten stellten aber zahlenmäßig keine große Volksgruppe dar. Aufgrund der starken Verwurzelung in der römischen Kultur erfuhren daher die hispano-romanischen Lebensweisen und Traditionen keinen Einbruch. Die sozialen und wirtschaftlichen Strukturen, die sich in der Spätantike auszubilden begonnen hatten, konsolidierten sich. Selbst die administrative Ordnung (Verwaltung, Besteuerungssystem) bewahrte in vereinfachter Form auch weiterhin die spätrömischen Merkmale. Ebenso behielten die bis dahin im katalanischen Raum dominierenden Städte, allen voran Tarraco, ihre Dominanz in der Region. König Rekkared (586–601) und der westgotische Adel nahmen im Jahr 589 sogar den auf der Iberischen Halbinsel etablierten römischen Glauben an. Damit entstand die Grundlage einer nach innen identitätsstiftenden westgotischen Reichskirche, in der staatliche und kirchliche Macht miteinander verwoben waren; die Bedeutung der Bischöfe als zentrale Elemente des sozialen Gefüges in den Städten blieb auf diese Weise unverändert. Das Christentum brachte allerdings in dieser Zeit noch eine Vielzahl an Ausdrucksformen hervor, die miteinander in Konkurrenz traten und von der römischen Orthodoxie bekämpft wurden. Erst nach einer Vielzahl von normierenden Konzilien und Häresieprozessen, denen auch Bischöfe zum Opfer fielen, setzten sich die Grundlagen der katholischen Doktrin auf der Iberischen Halbinsel dauerhaft durch. Weitere deutliche Zeichen der Romanisierung der Westgoten waren die Aufhebung des Heiratsverbotes zwischen Angehörigen beider Volksgruppen und die rechtliche Gleichstellung von romanischer Bevölkerung und germanischem Adel. Unter König Rekkesvinth (653–672) wurden bis dahin für Westgoten und Hispanoromanen getrennt geltende Gesetzesbücher verschmolzen. Das hieraus entstandene *Liber Iudiciorum* (654) sollte weit über die Zeit der Herrschaft der Westgoten hinaus auf der Iberischen Halbinsel und vor allem in Katalonien Anwendung finden.

Das Westgotenreich trat damit zwar das Erbe des Römischen Reiches auf der Iberischen Halbinsel an, seine Herrschaft sollte allerdings nicht von langer Dauer sein. Das die Westgoten kennzeichnende Ringen zwischen Königsgewalt und Macht des Adels, das zu einer schier endlosen Zahl von Herrschern und Königsmorden führte, bedingte schließlich auch ihren Untergang. Die Auseinandersetzungen zwischen den Anhängern zweier Thronprätendenten nach dem Tod von König Witiza (702–710) bereiteten den Boden für das Eindringen muslimischer Streitheere, die zuvor in nur wenigen Jahrzehnten den gesamten nordafrikanischen Raum unterworfen hatten. Die Gegenwehr konnte den maurischen und arabischen Streitern nichts entgegenstellen, die nun innerhalb von ein paar Jahren nahezu die gesamte Iberische Halbinsel sowie das westgotische Herrschaftsgebiet im Languedoc überrannten. Das Land wurde bis auf den kantabrisch-asturischen und baskischen Raum der Herrschaft des Kalifen von Damaskus unterworfen.

Die Spanische Mark

Die maurischen Reiter drangen auf ihren Beutezügen sogar weit über das ehemalige Reich der Westgoten hinaus, erreichten Toulouse (721) und zogen den Flusslauf der Rhone entlang weit nach Norden (725). Doch anders als im Westgotenreich setzten die Merowinger erfolgreich ihre Kräfte ein, um sich der sarazenischen Bedrohung zu erwehren, wie etwa der legendäre Sieg Karl Martells bei Poitiers im Jahr 732 zeigt. Der Expansionsdrang der Eroberer ließ in den Folgejahren nach, und bis 759 war es den Herrschern der Franken gelungen, die Berber- und Araberstämme, die untereinander in Rivalität geraten waren, aus den Gebieten nördlich der Pyrenäen zu vertreiben.

Nachdem ein erster Eroberungsfeldzug unter Karl dem Großen im Bereich der westlichen Pyrenäen mit der verlorenen Schlacht von Roncesvalles (778) gescheitert war, setzten die Karolinger in der Folge alle Bemühungen daran, der muslimischen Bedrohung durch die Schaffung und allmähliche Ausdehnung einer Grenzmark an der Südflanke der Pyrenäen zu begegnen. Diese war zur Wahrnehmung der besonderen Verteidigungsaufgaben stark befestigt, und ihre Statthalter wurden zur raschen Reaktionsfähigkeit bei Überfällen mit besonderen Vollmachten versehen. Damit stand der katalanische Raum wieder einmal vor einer weitreichenden sozialen Umwälzung, die mit der Etablierung der karolingischen Herrschaft einherging und aus der sich die Grundlage der eigenstaatlichen Entwicklung ergeben sollte.

Nach Auflösung der westgotischen Herrschaft hatten zunächst lokale Machthaber, die von den Franken in Dienst genommen worden waren, die Kontrolle über die jeweiligen Einflussbereiche übernommen. Bereits im Jahr 785 konnten die Franken die Stadt Gerunda (Girona) einnehmen. Es folgten weitere Gebiete an der Südflanke der Pyrenäen, unter anderem der Bischofssitz Urgell. Im Jahr 801 eroberten die Einheiten des späteren Karolingerkönigs Ludwigs des Frommen schließlich das alte Barcino (Barcelona). Die mächtigen Grafen von Toulouse wiederum drangen in dieser Zeit ebenfalls über die Gebirgskette und schufen an den Ausläufern der Zentralpyrenäen zwei weitere Grafschaften, Pallars und Ribagorza. Die Versuche, weiter nach Süden und mit der Eroberung von Dertosa (Tortosa) bis zum breiten Strom Ebro vorzudringen, um auf diese Weise eine gute Verteidigungslinie zu haben, scheiterten allerdings. Nachdem damit die alte Hauptstadt der römischen Hispania Tarraconensis wie auch andere wichtige Städte wie Ilerda (Lleida), die ebenfalls Bischofssitze gewesen waren, unter muslimischer Herrschaft blieben, entwickelte sich nun Barcelona zur dominierenden Metropole im Nordosten der Iberischen Halbinsel. Die in fränkischen Diensten stehenden lokalen

Machthaber waren allerdings nicht bedingungslos bereit, sich der neuen Herrschaft zu unterwerfen. Im Jahr 827 fand sogar eine Rebellion statt, bei der die örtlichen Statthalter muslimische Bündnispartner im Kampf gegen die fränkische Herrschaft anwarben. Die Sarazenen setzten Barcelona und Girona hart zu, und die Kampfhandlungen drohten, sich auf die gesamte Spanische Mark auszuweiten. Schließlich behielt allerdings die fränkische Herrschaft die Oberhand, entmachtete die lokalen Eliten und setzte fränkische Vasallen ein, die nun als königliche Statthalter den kleinen Grafschaften innerhalb der Spanischen Mark vorstanden.

Auch innerhalb der lokalen Kirche vollzog sich unter fränkischem Einfluss ein grundlegender Wandel. Neben der Abwendung von der liturgischen Praxis der alten westgotischen Kirche wurden die im katalanischen Raum außerhalb des muslimischen Herrschaftsgebietes verbliebenen und neu geschaffenen Bistümer dem Metropoliten von Narbonne zugeordnet. Es folgte eine grundlegende liturgische und monastische Neuordnung. Dies betraf auch die Architektur der Gotteshäuser, indem die verwinkelten westgotischen Basiliken in klar geordnete romanische Kirchen umgestaltet wurden. Wohl auch erst in dieser Zeit durchdrang der christliche Glaube nachhaltig die ländlichen und abgelegenen Gegenden und überlagerte Relikte des Kults der alten Ibererstämme. Auf diese Weise geriet auch die westgotische Kultur allmählich in Vergessenheit. Allein die Rechtsordnung hatte noch für einen längeren Zeitraum Bestand.

Der katalanische Raum entwickelte sich stärker als die Gegenden im Westen oder im Zentralbereich der Pyrenäen auch zum Bindeglied zwischen dem muslimischen al-Andalus und den christlichen Reichen jenseits der Pyrenäen. So hielt sich in Barcelona im Jahr 953 eine Zeitlang eine Gesandtschaft Kaiser Ottos des Großen auf, bevor sie nach Durchquerung des beide Welten trennenden Niemandslandes ihren Weg zum mächtigen Kalifen von Córdoba fortsetzte. Über diese Nahtstelle gelangte auch kostbares Wissen aus dem blühenden al-Andalus in das christliche Abendland. Klöster wie Ripoll leisteten Pionierarbeit für das abendländische Verständnis der Astronomie und der Arithmetik, die samt arabischen Ziffern aus dem muslimischen Raum übernommen wurde. Die Zeit- und Jahreszeitenbestimmung erhielt damals große Impulse, und auch die nun messbare und damit kodifizierbare Musik profitierte von den neuen wissenschaftlichen Erkenntnissen. Das neue Wissen strahlte weithin auf das Abendland aus und zog herausragende Gelehrte wie Gerbert von Aurillac an, der sich von 967 bis 970 zu Studienzwecken im katalanischen Raum und wahrscheinlich in Ripoll aufhielt. Auch die im christlichen Abendland verlorengeglaubten Texte von Aristoteles fanden später über al-Andalus Einzug in das Denken der mittelalterlichen Scholastik, die durch Anwendung der Vernunft auf die Offenbarungswahrheiten die Gewinnung tieferer Erkenntnisse über die Glaubensinhalte anstrebte. Trotz allem war der katalanische Raum ein Grenzgebiet, das nur wenige zu überschreiten wagten. Die alten römischen Handelswege erreichten in dieser Zeit aufgrund der damit verbundenen Gefahren bei weitem nicht die Bedeutung, die sie in der Antike gehabt hatten. Der Warenaustausch beschränkte sich im Wesentlichen auf Baumwollstoffe, Brokatgewänder, Seide, Goldschmiedearbeiten sowie Gewürze, die aus dem muslimischen Machtbereich in den Norden gebracht wurden und für den höheren Klerus und den Adel bestimmt waren. Aus Flandern wiederum stammten die begehrten Tuche, die auf dem Land- und Seeweg in den Süden transportiert wurden.

Angesichts einer fortschreitenden Schwäche der westfränkischen Könige und des Verlustes des inneren Zusammenhalts des Reiches entzogen sich die katalanischen Grafschaften sukzessive der Kontrolle, und es begann eine Phase der dynastischen Festigung und Verselbständigung der Machtzentren südlich der Pyrenäen. So erfolgte unter Graf Sunifred (834–848), der dem Geschlecht der Grafen von Carcassonne entstammte, eine erste Bündelung der Herrschaft über eine Reihe katalanischer und okzitanischer Grafschaften. Wenngleich diese erste Herrschaftskonzentration bald wieder zerfiel, gelang seinem Sohn, Graf Wilfred (878–897), einige Jahrzehnte später, die Übernahme der Kontrolle über die östlichen Grafschaften der Spanischen Mark, während die westlich gelegenen unter dem Einfluss des Grafen von Toulouse blieben. Wilfred war aber vor allem der letzte Statthalter in diesen Gebieten, der nach einer freien Entscheidung des fränkischen Königs in sein Amt eingesetzt worden war. Von nun an setzte sich die Erbfolge durch, und die auf diese Weise an die Macht gekommenen Grafen wurden fortan durch die fränkischen Könige lediglich in ihrer Würde bestätigt. Die katalanischen Grafschaften erfuhren damit ein wachsendes Eigengewicht. Die durch Wilfred etablierte Dynastie der Grafen von Barcelona, die später zum Herrscherhaus im Prinzipat Katalonien wurde, wird daher häufig als die Geburtsstunde Kataloniens bezeichnet.

Grafschaft von Barcelona

Die Grafschaft von Barcelona ist aus einem Lehen in der Spanischen Mark Karls des Großen entstanden. Die Dynastie wird durch Graf Wilfred (878–897) gegründet, der, nachdem die königlichen Statthalter zunächst durch die fränkischen Könige bestimmt worden waren, die Erbfolge durchsetzt. Danach übernahm die Grafschaft von Barcelona durch eine dezidierte Heiratspolitik und den Erwerb von Lehen sukzessive die Vorherrschaft gegenüber den anderen Grafschaften im katalanischen Raum. Wenngleich die Grafen von Barcelona seit dem ausgehenden 10. Jahrhundert unabhängig agierten, blieben sie formal bis 1258 (Abkommen von Corbeil) Vasallen der französischen Könige. Nach der lehensrechtlichen Unabhängigkeit nahmen die Grafen von Barcelona, die zu diesem Zeitpunkt bereits Könige von Aragonien waren, allerdings keinen zusätzlichen Königstitel für das katalanische Prinzipat an. Die Dynastie der Grafen von Barcelona erlosch 1410 mit dem Tod von König Martin. Durch den Schiedsspruch von Caspe (1412) ging die Herrschaft an das kastilische Königsgeschlecht der *Trastámara* über. In der Folgezeit sagten sich die Stände Kataloniens im Zuge politischer Spannungen jedoch wiederholt von der königlichen Herrschaft los und übertrugen diese Gegenspielern wie Renato von Anjou (1466) oder Ludwig XIII. von Frankreich (1641). Während der Franco-Diktatur (1936–1975) trat der Thronprätendent Juan de Borbón mit dem Titel eines Grafen von Barcelona in der Öffentlichkeit auf.

Die relative Ruhe an den Grenzen in der zweiten Hälfte des 9. Jahrhunderts bot auch die Möglichkeit, die Besiedelung der entvölkerten Landstriche und die Urbarmachung von Land voranzutreiben. Dies erfolgte durch Siedler, die vom Süden her vor der sarazenischen Herrschaft geflohen waren, gleichzeitig wanderten aber auch Bauern aus dem Frankenreich ein. Wenngleich dieses erweiterte Herrschaftsgebiet nach Wilfreds Tod durch Erbteilung wieder auseinanderfiel und bis zum Beginn des 11. Jahrhunderts acht verschiedene Grafschaften bestanden, blieben die Gebiete der Grafschaften Barcelona, Girona und Osona als Einheit erhalten und stellten damit den Kernbereich des späteren Katalonien dar. Die verschiedenen katalanischen Grafschaften einten damit zwar verwandtschaftliche Bande, sie bestanden aber in völliger Unabhängigkeit gleichberechtigt nebeneinander. Sie bildeten in Abgrenzung zu den Gebieten, die durch Eroberungen im 12. Jahrhundert hinzukamen, das sogenannte altkatalanische Gebiet (*Catalunya vella*).

Der Abnabelungsprozess schritt wiederum weiter voran. Auch wenn sie Vasallen des Königs blieben, verzichteten die katalanischen Grafen alsbald darauf, am Hofe der fränkischen Könige als Ausdruck der Unterwerfung persönlich zu erscheinen. Die Herrscher in al-Andalus gingen wiederum dazu über, nicht mehr mit den fränkischen Königen zu verhandeln, und betrachteten nun vielmehr die Grafen als souveräne Herrscher. Dies heißt allerdings nicht, dass sich beide Seiten als ebenbürtige Partner verstanden. Al-Andalus war und blieb die dominierende Macht, insbesondere nachdem mit der Gründung des Kalifates von Córdoba im Jahr 929 der muslimische Herrschaftsraum in eine Phase der inneren Stabilität und Stärke getreten war. Hohe Tributzahlungen an den Kalifen lassen keinen Zweifel an den Machtverhältnissen. Vor allem hatte sich aber die schwache fränkische Monarchie als unfähig erwiesen, die Schutzfunktion gegenüber den katalanischen Vasallen zu erfüllen: Nachdem bereits die Normannen (858–859) und Ungarn (942) auf ihren Expeditionen durch das krisengeschüttelte Mitteleuropa den katalanischen Raum erreicht und eine Spur der Verwüstung hinterlassen hatten, ging das Kalifat von Córdoba nach einer längeren Zeit des friedlichen Nebeneinanders auf Beutezug in den katalanischen Grafschaften. Als im Jahr 985 unter der Führung des muslimischen Feldherrn Almansor sogar Barcelona geplündert wurde und Hilferufe jenseits der Pyrenäen ungehört verhallten, verweigerte Graf Borrell im Jahr 988 dem neuen fränkischen Monarchen Hugo Capet den Treueeid. Dies war ein weiterer Schritt in Richtung Unabhängigkeit, die ebenfalls als Beginn der katalanischen Eigenstaatlichkeit bezeichnet worden ist. Allerdings nahmen die Grafen von Barcelona anders als die Herrscher anderer Christenreiche auf der Iberischen Halbinsel – wie Navarra, Kastilien oder Aragonien – nicht den Titel eines Königs an. Graf Borrell und seine Nachkommen hatten sich zwar von der fränkischen Krone losgesagt, sie blieben aber weiterhin formal Vasallen des Königs. Erst im Jahr 1258 verzichtete der König von Frankreich im Abkommen von Corbeil schließlich auf sämtliche Ansprüche gegenüber dem Grafen von Barcelona.

Die Feudalisierung des katalanischen Raumes

Mit dem Niedergang des Kalifates von Córdoba aufgrund lang andauernder innerer Unruhen und Kriege nahm ab 1009 die muslimische Bedrohung aus dem Süden spürbar ab. Und wenngleich die militärische Überlegenheit der muslimischen Herrscher zunächst fortbestand, wagten die Grafen von Barcelona und Urgell im Jahr 1010 (nach einer Übereinkunft mit einer der verfehdeten muslimischen Bürgerkriegsparteien) sogar einen Feldzug bis ins Herz von al-Andalus und plünderten die Kalifenstadt Córdoba. Damit begann sich das Blatt zu wenden, und nun waren es die muslimischen Herrschaftsgebiete Lleida und Tortosa, die gezwungen wurden, Tributzahlungen an die benachbarten christlichen Grafen zu leisten.

In dieser Zeit relativer äußerer Sicherheit vollzog sich wiederum eine lange und von Gewalt gekennzeichnete Phase der Feudalisierung der Gesellschaft, in der die Grundherrschaft des Landesherrn durch lehensrechtliche Abhängigkeitsverhältnisse abgelöst wurde. So begannen die Vicomtes und Vikare als lokale in ihre Ämter eingesetzte Stellvertreter der Grafen mit der Konsolidierung ihrer persönlichen Macht, indem Privilegien und Pfründen als persönliches Eigentum behandelt und damit vererbbar wurden. Dieser Prozess der Einschränkung der gräflichen Macht führte unweigerlich zu wachsenden Spannungen, die sich ab Mitte des 10. Jahrhunderts gewaltsam entluden und eine Spur von Gewalt und Zerstörung im Machtkampf zwischen den Feudalherren und deren Vasallen hinterließen. Die Machterosion ließ sich allerdings angesichts des flächendeckenden Ausmaßes der Erscheinung und der faktischen Macht der Statthalter nicht aufhalten. Zudem kam es zu Fehden zwischen den verschiedenen gräflichen Häusern. Militärische Gewalt und Erbschaften ermöglichten sukzessive die Ausbreitung und Konzentration der Macht. Hinzu kam ab dem 11. Jahrhundert die Tendenz, das Erbe nicht mehr aufzuteilen, sondern auf den Erstgeborenen zu übertragen. Nachdem der einflussreiche Abt von Ripoll und Bischof von Vic, Oliba (um 971–1046), wiederholt versucht hatte, die Konflikte zu befrieden oder zumindest zu reglementieren, beruhigte sich die Lage erst gegen Ende der langen Regentschaft von Ramón Berenguer I. als Graf von Barcelona (1035–1076). Dank der Tributzahlungen der muslimischen Herrscher in den angrenzenden Gebieten Lleida und Tortosa gelang es diesem, der Aufstände im Land Herr zu werden und den Adel zu Vasallen seiner Herrschaft zu machen. Gleichzeitig sah er sich aber auch gezwungen, die Aneignungen zu sanktionieren, denn letztlich waren die Grafen auf die Loyalität ihrer Statthalter zur Aufrechterhaltung der Herrschaft angewiesen. Ähnlich wie sie zuvor ihre Unabhängigkeit von den fränkischen Königen erreicht hatten, mussten die katalanischen Grafen nun ihrerseits die Einschränkung ihrer Machtausübung hinnehmen.

So kam es nun zu Übereinkünften (*convenientiae*), bei denen den lokalen Machthabern die Jurisdiktion und die Einkünfte in ihren jeweiligen Gebieten zuerkannt wurden und diese im Gegenzug die Lehensherrschaft der Grafen und die damit verbundene Pflicht zur Treue und zum Waffendienst zur Gewährung der äußeren Sicherheit anerkannten. Auf diese Weise konnten die Konfliktfälle, die weltliche wie kirchliche Belange betrafen, nach und nach geregelt werden und damit der Weg zu einer Befriedung des Landes geebnet werden. Diese Übereinkommen stellten fortan die Grundlage der Feudalbeziehungen in den Grafschaften dar. Der Preis war hoch gewesen, verloren doch die Grafen die unmittelbare Verfügungsgewalt über einen Großteil der Untertanen in ihrem Herrschaftsgebiet sowie über einen beträchtlichen Teil der Einnahmen. Mit der Feudalisierung wurde auch aus den beratenden Adelsversammlungen unter dem Vorsitz des Herrschers eine Ständeversammlung, in der Adel, Bischöfe und Äbte sowie die Repräsentanten der dem Herrscher direkt unterstehenden Städte vertreten waren und über das bestehende Rechtsgefüge wachten. So war der Herrscher als Schutzherr seiner Vasallen zwar Herr über Krieg und Frieden, zur Durchführung der Feldzüge aber war er, sofern die Einnahmen aus dem ihm direkt unterstehenden Krongut nicht ausreichten, auf seine Vasallen angewiesen und musste die Zustimmung der Ständeversammlung erreichen, um Subsidien zu erhalten, Steuern zu erheben oder die Bereitstellung von Truppen zu erwirken. Dennoch sollte auch innerhalb der entstehenden Rechtsordnung der Griff zu den Waffen weiterhin eine durchaus übliche Praxis bei der Durchsetzung von Interessen bleiben. Militärische Macht und militärische Auseinandersetzung waren ein Kennzeichen der Feudalgesellschaft, und auf diese Weise entstand aus einem Sicherheitsbedürfnis heraus eine große Anzahl an Burganlagen, die nicht nur der Abwehr sarazenischer Angriffe, sondern auch zur Verteidigung bei Fehden zwischen den christlichen Adligen dienten. Burgen und Befestigungsanlagen brachten damit den Macht- und Besitzanspruch der jeweiligen Herren auf die umliegenden Gebiete deutlich zum Ausdruck. Und nachdem die übertragenen Lehen darüber hinaus an nachgeordnete Feudalherren übertragbar waren, entstand ein für die Zeit typisches vielschichtiges Feudalsystem. Gleichzeitig kristallisierte sich in dieser Zeit aber auch die Vorherrschaft des Grafen von Barcelona über die übrigen katalanischen Grafen heraus, die fortan durch einen Treueeid bekräftigt wurde.

Herrscher, hoher Klerus und Adel standen an der Spitze des sozialen Gefüges. Die kirchliche und die weltliche Macht waren dabei eng miteinander verwoben: Die Kirche lieferte die ideologischen Grundlagen für die Legitimierung der Feudalordnung. Der Adel wiederum besetzte üblicherweise die höchsten Ämter in den Bistümern, was besonders deutlich in der gelegentlichen Personalunion zwischen dem Amt eines Bischofs und der Herrschaft über eine Grafschaft zum Ausdruck kam. Klostergründungen mit entsprechenden Landzuteilungen galten zwar grundsätzlich als Akte der Frömmigkeit und der Buße, gingen aber häufig auf die Initiative der örtlichen Grafen zurück, um der eigenen Familie Ansehen und Macht zu verleihen und vor allem um eigenen Familienmitgliedern ein Auskommen als Prior oder Abt zu verschaffen. Klosteranlagen wurden damit nicht nur zu wichtigen religiösen, sondern auch zu wirtschaftlichen und politischen Machtzentren; bescheidene Behausungen für kleine Zellengemeinschaften wurden in der Folge wie im Fall von Sant Pere de Rodes in große prächtige Bauwerke umgestaltet. In der Errichtung großer Sakralbauten kommt zugleich die Konsolidierung der christlichen Herrschaft besonders deutlich zum Ausdruck. In dieser Zeit entstanden prächtige Bauten im das Abendland vereinenden romanischen Baustil. Nachdem zunächst nur kleine Kirchen errichtet worden waren, frühromanische Bauten, die westgotische wie karolingische Elemente aufwiesen, fand im 11. Jahrhundert eine aus der Lombardei stammende Spielart der Romanik weite Verbreitung, die heute noch insbesondere an Bauwerken in den Pyrenäentälern zu sehen ist. Diese Sakralbauten (wie die Kirche Sant Climent de Taüll) zeichnen sich durch Schlichtheit und Funktionalität aus. Ihr einziger äußerer Schmuck besteht oftmals aus den typischen bogenförmigen Banden innerhalb des Gesimses an der Apsis oder an den Türmen. Die Kirchenmauern sind aus kleinen grob behauenen Steinquadern zusammengesetzt und erheben sich auf einem kleinen Grundriss, während der Glockenturm mit seinen schlanken galerieartigen Fensteröffnungen imposante Dimensionen erreichen kann. Häufig genug dienten diese Kirchen, oftmals die einzigen steinernen Bauten in nächster Umgebung der Ortschaften, auch als Wehranlagen oder Fluchtburgen zum Schutz gegen Überfälle der Sarazenen.

Die spätere Romanik wiederum sollte insbesondere Spielarten aus dem französischen Raum übernehmen und weiterentwickeln. Sie zeichnet sich (wie in der Klosteranlage von Sant Pere de Rodes noch eindruckvoll erkennbar ist) durch größere Monumentalität und dekorative Ausstattung mit pflanzlichen oder bildlichen Motiven aus, etwa als Reliefs der Kapitelle im Inneren der Kirche, im Kreuzgang der Klosteranlagen oder an den mächtigen Portaleingängen. Beeindruckende Zeugnisse sind auch die farbenprächtigen Ausgestaltungen der Altarräume und vor allem die in dieser Zeit häufigen Darstellungen von Christus als Weltenkönig – etwa die von Sant Climent de Taüll, die heute im katalanischen Museum für nationale Kunst in Barcelona betrachtet werden kann. Mit diesen Skulpturen, Reliefs und Fresken wurden dem der Schrift unkundigen Volk die Glaubensinhalte und die göttliche Ordnung vermittelt. Darstellungen der Todsünden und des Lasters sollten den gläubigen Betrachter zur Einhaltung der göttlichen Gebote anleiten, während viele Darstellungen mit grotesk obszönen Inhalten auch als gegen den Islam gerichtete Agitation interpretiert worden sind. Bei insgesamt über zweitausend romanischen Zeugnissen in Katalonien lässt sich die unterschiedliche Verbreitung der verschiedenen Baustile mit der zeitlich jeweils unterschiedlichen Expansion des Herrschaftsgebietes erklären. Während insbesondere in den unzugänglichen Pyrenäentälern der lombardische Stil zu finden ist, zeigen sich spätere Spielarten der Romanik vor allem in südlichen, in späterer Zeit eroberten Gegenden.

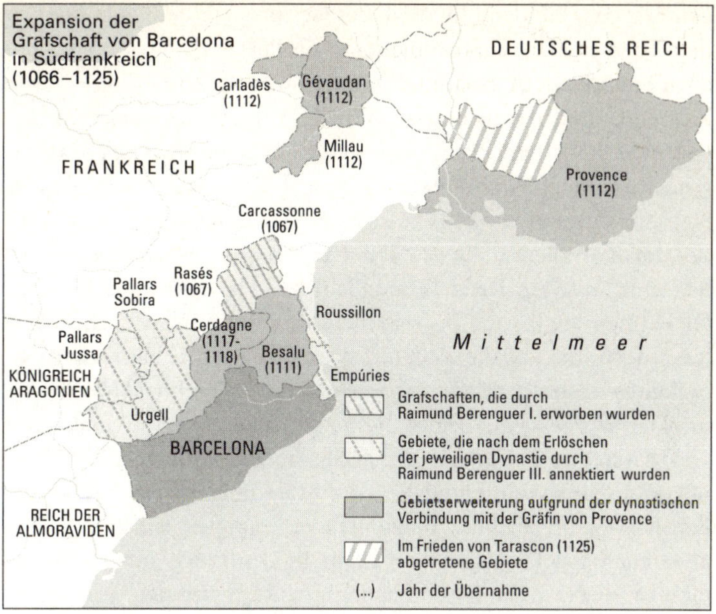

Die Kirche ist in dieser Zeit die wichtigste Trägerin und Vermittlerin von Kultur. Sie besaß das Definitionsmonopol und bestimmte, welche Handschriften in mühevoller Arbeit kopiert und damit späteren Generationen erhalten werden sollten. Klöster wurden zum Ursprungsort der Gelehrsamkeit, die Theologie dominierte die übrigen Wissenschaften. Es entstanden Bibliotheken, die durch gezielte Erwerbungen ergänzt wurden. Bücher waren zudem wertvoller Besitz: Im Jahr 1004 erwarb der Bischof von Barcelona zwei Grammatiklehrbücher im Tausch gegen ein Haus und ein Grundstück, und im Jahr 1009 wechselte ein Lektionarium für den Gegenwert eines Pferdes den Besitzer. Plünderungen und Brandschatzungen von Bibliotheken stellten daher auch einen enormen finanziellen Verlust dar.

Territoriale Expansion

In der zweiten Hälfte des 11. Jahrhunderts begannen die Grafen von Barcelona durch eine gezielte Heiratspolitik sowie den Erwerb von Lehen mit dem Aufbau eines Beziehungsnetzes in Okzitanien und benachbarten christlichen Reichen auf der Iberischen Halbinsel. Dabei handelte es sich um ein kostspieliges Unterfangen, das vor allem dank der Tributzahlungen aus den angrenzenden muslimischen Reichen möglich war. Die Hinwendung nach Okzitanien ergab sich insbesondere durch die dynastischen Verbindungen, die auf die Zeiten der karolinigischen Herrschaft zurückgingen, sowie durch die gemeinsamen sprachlichen und kulturellen Wurzeln, die beide Räume verband. So erwarb der Graf von Barcelona im Jahr 1067 gegen hohe Zahlungen die Grafschaften Carcassonne und Rasés. In den Folgejahren kamen die Lehen Albi und Nîmes hinzu. Dieser Expansionsdrang erlebte aber auch Rückschläge, vor allem in der Folge innerer Spannungen, wie etwa im Zusammenhang mit Erbstreitigkeiten. Unter Ramón Berenguer III. (1097–1131) erreichte der Aufstieg der Grafen von Barcelona schließlich einen ersten Höhepunkt, als sich diese nach Erlöschen der dynastischen Linien in den Grafschaften Besalú (1111) und Cerdagne (1117–1118) beide Gebiete kurzerhand einverleibten. Auch seine im Jahr 1112 erfolgte Heirat mit der Gräfin von Provence hatte bereits zu einem beträchtlichen territorialen Zuwachs geführt, da zu deren Erbe neben der Provence auch weitere Gebiete in der südlichen Auvergne gehörten. Damit erreichte der Graf von Barcelona eine Vormachtstellung im südfranzösischen Raum. Dieser Aufstieg sollte allerdings unmittelbar zu Konflikten mit dem mächtigen Grafen von Toulouse führen, dessen Interessen und Ansprüche ebenfalls in dieser Region lagen. Und so kam es in den darauffolgenden Jahrzehnten zu heftigen und zudem kostspieligen militärischen Auseinandersetzungen um die Oberherrschaft in dieser Gegend, in deren Folge der Graf von Barcelona auch einen Teil der Provence wieder abtreten musste.

Auch auf kultureller Ebene hinterließ die Hinwendung zum

südfranzösischen Raum wichtige Spuren. In dieser Zeit fanden provenzalische Tänze, Musik und Dichtkunst Einzug am Hof von Barcelona, was bedeutet, dass die ältesten in Katalonien bekannten lyrischen Texte provenzalischen Ursprungs sind. Der katalanische Adel gab sich der Welt des Minnesanges hin und schrieb Verse auf Provenzalisch. Troubadoure und Bänkelsänger zogen damals mit ihren liebestrunkenen, aber auch beißend sarkastischen Liedern durchs Land. Zu dieser Zeit erfuhr der katalanische Raum darüber hinaus einen weiteren wichtigen Kohäsionsschub, als im Jahr 1117 das in der Spätantike gegründete Erzbistum Tarragona nach der Eroberung der Stadt durch die Grafen von Barcelona wiedererstand und damit die Zuordnung der katalanischen Diözesen zum Erzbistum Narbonne, das im Machtbereich der Grafen von Toulouse lag, ein Ende fand.

Unter Ramón Berenguer IV. (1131–1162) vergrößerte sich noch einmal der Herrschaftsbereich der Grafen von Barcelona, als dieser im Jahr 1137 Petronella von Aragonien heiratete und damit die Krone Aragoniens für seine Nachkommen sicherte. Dieser Hochzeit und der Union beider Kronen war eine schwere Krise vorangegangen, nachdem der König von Aragonien, Alfons «der Krieger», 1134 ohne männlichen Erben verstorben war und dem Militärorden der Johanniter, Templer und Ritter des Heiligen Grabes die Herrschaft testamentarisch übertragen hatte. Da diese Bestimmung gegen traditionelles Recht verstieß, bildete sich breiter Widerstand in Aragonien und im seit 1076 in Personalunion verbundenen Königreich Navarra. Die Stände von Navarra sagten sich von der Krone Aragoniens los und wählten einen eigenen König. Gleichzeitig erhob Kastilien Erbansprüche auf Aragonien. Der aragonesische Adel, der sowohl eine Übernahme der Krone durch den neuen König von Navarra als auch die Annexion durch Kastilien verhindern wollte, wählte stattdessen den Bruder des verstorbenen Königs und Bischof von Roda zum König. Dieser heiratete umgehend, um auf diese Weise die Thronfolge zu sichern. Zudem suchte er den Schulterschluss mit den Katalanen und vermittelte für seine gerade erst geborene Tochter und Erbin

Petronella den Ehebund mit dem Grafen von Barcelona. Dies führte zur unmittelbaren Vereinigung beider Kronen, als der aragonesische König nach dem Vertragsabschluss wieder auf seinen Bischofssitz zurückkehrte. Die Militärorden wiederum konnten wenige Jahre später zur Aufgabe ihrer Ansprüche gegen die Zusage von beträchtlichen Kompensationen aus künftigen Eroberungen bewogen werden.

Aus dieser Zeit sind auch erstmals die Farben überliefert, die zu dem Wappen Kataloniens werden sollten. Wenngleich der genaue Ursprung umstritten ist und sowohl auf katalanische wie auf aragonesische Ursprünge zurückgeführt wird, wird in Katalonien mehrheitlich eine (allerdings in das Reich der Legenden gehörende) Überlieferung vertreten, wonach das Wappen Kataloniens aus der Zeit Wilfreds im 9. Jahrhundert stammt und dadurch entstanden sein soll, dass der Graf auf dem Sterbebett mit den in eigenes Blut getauchten vier Fingern seiner Hand über den gelben Grund seines Schildes fuhr. Aragonien wurde allerdings nicht (wie etwa sukzessive die verschiedenen katalanischen Grafschaften) annektiert, sondern in Personalunion verbunden. So behielten beide Reiche ihre jeweiligen und voneinander unabhängigen Standesordnungen und Institutionen. Sie wiesen darüber hinaus deutliche soziale Unterschiede auf. So wurde das katalanische Prinzipat vor allem durch den aufstrebenden Handel und das Handwerk geprägt, während Aragoniens Reichtum insbesondere in der sich ausbreitenden Schafzucht lag. Wenngleich der Herrscher den Titel eines Königs von Aragonien aufgrund des höheren Ranges fortan dem des Grafen von Barcelona voranstellte, orientierte sich die Herrschaft allerdings vor allem an katalanischen Interessen.

Nun konzentrierte sich die Zielrichtung der Expansion vor allem auf den Süden der Iberischen Halbinsel. Dieser Drang wurde maßgeblich dadurch unterstützt, dass sich gleichzeitig von christlicher (aber auch von muslimischer) Seite eine religiös-ideologische Radikalisierung vollzog. Vor allem die vom Papst gepredigte Intoleranz gegen Andersgläubige, die in der Aufstellung des Ersten Kreuzzuges im Jahr 1095 einen deutlichen Ausdruck fand, führte auch zur Vision eines Kreuzzuges auf der Iberischen Halbinsel: Analog zum Aufruf zur Befreiung des Heiligen Landes aus den Händen des Islam entstand somit der Gedanke der Rückeroberung (*reconquista*) Hispaniens als ideologischer Überbau in den Auseinandersetzungen mit al-Andalus. Allerdings darf nicht außer Acht gelassen werden, dass die Aussicht auf den Gewinn von Macht und Reichtum bei der Verteilung der Beute und der eroberten Landstriche einen nicht minder wichtigen Ansporn bot, um sich an den Kämpfen zu beteiligen. Auch das entstehende städtische Bürgertum erkannte rasch die Gewinnaussichten bei einer finanziellen Beteiligung an den Eroberungszügen. Als nun erst einmal Tortosa (1148) und Lleida (1149) im Rahmen eines Feldzuges, der durch ein päpstliches Edikt dem zeitgleich stattfindenden Zweiten Kreuzzug gleichgestellt war, erobert wurden, erreichte das Prinzipat im Wesentlichen die Ausdehnung der heutigen Region Katalonien.

Die Gebietszuwächse führten allerdings auch zu sozialen Problemen, da zwischen Altkatalonien und dem eroberten Neukatalonien (*Catalunya nova*) gravierende demographische, wirtschaftliche und vor allem auch rechtliche Unterschiede entstanden. Zunächst war das soziale Gefüge in Altkatalonien ins Wanken geraten, als sich im 12. Jahrhundert das römische Recht durchzusetzen begann und allmählich das westgotische Recht ablöste. Aus der neuen Rechtspraxis heraus, die 1173 als *Usatges de Barcelona* erstmals kodifiziert wurde, verlor die Bauernschaft die freie Verfügungsgewalt über ihren Grund und Boden. Das Land wurde zum Eigentum des Adels und des hohen Klerus, während es die Bauern nun in Erbpacht (*Emphyteuse*) bewirtschafteten und damit die Nutzungsrechte behielten. Zudem legten Adel und Klerus der Bauernschaft eine Vielzahl von Frondiensten und Lasten auf, die bereits im 12. Jahrhundert als «schlechtes Recht» (*malos usaticos*) bezeichnet wurden. Die Bauern konnten sich von dieser Bindung lediglich befreien, indem sie sich loskauften (*payeses de remença*). Damit konnte der Adel wiederum wirkungsvoll verhindern, dass die Bauern in die neu eroberten Gebiete im Süden abwanderten, wo die Feudalherrschaft keine derart strengen Züge besaß. Mit dem Abzug der muslimischen Herrscher hatte nämlich in den eroberten Gebieten Neukataloniens durch die Emigration oder die Versklavung der muslimischen Bevölkerung ein starker Entvölkerungsprozess stattgefunden. Die nun folgende Kolonisierung führte somit zu einem ausgesprochenen rechtlichen Gefälle gegenüber Altkatalonien, nachdem die Neubauern als Anreiz zur Umsiedlung vor leibeigenschaftsähnlichen Abhängigkeitsverhältnissen gegenüber den Feudalherren weitgehend geschützt waren. Als weitere besondere Erscheinung kam hinzu, dass die Landverteilung unter den an den Feldzügen beteiligten Rittern zur Entstehung eines im Norden unbekannten Großgrundbesitzes führte und darüber hinaus das bislang unbekannte Phänomen eines muslimischen Bevölkerungsanteils vorhanden war. In Altkatalonien kam wiederum eine stetige Erhöhung der Abgabenlast hinzu, die in der Literatur als Raubzug des niederen Adels in einer Zeit bezeichnet wird, in der keine Einnahmen mehr aus dem vorerst zum Abschluss gekommenen Expansionsprozesses flossen. Für die Bauernschaft war die Belastung erdrückend, was immer wieder zu Aufständen gegen die Lehnsherren führen sollte.

Nach Ansicht katalanischer Historiker unterstützte die Kolonisierung in der zweiten Hälfte des 12. Jahrhunderts trotz aller Probleme gleichzeitig aber auch den inneren Zusammenhalt und die Wahrnehmung des katalanischen Raumes als Teil einer gemeinsamen Identität. So stammen auch aus dieser Zeit die ältesten Überlieferungen des Begriffs *Catalunya* zur Bezeichnung des Territoriums. Das katalanisch-aragonesische Reich trat mit der nach Süden gerichteten Expansion aber auch unwillkürlich in Konkurrenz zu dem ebenfalls aufstrebenden Kastilien. Hieraus erklären sich verschiedene Abkommen zur friedlichen Kanalisierung von Ansprüchen, etwa auf Navarra oder hinsichtlich der muslimischen Reiche im Süden, die allerdings nicht verhindern konnten, dass es wiederholt zu Spannungen und militärischen Auseinandersetzungen kam. Das Abkommen von Tudellén (1151) mit dem König von Kastilien war allerdings richtungsweisend. Darin wurde vertraglich fixiert, dass den Aragonesen und Katalanen künftig die Eroberung der muslimischen Reiche von Valencia, Dénia und Murcia vorbehalten bleiben sollte.

Unter Peter II. von Aragonien (1196–1213) genoss das katalanisch-aragonesische Reich ein unbestrittenes Ansehen, was darin sichtbar zum Ausdruck kam, dass Peter seine Schwester Konstanze zunächst mit dem König von Ungarn (1199) und nach dessen Tod mit Kaiser Friedrich II. (1210) verehelichen konnte. Die Macht des Königs war allerdings aufgrund der Mitwirkungsrechte der Stände innerhalb des Reiches beschränkt, insbesondere im Hinblick auf die Möglichkeit zur Erhebung von Abgaben und Steuern, was wiederum eine prestigeträchtige Außenpolitik behinderte. Aufgrund dieser schwachen innenpolitischen Position blieb der Herrscher (wie in den europäischen Monarchien üblich) auf das Wohlwollen und die Kooperationsbereitschaft des Adels angewiesen, und dieser war aus Eigeninteresse nicht bereit, Unternehmungen ohne Gegenleistung zu unterstützen. Nachdem die Einnahmen aus dem eigenen Krongut nicht dazu ausreichten, um die Ausgaben für außenpolitische Maßnahmen und die Hofhaltung zu bestreiten, geriet der Herrscher wiederum immer stärker in Abhängigkeit vom Adel, den Militärorden, dem hohen Klerus und dem finanzstarken Bürgertum. Auch die Versuche der Herrscher, durch die Emission von Geld mit einem verminderten Silberanteil der Finanznot zu begegnen, brachten keine nennenswerte Entlastung und hatten vor allem negative Folgen für das Finanzsystem.

Der Niedergang der katalanischen Vorherrschaft in Okzitanien kam unerwartet. Er stand im Zusammenhang mit dem Konflikt um die der Häresie bezichtigten Katharer, einer christlichen Gruppierung, die sich ab Ende des 12. Jahrhunderts im südfranzösischen Raum besonders stark ausgebreitet hatte und vom Grafen von Toulouse toleriert wurde. Nachdem verschiedene Bekehrungsversuche gescheitert waren und ein päpstlicher Gesandter im Jahr 1208 ermordet worden war, verkündete Papst Innozenz III. einen Kreuzzug gegen die Katharer und den mittlerweile exkommunizierten Grafen von Toulouse. Dem grausamen Glaubenskrieg mitten im christlichen Abendland, der auf päpstlicher Seite durch den kreuzzugserfahrenen Simon von Montfort angeführt wurde, fielen Abertausende zum Opfer. Nach dem Ende des Gemetzels, das die Stadt Béziers besonders hart traf, erhielt Montfort auf Betreiben des Papstes hin die Lehen Béziers und Carcassonne. König Peter von Aragonien und auch der Graf von Toulouse waren indes nicht bereit, diese Situation hinzunehmen, und zogen gemeinsam gegen den Grafen von Montfort zu Felde. Das katalanische Heer erlitt in der Schlacht von Muret (1213) eine schwere Niederlage, und der katalanische Herrscher wurde dabei tödlich verwundet.

Das Vierte Laterankonzil sanktionierte schließlich im Sinne des päpstlichen Anspruches, die weltliche Ordnung im christlichen Abendland zu lenken, die entstandene Situation mit Simon von Montfort als neuem Herrscher über den südfranzösischen Raum. Nachdem dieser bei einem Aufstand gegen seine Herrschaft gleichfalls ums Leben kam, griff die französische Krone mit eigenen Begehrlichkeiten in den Konflikt ein, um die Kontrolle über dieses vor langer Zeit verlorene Gebiet, das formal der Krone Frankreichs unterstand, wiederzuerlangen. Der Graf von Barcelona sah sich trotz verschiedener Versuche außer Stande, seine Interessen in der Region zu wahren und militärisch eine Wendung zu erzwingen. Auch das Vorhaben, sich durch Eheschließung die dynastischen Rechte der Grafschaften Toulouse und Provence zu sichern, scheiterte. Die Erbinnen des Hauses Toulouse und Provence heirateten auf päpstliches Betreiben hin zwei Brüder des erstarkten französischen Königs. Der katalanisch-aragonesische König verlor damit bis auf kleinere Besitzungen um Montpellier und ein kleines Gebiet am Oberlauf der Dordogne sämtliche französischen Gebiete. Im Vertrag von Corbeil (1258) verzichtete der Graf von Barcelona schließlich offiziell auf seine übrigen Rechte in Okzitanien, während der französische König Ludwig IX. im Gegenzug seine Rechte in den katalanischen Grafschaften der ehemaligen Spanischen Mark als Lehen der fränkischen Könige aufgab. Damit hatte die okzitanische und provenzalische Epoche der Grafen von Barcelona ein unerwartet abruptes Ende gefunden.

Hinwendung zum Mittelmeer

Nachdem in der Schlacht von Navas de Tolosa (1212) eine Vorentscheidung über die christliche Vorherrschaft auf der Iberischen Halbinsel herbeigeführt worden war, richtete das katalanisch-aragonesische Reich unter der langen Regierung von Jakob I. (1213–1276) seine gesamte Stoßkraft wieder gegen die muslimischen Besitzungen auf der Iberischen Halbinsel und den Balearen. Dieser Herrscher, der folgerichtig den Beinamen «der Eroberer» erhalten hat, begann seine Feldzüge mit der Eroberung von Mallorca (1229–1231). Im Jahr 1235 folgte die Einnahme der Nachbarinsel Ibiza. Die Insel Menorca verblieb zwar vorerst noch unter muslimischer Herrschaft, doch unterwarf sie sich dem neuen Herrscher und wurde tributpflichtig. Damit war der Krone Aragoniens ein wichtiger strategischer Sieg gelungen, waren doch die katalanische Küste und vor allem der erstarkende katalanische Seehandel durch die Beutezüge der Sarazenen von den Balearen aus einer ständigen Bedrohung ausgesetzt gewesen. Der Besitz der Inseln bot in der Folge auch eine verbesserte Ausgangsbedingung zur Entfaltung des Handels im westlichen Mittelmeer. Hieraus erklärt sich auch, weshalb dieser Feldzug von den Händlern Barcelonas und Montpelliers finanziell unterstützt wurde, während die Stände Aragoniens am Rande der Ereignisse geblieben waren. Nach der Aufteilung des Grundbesitzes und der Gebäude zwischen den am Feldzug beteiligten Rittern und Würdenträgern erfolgte die Besiedelung der Inseln insbesondere von Altkatalonien und dem Languedoc aus. Die Insel sollte in der Folge einen dramatischen kulturellen Wandel erfahren, nachdem nur ein kleiner Teil der ehemals etwa fünfzigtausend Menschen umfassenden muslimischen Bevölkerung auf der Insel verbleiben durfte. Dieser Wandel wurde in der Landwirtschaft besonders sichtbar. Während unter muslimischer Bewirtschaftung ein Netz von Bewässerungsanlagen insbesondere für den Anbau von Reis und Baumwolle geschaffen worden war, prägten von nun an Olivenbäume, Getreide und Weinbau das Landschaftsbild.

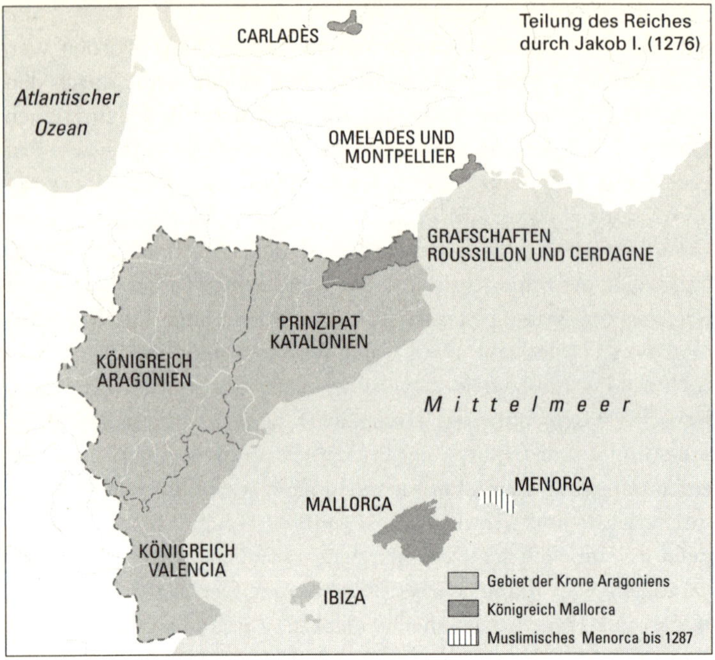
Teilung des Reiches
durch Jakob I. (1276)
CARLADÈS
Atlantischer
Ozean
OMELADES UND
MONTPELLIER
GRAFSCHAFTEN
ROUSSILLON UND CERDAGNE
PRINZIPAT
KATALONIEN
KÖNIGREICH
ARAGONIEN
Mittelmeer
MENORCA
MALLORCA
KÖNIGREICH
VALENCIA
IBIZA
Gebiet der Krone Aragoniens
Königreich Mallorca
Muslimisches Menorca bis 1287

Während die Eroberung Mallorcas und Ibizas allein durch die katalanischen Stände unterstützt und durchgeführt worden war, erfolgte die Eroberung des Königreiches Valencia (die durch den Papst den Status eines Kreuzzuges erhielt) unter Beteiligung auch aragonesischer Stände, nachdem beide jeweils eigene Interessen in dieser südlichen Grenzregion verfolgten. Sie fand in mehreren Schüben zwischen 1232 und 1245 statt. Die Besiedelung des Raumes warf wieder einmal besondere Probleme auf, da in diesem Fall keine ausreichend große Zahl an Neusiedlern zur Verfügung stand, um eine flächendeckende Kolonisierung vornehmen zu können. Daher wurde zunächst lediglich in den größeren Städten wie Valencia oder Burriana die angestammte muslimische Bevölkerung vertrieben. Christliche Siedler ließen sich vor allem in den fruchtbaren Gegenden nieder, wo auch weiterhin eine kleinräumige Bewirtschaftungsform vorherrschen sollte. Das ärmere Hinterland ging vor allem in das Eigentum der Ritterorden über, womit ausgedehnte Latifundien entstanden, wo besonders die muslimische Bevölkerung in Dienst genommen wurde. Im neuen sozialen Gefüge bildeten die Muslime nun die unterste Stufe, was allerdings alsbald zu Spannungen und schließlich zu periodisch ausbrechenden Aufständen führte, die durch Gewalt und großangelegte Umsiedlungsmaßnahmen beantwortet wurden. Für 1276 wird die muslimische Bevölkerung nur mehr auf etwa einhunderttausend Personen geschätzt, womit sie im Vergleich mit der Situation vor der Eroberung auf etwa die Hälfte geschrumpft war. Sie konzentrierte sich nun auf die südlichen Gegenden des eroberten Königreiches. Nachziehende Katalanen siedelten vor allem in den Küstengebieten, während das Hinterland insbesondere Aragoneser anzog. Damit entstand hier eine Sprachgrenze, die im Wesentlichen noch heute durch die Region Valencia verläuft.

Das Königreich Valencia wurde weder der Krone Aragoniens noch dem katalanischen Prinzipat zugeschlagen. Jakob I. konstituierte das neu erworbene Gebiet im Jahr 1261 vielmehr als eigenständiges Königreich mit einer eigenen Ständevertretung. Damit verfügten fortan die drei Kerngebiete des katalanisch-aragonesischen Reiches über unabhängig voneinander agierende Institutionen. Die Eroberung von Valencia bildete auch den (vorläufigen) Abschluss der Expansion nach Süden hin. Jakob I. und der König von Kastilien einigten sich im Abkommen von Almirra (1244) darauf, dass der kastilischen Krone der Anspruch auf das restliche noch nicht eroberte muslimische Gebiet zustehe. Jakob I. hatte im Rahmen seines Expansionsdranges zuvor allerdings auch versucht, die Krone Navarras in den eigenen Machtbereich zu integrieren. Das hierzu mit dem König von Navarra, Sancho VII., geschlossene Abkommen wurde allerdings nach dem Tod Sanchos (1234) durch den Adel Navarras unterlaufen, der den Grafen Theobald von Champagne zum neuen König ausrief. Doch trotz aller Rivalitäten und Feindseligkeiten zwischen den christlichen Herrschern auf der Iberischen Halbinsel entstand im Zuge der als Kreuzzug aufgefassten Eroberung des muslimisch beherrschten Südens gleichzeitig aber auch ein sich aus dem gemeinsamen Glauben ergebendes starkes Gemeinschaftsgefühl. In diesem Sinne sprach Jakob I. von fünf Königreichen, aus denen *Hispanien* bestünde. Dieses *Hispanien* wurde zu einem kulturellen und identitätsstiftenden Bezugspunkt, der im historischen Verlauf durch dynastische Verbindungen noch weiter vertieft wurde.

Jakob teilte schließlich sein Erbe unter seinen beiden Söhnen auf. Der jüngere übernahm die nördlich der Pyrenäen gelegenen Grafschaften Roussillon und Cerdagne, die Baleareninseln sowie die kleinen französischen Besitzungen Montpellier und Carladès. Damit entstand das Königreich Mallorca. Das Haupterbe ging an den Erstgeborenen, Peter III. (1276–1285), der die Expansionspolitik im Mittelmeerraum fortsetzte. Dieser Weg war bereits durch den Vater vorgezeichnet worden, der seinen Sohn mit der staufischen Prinzessin Konstanze, Tochter und Erbin von König Manfred von Sizilien, verheiratet hatte. Der Durchsetzung der Erbansprüche stand allerdings entgegen, dass von dritter Seite bereits vollendete Tatsachen geschaffen worden waren. So hatte Karl von Anjou, der im Rahmen der katalanisch-französischen Auseinandersetzungen 1246 zum Grafen von Provence geworden war, mit päpstlicher Unterstützung im Jahr 1266 nach dem Sieg über König Manfred auch die Herrschaft über die ehemaligen staufischen Lande Neapel und Sizilien übernommen. Der König von Aragonien nutzte wiederum einen Aufstand auf Sizilien gegen Karl von Anjou im Jahr 1282 (*Sizilianische Vesper*) und übernahm hier die Herrschaft mit Unterstützung der dortigen Stände, die ihn zum neuen König ausriefen. Eine Expedition in Kalabrien, um sich auf diese Weise auch der Krone Neapels zu bemächtigen, scheiterte jedoch. Allerdings konnte König Peter, nachdem seine Flotte Malta und das tunesische Djerba erobert hatte, seine Position in dieser Mittelmeerregion zunächst stabilisieren.

Der Gegenschlag brachte ihn dennoch gleich an mehreren Fronten in arge Bedrängnis. Als unmittelbare Antwort auf die Ereignisse auf Sizilien wurde er vom Papst exkommuniziert, der zudem zum Kreuzzug gegen den König von Aragonien aufrief. Dieser stand nun aber nicht nur vor einer bedrohlichen Invasionsgefahr aus Frankreich. Selbst sein eigener Bruder, der König von Mallorca, versagte ihm den Waffendienst und verbündete sich mit dem König von Frankreich. Angesichts dieser prekären Situation nutzten wiederum die katalanischen Stände die Gunst der Stunde, um dem König im Jahr 1283 als Gegenleistung für ihre Unterstützung weitreichende Zugeständnisse abzutrotzen: Im Prinzipat Katalonien erfolgte die Festschreibung der ausgeübten Hoheitsrechte der Stände in ihren Besitzungen, auch wenn sie bislang nicht verbrieft waren (*Generalprivileg*). Damit wurde ein Flickenteppich von Gebieten mit einer eigenständigen Gerichtsbarkeit dauerhaft institutionalisiert und die Macht der Stände gegenüber dem Herrscher entscheidend gestärkt. Diesem Machtzuwachs stand allerdings die weitgehende Rechtlosigkeit der unteren Bevölkerungsschichten gegenüber. Die Ratsversammlungen der Städte vertraten die Interessen des Patriziats, und der Adel sowie der hohe Klerus behielten die Verfügungsgewalt über weite Teile der Landbevölkerung. Ab 1283 kam es aber auch zu einer Diskriminierung der Juden, die gerade zu dieser Zeit aus dem durch religiöse Intoleranz geprägten muslimischen Herrschaftsgebiet in großer Zahl in die christlichen Königreiche abgewandert waren.

Dem französischen König gelang 1285 die Einnahme von Girona, während im gleichen Jahr in Barcelona ein Aufstand unter der Führung des Handwerkers Berenguer Oller gegen die Herrschaft des Patriziats stattfand, der gewaltsam niedergeschlagen wurde. Der Konflikt mit Frankreich verlor allerdings überraschend an Schärfe, als eine Epidemie die französischen Truppen zum Rückzug zwang und sie dann auch noch militärisch geschlagen wurden. Zudem trug maßgeblich zur Beruhigung der Lage bei, dass alle Hauptbeteiligten: Karl von Anjou, Papst Martin IV., König Philipp III. von Frankreich und schließlich auch Peter von Aragonien, im Verlauf des Jahres 1285 eines natürlichen Todes starben. Allerdings geriet das katalanisch-aragonesische Reich nun in militärische Auseinandersetzungen mit Kastilien und Navarra, bis die Friedensschlüsse von Tarascón (1291) und Monteagudo (1291) auch hier einen vorläufigen Schlussstrich setzten. Der Konflikt um Sizilien schwelte unterdessen weiter. Nach einer Vielzahl von Vermittlungsversuchen und einem geheimen Treffen zwischen Jakob II. von Aragonien und Karl II. von Anjou kam es 1295 zwar zunächst zu einem Übereinkommen, das alle strittigen Probleme löste und vor allem die Rückgabe Siziliens an das Haus Anjou vorsah. Eine Umsetzung dieses Vorhabens scheiterte allerdings, als sich der als Regent Siziliens eingesetzte Bruder des Königs von Aragonien, Friedrich, mit Unterstützung der dortigen Stände widersetzte und 1296 zum König ausgerufen wurde. In der Folge kam es neuerlich zu militärischen Auseinandersetzungen, bei denen auch Jakob II. gegen seinen Bruder vorging. Im Frieden von Caltabellotta (1302) konnte Sizilien allerdings seine Unabhängigkeit unter der Herrschaft Friedrichs bewahren.

Jakob II. gelang es wiederum, im Rahmen einer politischen Neuordnung im westlichen Mittelmeer weiteren Nutzen zu ziehen: Papst Bonifaz VIII. übertrug dem König von Aragonien im Jahr 1297 Sardinien sowie Korsika als päpstliche Lehen. Auch aus handelsstrategischer Sicht war dies ein höchst wertvoller Besitz, der den Schlüssel zur Kontrolle über das Tyrrhenische Meer darstellte. Damit schien der Weg frei, um den Handelskonkurrenten Pisa und vor allem Genua, die auf beiden Inseln wichtige Häfen kontrollierten und von dort aus die katalanischen Interessen wirkungsvoll bedrohten, in die Schranken zu weisen. Zudem war Sardinien ein bedeutender Getreideproduzent, verfügte darüber hinaus über beträchtliche Silbervorkommen, und seine Salinen stellten ein begehrtes Handelsgut dar. Die Übertragung der Inseln sollte sich aber in der Praxis als Danaergeschenk erweisen: Die Eroberung und Sicherung der Macht auf Sardinien sollte langwierig und mühevoll werden, und Korsika konnte niemals in das katalanische Machtgebiet eingegliedert werden.

Unabhängig hiervon wurden die zur Durchsetzung der Herrschaft auf Sizilien eingesetzten katalanischen Söldner (*almogávares*) unter dem Kommando von Roger de Flor durch den von den Osmanen bedrängten byzantinischen Kaiser als Verstärkung angefordert. Nachdem der Katalanischen Kompanie 1304 die Abwehr der unmittelbaren osmanischen Bedrohung gelungen war, folgten jedoch bald Spannungen mit dem byzantinischen Herrscherhaus, da nun Ambitionen Friedrichs von Sizilien auf die Herrschaft in Konstantinopel zutage traten, die dieser mit Hilfe der Katalanischen Kompanie zu verwirklichen gedachte. Wenngleich nur ein Teil der Einheiten bereit war, gegen die Byzantiner die Waffen zu erheben, wurden in einem Klima des Misstrauens Roger de Flor und andere katalanische Heerführer auf Geheiß des byzantinischen Kaisers ermordet. Dies wiederum führte unmittelbar zu einem Aufstand der Katalanischen Kompanie, die in der Folge eine Schneise der Verwüstung und Plünderung durch Thrakien und Makedonien hinterließ. In diesem Szenario versuchte wiederum Karl von Valois, der durch die Heirat mit der Lateinischen Titularkaiserin Katharina dynastisch untermauerte Ansprüche auf die Krone des 1261 untergegangenen Lateinischen Kaiserreiches und damit auf die Herrschaft über Konstantinopel hatte, die Initiative zu übernehmen, um mit Hilfe der Katalanen den Sturz des Kaisers von Byzanz herbeizuführen. Das Vorhaben scheiterte allerdings an der halbherzigen Unterstützung durch den König von Frankreich sowie an der zögerlichen Haltung Venedigs, eines weiteren Widersachers von Byzanz. Die nun auf sich allein gestellten Katalanen traten in der Folge in die Dienste des Herzogs von Athen, rebellierten allerdings nur kurze Zeit später und übernahmen 1311 die Herrschaft über das Herzogtum. Als sich die Katalanische Kompanie im darauffolgenden Jahr wieder König Friedrich von Sizilien unterwarf, blieb dieses Gebiet sowie das 1319 eroberte benachbarte Herzogtum Neopatria unter sizilianischer und ab 1379 unter katalanisch-aragonesischer Herrschaft. Dort trat der König von Aragonien in direkte Konkurrenz zu den Handelsmächten Venedig und Genua, die sich in der Ägäis ebenfalls Besitzungen angeeignet hatten. Nachdem allerdings die militärische Sicherung dieser weit entfernten Gebiete die Kräfte der Krone überstieg, ging die katalanische Herrschaft in Griechenland 1391 bereits wieder zu Ende.

Im Jahr 1323 initiierte der König von Aragonien nach vorangegangenen Übereinkommen mit einer Reihe lokaler Machtträger schließlich auch die Invasion Sardiniens, um damit seine Ansprüche endgültig durchzusetzen. Wenngleich die Insel bereits im Jahr 1326 unterworfen werden konnte, bedeutete die Sicherung der Macht einen strapaziösen finanziellen und militärischen Aderlass. Die neuen Herrscher erlebten heftigen Widerstand, der von Pisa und vor allem von der Republik Genua materiell unterstützt wurde. In der Folge kam es zu fortgesetzten Erhebungen, die die Katalanen und Aragonesen derart in die Defensive zwangen, dass sie zeitweise nur kleine Gebiete um wichtige Häfen wie Cagliari und Alghero kontrollierten. Erst 1421 sollte die dauerhafte Befriedung der Insel gelingen. Die Versuche, die Herrschaft über Korsika anzutreten, das weitgehend unter genuesischer Kontrolle stand, kamen wiederum nie über die vorübergehende Eroberung einzelner Küstenfestungen hinaus. Die eigenen Kräfte reichten letztlich nicht aus, um das Unternehmen im Krieg gegen Genua und seine Verbündeten mit Nachdruck angehen zu können.

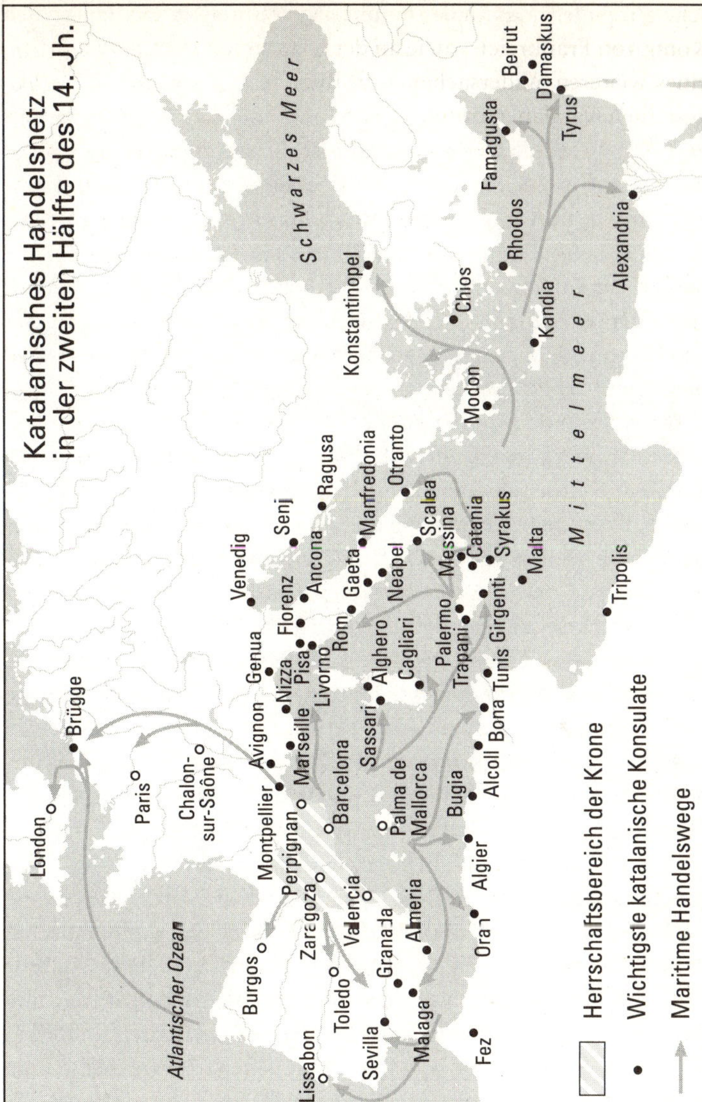
Katalanisches Handelsnetz
in der zweiten Hälfte des 14. Jh.
Atlantischer Ozean
Schwarzes Meer
Mittelmeer
London
Brügge
Paris
Chalon-sur-Saône
Avignon
Genua
Venedig
Montpellier
Perpignan
Marseille
Nizza
Pisa
Livorno
Florenz
Senj
Ancona
Ragusa
Rom
Gaeta
Neapel
Manfredonia
Otranto
Scalea
Messina
Catania
Syrakus
Malta
Palermo
Trapani
Girgenti
Tunis
Cagliari
Alghero
Sassari
Barcelona
Palma de Mallorca
Bona
Alcoll
Bugia
Algier
Oran
Fez
Tripolis
Burgos
Zaragoza
Valencia
Toledo
Granada
Almeria
Malaga
Sevilla
Lissabon
Modon
Konstantinopel
Chios
Kandia
Rhodos
Famagusta
Beirut
Damaskus
Tyrus
Alexandria
Herrschaftsbereich der Krone
Wichtigste katalanische Konsulate
Maritime Handelswege

Die militärischen Operationen und der Schutz des im Mittelmeerraum weit verstreuten Besitzes erfolgten damals vor allem durch den Einsatz von Kriegsschiffen. Wie schon in der Antike war die Galeere die übliche Schiffsform, die dank einer weiterentwickelten Technik, die nun mehrere Ruderreihen übereinander vorsah, anderen Schiffsarten an Geschwindigkeit und Wendigkeit weit überlegen war. Ein Rammbug machte sie in einer Zeit, als es das Schießpulver und folglich mit Kanonen bewaffnete Schiffe noch nicht gab, zudem zu einer gefährlichen Waffe im Seekampf. Bei einer Länge von bis zu fünfundvierzig Metern war dieser Schiffstyp zudem geeignet, größere Truppenkontingente zu transportieren.

Auch im Süden der Iberischen Halbinsel folgten noch einmal weitere Erwerbungen, als Jakob II. nach Intervention in innerkastilische Auseinandersetzungen 1304 einen Teil des in kastilischem Besitz befindlichen ehemaligen muslimischen Reiches von Murcia übernahm und in das Königreich Valencia integrierte. Damit erreichte das katalanisch-aragonesische Reich auf der Iberischen Halbinsel seine endgültige territoriale Ausdehnung. Weitere Expansionsversuche im südspanischen Raum, etwa die Einnahme der Küstenstadt Almería, scheiterten. Auch mussten die Könige von Aragonien ihre Pläne eines Eroberungszuges gegen Granada wegen mangelnden Interesses der Stände bereits im Vorfeld aufgeben. Gleichwohl stellten die muslimischen Herrschaftsgebiete Granada sowie die Barbareskenstaaten in Nordafrika eine permanente Bedrohung dar. Insbesondere das im Verlauf des 14. Jahrhunderts wachsende Bedrohungspotential in Nordafrika zwang die Krone Aragoniens zu militärischer Präsenz und diplomatischer Aktivität, um die eigenen Handelsinteressen zu sichern. Gerade aber die Piraterie, die es bei ihren Beutezügen auf Waren und Menschen abgesehen hatte, machte den Küstenstädten und Handelsschiffen schwer zu schaffen. Militärische Strafexpeditionen konnten letztlich nur eine vorübergehende Entlastung bringen.

Handel und bürgerlicher Wohlstand

Der katalanische Raum erlebte im Hochmittelalter ein außerordentliches Bevölkerungswachstum, das durch eine expandierende landwirtschaftliche Produktion begünstigt wurde. Die Bevölkerung des Prinzipats verdoppelte sich trotz einer Abwanderungswelle in die eroberten Gebiete innerhalb von zwei Jahrhunderten und betrug vor der großen Pestwelle im Jahr 1348 etwa eine halbe Million Menschen. Gleichzeitig entfaltete sich in den Städten ein florierendes Handwerksleben, und es entstand vor allem ein Gewerbe zur Herstellung von Textilien. Gerade die Textilherstellung, die nicht nur für die heimischen, sondern immer stärker auch für europäische Märkte bestimmt war, sollte einen nachhaltigen Einfluss auf die katalanische Wirtschaft haben und langfristig zum wichtigsten Produktionszweig werden. Damit gehörten neben begehrten landwirtschaftlichen Produkten wie Wein, Olivenöl, Trockenfrüchten oder Safran auch Stoffe zu den Exportwaren des Prinzipats. Im Hinterland nahm wiederum die Landwirtschaft, vor allem die Viehhaltung, eine vorrangige Stellung ein, was sich auch darin zeigt, dass einer der damals am weitesten verbreiteten Handwerksberufe in den Städten des Inlandes der des Gerbers war. Hinzu kam im Bereich der östlichen Pyrenäen eisenverarbeitendes Gewerbe, das sich vor allem der wichtigen Waffenproduktion widmete.

Katalonien entwickelte sich im Hochmittelalter aber in erster Linie zu einer wichtigen Handelsmacht im Mittelmeerraum. Katalanische Händler konzentrierten sich dabei wie die großen Konkurrenten Pisa und die Republik Genua zum einen auf die nordafrikanische Küste. Insbesondere die Häfen im heutigen Algerien und Tunesien waren wichtige Umschlagplätze, um begehrte Waren aus Schwarzafrika, die über die Sahararoute an die Mittelmeerküste gebracht wurden, in dickbauchigen Koggen nach Europa zu verschiffen. Zum anderen bot der östliche Mittelmeerraum den Zugang zu den wertvollen Waren aus dem Fernen Osten, die über die Seidenstraße an die levantinische Küste gebracht und von dort aus weitertransportiert wurden. Bereits im ersten Viertel des 13. Jahrhunderts waren katalanische Händler in Alexandria vor Anker gegangen. Die Blütezeit des Handels setzte allerdings erst in der zweiten Hälfte des Jahrhunderts ein. Die transportierten Güter waren dabei nur zum Teil für die heimischen Märkte bestimmt. Katalanische Kaufleute agierten vielmehr wie ihre Konkurrenten als Zwischenhändler bei der Versorgung der wohlhabenden Gesellschaftsschichten mit exotischen Luxuswaren wie orientalischen Gewürzen, Seide, afrikanischem Elfenbein oder Sklaven, die üblicherweise über Marseille und vor allem Montpellier auf innereuropäische Märkte gelangten. Zur Wahrnehmung der eigenen Handelsinteressen begann Barcelona ab 1266 wiederum damit, ein den gesamten Mittelmeerraum umspannendes Netz von Handelskonsulaten zu knüpfen, das darüber hinaus auch wichtige Handelsplätze wie Brügge und London mit einschloss. Dieses Netz wurde von Barcelona aus durch das 1279 entstandene *Consolat de Mar*, eine Vertretung der Händler, die vor allem richterliche Funktionen in Handelsfragen wahrnahm, unterstützt (in späteren Jahren entstanden auch in Valencia und Mallorca entsprechende Institutionen). Die Bündelung der Rechtspraxis im *Llibre del Consolat de Mar* bildete einen der ersten handelsrechtlichen Kodizes in Europa, der darüber hinaus im gesamten Mittelmeerraum zur Anwendung kam.

Das entstehende städtische Bürgertum, insbesondere Barcelonas, verfügte somit über eine wachsende Finanzkraft. Daraus ergab sich auch ein zunehmendes Selbstbewusstsein, das sich in einer stärkeren Unabhängigkeit der Städte spiegelte. Diese begannen bereits gegen Ende des 12. Jahrhunderts mit dem Aufbau einer eigenen fiskalischen und juristischen Verwaltung, die bis hin zur Organisation der Verteidigung durch den Ausbau von Befestigungsanlagen und die Schaffung von Bürgerwehren reichte. Die Magistrate versuchten aber auch, gegenüber dem Herrscher oder anderen Feudalherren die Vertretung der eigenen Interessen durchzusetzen, etwa im Hinblick auf den Umfang des zu leistenden Kriegsdienstes oder die Höhe der Abgaben. Sie neigten dabei dazu, den Waffendienst, zu dem sie wie der Adel mit der Bereitstellung von Fußsoldaten oder Reitern verpflichtet waren, durch eine Ausgleichszahlung zu umgehen, da der Kriegsdienst durch den Abzug von Arbeitskräften die Wirtschaftstätigkeit stärker beeinträchtigte. Die Städte entwickelten sich auch zu den Vermarktungszentren für die sie umgebende handwerkliche und landwirtschaftliche Produktion sowie für die eingeführten Waren. Barcelona, Girona und Lleida standen hierbei auch in Beziehung zu den in der Champagne gelegenen wichtigen Handelsmessen. Die verschiedenen städtischen Handwerksberufe begannen wiederum damit, sich zu Zünften zusammenzuschließen und damit das Leben innerhalb der Berufsgruppen zu reglementieren. Dadurch waren sie zudem in der Lage, ihre spezifischen Interessen gegenüber der Stadtregierung besser zu vertreten. Die Zünfte bildeten darüber hinaus ein soziales Netz, das Wohltätigkeitsaufgaben übernahm, etwa durch die Versorgung von Witwen oder im Krankheitsfall, und mit der Bildung von Handwerksbruderschaften auch eine geistige Heimstatt bot. Häufig wohnten die Mitglieder einer bestimmten Zunft auch straßenzugweise nebeneinander. In dieser Zeit entstanden auch die ersten Lehranstalten für allgemeine Studien, aus denen sich die späteren Universitäten entwickelten. So wurde in Montpellier um 1245 die erste Studienanstalt im katalanischen Herrschaftsgebiet geschaffen. Im Jahr 1300 folgte eine weitere Gründung in Lleida, die sich zunächst zur wichtigsten Universität des Reiches entwickelte. 1349 kam Perpignan hinzu, und 1450 erhielt schließlich die große Metropole Barcelona eine Universität.

Der mittelalterliche Wohlstand in Katalonien spiegelt sich in einer Vielzahl an Bauten. Die Gotik gelangte zunächst ab Mitte des 12. Jahrhunderts mit dem sich ausbreitenden Zisterzienserorden von Zentralfrankreich aus in den katalanischen Raum, wenngleich die wichtigsten Zeugnisse parallel zur Wohlstandsentwicklung aus späterer Zeit stammen. Ab Beginn des 14. Jahrhunderts setzte schließlich ein regelrechter Bauboom im elegant und filigran weiterentwickelten gotischen Stil ein. Nachdem der Bedarf an Sakralbauten in Altkatalonien im Grunde durch die Bautätigkeit in der romanischen Baustilepoche gedeckt war, änderte sich das Verbreitungsgebiet. Ein reiches Bistum wie Barcelona, in dem die Bevölkerung zudem stetig gewachsen war, leistete sich den Bau einer neuen Kathedrale. In anderen Bistümern wie Girona oder Lleida wurden die in der Romanik begonnenen Kathedralen im neuen Stil vollendet, oder man begnügte sich mit Erweiterungs- oder Umbauten. Gerade in der expandierenden Metropole Barcelona entstanden aber auch weitere mächtige Gotteshäuser wie Santa María del Mar als Kirche der Seefahrer und Händler, die mit ihren strengen, nicht übermäßig in die Höhe drängenden Proportionen, ihrer nüchternen Ausgestaltung der Gewölberäume sowie des Portalbereiches und einem gedämpften Lichteinfall die Merkmale der katalanischen Gotik in herausragender Weise vereint. Darüber hinaus wurden aber in den eroberten Gebieten Neukataloniens und vor allem im Königreich Valencia und auf den Balearen eine Vielzahl an Kirchen, Klöstern – und auch Kathedralen – im Stil der Gotik errichtet.

Der Wohlstand des Bürgertums und Adels manifestierte sich ebenfalls in einer regen Bautätigkeit. Als wichtigste Metropole des Prinzipats wurde in Barcelona nicht nur der Sitz des Königs standesgemäß ausgestaltet, auch das Patriziat, der Adel und der hohe Klerus errichteten repräsentative Zweckbauten und Residenzen, deren gotische Elemente wie der Saló del Tinell im Königspalast, der Pati Gòtic im Palais der *Generalitat* oder der Saló de Cent im Rathaus von Barcelona sich teilweise bis in die Gegenwart erhalten haben. Das Selbstbewusstsein des aufstrebenden Bürgertums lässt sich in den verschiedenen noch existierenden Stadtpalais am Carrer de Montcada erspüren. Gebäude wie das Hospital de la Santa Creu spiegeln wiederum die sozialen Aufgaben, denen sich eine wachsende Metropole wie Barcelona stellen musste. Die in Ufernähe errichtete Llotja de Mar beherbergte die mächtige Interessensvertretung der Händler Barcelonas. Trotz eines späteren grundlegenden Umbaus haben sich bedeutende Bestandteile des ursprünglichen Baus erhalten. Ebenso existieren noch Teile der überdachten königlichen Werftanlagen (*drassanes*), in denen damals bis zu dreißig Galeeren gleichzeitig repariert werden konnten. Im Verlauf des 14. Jahrhunderts wandelte sich das Antlitz der großen Städte grundlegend, und nicht von ungefähr wird die Altstadt von Barcelona heute das «gotische Viertel» genannt. Auch in der Malerei hielt das Prinzipat Schritt mit den europäischen Strömungen. Deutlich ist seit dem 14. Jahrhundert der Einfluss von Florenz und Siena zu erkennen. Sogar auf dem Land war dieser wachsende Wohlstand zu spüren. Die Gehöfte wurden immer häufiger aus Stein errichtet, die Wohnräume wurden großzügiger und nun vorwiegend in der ersten Etage untergebracht, auf die mitunter auch noch ein Dachgeschoss aufgesetzt wurde. Noch heute lassen sich Hofanlagen mit den für diese Zeit typischen spitzbogigen und mit ornamentalen Elementen versehenen Fensteröffnungen finden. Das Prinzipat Katalonien befand sich damals auf dem Höhepunkt des Wohlstandes und der Machtentfaltung.

Es lässt sich feststellen, dass in den Zeiten einer besonders starken wirtschaftlichen Dynamik und innenpolitischen Stabilität militärische außenpolitische Unternehmungen im Hintergrund standen. Gerade das erste Viertel des 14. Jahrhunderts, das als Blütezeit der katalanischen Wirtschaftsleistung betrachtet wird, ist dafür beispielhaft. In dieser Zeit lässt sich im Prinzipat auch ein wachsendes auf der Gemeinsamkeit der Sprache basierendes kulturelles Verbundenheitsgefühl feststellen. Zeitgenössische Beobachter nahmen die Katalanen ebenso wie die Franzosen, Lombarden, Kastilier oder Portugiesen als Einheit wahr. Institutionen wie die Ständeversammlung verliehen dem Prinzipat zudem ein Distinktionsmerkmal in Abgrenzung zu anderen Teilen des Reiches wie Aragonien, Valencia oder auch Mallorca. Für Pierre Vilar besticht das Prinzipat im Zeitraum zwischen 1250 und 1350 mit einer inneren kulturellen Kohäsion, die sogar weit über den damaligen Zustand anderer europäischer Kulturräume herausrage und daher bereits in dieser frühen Phase am ehesten die Verwendung des neuzeitlichen Begriffs der Nation rechtfertige.

Die Expansionspolitik, die dann insbesondere unter Peter IV. von Aragonien (1336–1387) vorangetrieben wurde, ging mit einer Zeit des wirtschaftlichen Niedergangs und tiefgreifender Krisen einher, während deren die Bevölkerung zudem unter Naturkatastrophen zu leiden hatte. 1333 war das erste Jahr einer langen Reihe, in der es zu Missernten und damit zu Hungersnöten und Hungerrevolten kam. Naturkatastrophen wie die Heuschrekkenplage von 1357 verschärften zusätzlich die Versorgungslage. Zudem ereigneten sich eine Reihe periodisch wiederkehrender Erdbeben. So richtete die schwere Erschütterung des Jahres 1373 großen Schaden an und brachte unter anderem den Glockenturm der nahezu fertiggestellten Kirche Santa María del Mar zum Einsturz. Überdies wurde die Pest, die von einem genuesischen Handelsschiff aus dem Schwarzen Meer eingeschleppt worden war und sich über ganz Europa ausbreitete, zur todbringenden Geißel, die zur Verwüstung und Entvölkerung ganzer Landstriche führte. Im April 1348 erreichte die Seuche das Prinzipat und raffte innerhalb eines Jahres etwa ein Drittel der Bevölkerung dahin. Weitere Pestwellen folgten und zogen das Land für etwa einhundert Jahre in einen Abwärtsstrudel. Verlassene Gehöfte und verwaiste Felder hinterließen nicht nur einen gespenstischen Anblick; sie verschärften zusätzlich die Nahrungsmittelkrise in einer Region, die ohnehin traditionell auf Getreideimporte angewiesen war. Die Bevölkerungszahl nahm in dieser düsteren Zeit dramatisch ab. Im Jahr 1340 hatte Barcelona an die fünfzigtausend Einwohner gehabt und war damit eine im europäischen Vergleich florierende Metropole gewesen. Im Jahr 1477 betrug die Einwohnerzahl indes nur noch etwa zwanzigtausend, und das gesamte Prinzipat schrumpfte in diesem Zeitraum auf etwa die Hälfte seiner Einwohner. Die Naturkatastrophen kosteten aber nicht nur unzähligen Menschen das Leben und verursachten einen gewaltigen materiellen Schaden. Sie hatten auch eine vernichtende psychologische Wirkung auf die Bevölkerung, die sie als Zeichen des göttlichen Zornes oder sogar als Vorboten der Apokalypse interpretierte. In der Folge kamen nicht nur Forderungen nach einem gottgefälligen Leben auf, geprägt durch Buße, Sittlichkeit und Frömmigkeit. Auf der Suche nach Sündenböcken entlud sich der Hass auch gegen religiöse Minderheiten und insbesondere die Juden. Nach lokalen und vereinzelten Pogromen im Verlauf des 14. Jahrhunderts und insbesondere infolge der ersten Pestwelle im Jahr 1348 kam es 1391 zu verbreiteten Übergriffen und zur Verwüstung von Judenvierteln (*aljamas*).

In der zweiten Hälfte des 14. Jahrhunderts verschärften starke Preisanstiege und sinkende Steuereinnahmen die Krise des Finanz- und vor allem Kreditsystems (1359–1360, 1375 und insbesondere 1381–1383). Hinzu kam, dass die expansive Außenpolitik unter Peter IV. als zusätzliche Belastung wirkte, nachdem der fiskalische Druck auf die ohnehin gebeutelten Städte erhöht worden war. Anfang des 15. Jahrhunderts wurden über sechzig Prozent der Einnahmen der Stadt Barcelona und über siebzig in Tarragona für den Schuldendienst verwendet. Der zunehmenden Verschuldung der Städte stand allerdings noch der Wohlstand des Patriziats gegenüber, denn trotz der Wirtschaftskrise, von der Mitteleuropa genauso betroffen war, blieb der internationale Handel zunächst ein gewinnträchtiges Gewerbe. Die katalanischen Händler konnten trotz aller Widrigkeiten weiterhin gegen die italienische Konkurrenz bestehen.

Die Finanzhoheit der Stände

Im Sinne des theokratischen Weltbildes des Hochmittelalters empfanden sich Monarchen wie Peter IV. und seine Nachfolger als unumschränkte Herrscher (*plenitudo potestatis*) in ihren Reichen und verfolgten entsprechend das Ziel, die Zentralgewalt zulasten der Stände zu stärken. Die Rechtsvorstellung, dass alle hoheitliche Gewalt vom Monarchen ausgehe, brachte die Herrscher aber nicht nur in schwere Konflikte mit den Ständen und insbesondere mit den gräflichen Feudalherren jener Gebiete, die sich wie die Grafschaft Urgell unabhängig von der Grafschaft Barcelona entwickelt hatten und in denen der Monarch zu keinem Zeitpunkt hoheitliche Rechte innegehabt hatte. Der königliche Anspruch stand vor allem in einem eklatanten Widerspruch zur Realität im Prinzipat, waren doch die hoheitlichen Rechte der Stände zuletzt

1283 verbrieft worden. Im Jahr 1392 gehörten lediglich dreizehn Prozent des Territoriums und zweiundzwanzig Prozent der Bevölkerung zur unmittelbaren königlichen Domäne. Der Herrscher musste bei Finanzbedarf daher unverändert mit den Ständen Verhandlungen aufnehmen oder auf Kredite zurückgreifen, die letztlich aber auch wieder zu einer weiteren Zerstückelung der hoheitlichen Gewalt führten, nachdem als Sicherheitsleistung Regalien abgetreten wurden. Aus der Not heraus erwuchs auch der Verkauf von Ämtern, wenngleich auch damit keine grundsätzliche Verbesserung der Finanzlage möglich war.

Die Versuche der Krone, die Finanzkontrolle nun zu erweitern, stießen auf den erbitterten Widerstand der Stände, die nicht nur ihre Finanzhoheit verteidigten, sondern in Zeiten, in denen die Krone bedrängt war, sogar ihre Befugnisse ausdehnen konnten. So wurde etwa auf der Ständeversammlung (*Cortes*) von Cervera (1359) beschlossen, die Einnahme und die Verwendung der im Krieg mit Kastilien gewährten Steuern und Abgaben durch ein von der Ständeversammlung beauftragtes Gremium (*Diputació del General*) zu verwalten. Der Monarch musste in der Folge in Finanzfragen nicht mehr grundsätzlich die *Cortes* einberufen, sondern hatte nun die Möglichkeit, direkt von der *Diputació del General* die Bereitstellung von Finanzmitteln anzufordern. Hieraus entwickelte sich mit der Zeit eine eigenständige Behörde, die über die Umsetzung der Beschlüsse der Ständeversammlung wachte und die Finanzflüsse an die Krone dauerhaft kontrollierte. Diese ständige Vertretung der *Cortes*, die später den Namen *Generalitat* erhielt, trat damit neben dem Rentamt des königlichen Hofes als Finanzverwaltung des Reiches auf. Bezeichnenderweise gingen die Kompetenzen dieser Behörde in Finanzfragen weit über die des Herrschers hinaus, da sie als Delegation der Ständeversammlung anders als der Monarch im gesamten Herrschaftsgebiet auftreten konnte.

Unter Peter IV. ging unterdessen die Expansionspolitik sowohl auf der Iberischen Halbinsel als auch im Mittelmeerraum weiter. Nach der Beteiligung an einer antikastilischen Allianz, der auch

Portugal angehörte (1336–1338), verleibte sich Peter das Königreich Mallorca ein, indem er das Balearenarchipel (1343) sowie die Grafschaften Roussillon und Cerdagne (1344) militärisch besetzte und den König von Mallorca zur Flucht nach Avignon zwang. Es folgten aber auch innere Unruhen und Aufstände, als sich die Stände Aragoniens und Valencias gegen die autokratische Herrschaft des Königs wandten. Der entthronte König von Mallorca wiederum versuchte mit Hilfe des Geldes aus dem Verkauf der ihm verbliebenen Domänen Montpellier und Carladès an den König von Frankreich, die Inseln zurückzuerobern. Mit dem Sieg Peters in der Schlacht von Lluchmajor (1349) wurde die Annexion zwar zunächst bestätigt, doch gingen die militärischen Auseinandersetzungen weiter, als der Sohn des Entthronten im Bündnis mit dem französischen und dem kastilischen König noch einmal eine Rückeroberung versuchte (1374–1375). Zudem erlitt das Prinzipat in diesen Jahren eine Vielzahl an Überfällen marodierender Truppen aus dem Nachbarland Frankreich, wo der Hundertjährige Krieg wütete. Unterdessen wurde aber auch mit Kastilien der Kampf um die Vorherrschaft auf der Iberischen Halbinsel fortgeführt. Dieser Krieg verschlang zwischen 1356 und 1369 nicht nur gewaltige Ressourcen, er schwächte das katalanisch-aragonesische Reich zusätzlich, da die Kampfhandlungen weite Teile Aragoniens und Valencias verwüsteten und Barcelona und Valencia zeitweise von See her belagert wurden. Als Folge seiner Niederlage musste König Peter sogar einen Teil seiner Besitzungen im Reich von Murcia wieder an Kastilien abtreten. Die Versuche, die unumschränkte Herrschaft auf Sardinien zu erlangen, führten wiederum nicht nur zu fortdauernden militärischen Auseinandersetzungen auf der Insel, sondern beschworen auch noch einen Krieg mit Genua herauf (1351–1355). Und auch in der Folgezeit sollten genuesische Korsaren vor den Küsten Nordkataloniens, Mallorcas und Sardiniens operieren und den katalanischen Seehandel stark beeinträchtigen. Dann flammten auch noch die Auseinandersetzungen um die Herrschaft über Sizilien wieder auf, als König Friedrich III. von Sizilien 1377 ohne männliche Nachfolge starb. Peter IV. erwirkte zwar durch einen Eheschluss zwischen einem seiner Enkel und Maria von Sizilien als Erbin der Rechte der sizilianischen Krone eine Thronfolgeregelung in seinem Sinne, die neue Herrschaft über die Insel wurde allerdings nur von einem Teil des lokalen Adels mitgetragen, was wiederum zu Aufständen führte, die von Genua, Neapel und dem Papst unterstützt wurden. Erst 1397 kam es schließlich wieder zur Befriedung der Insel. Diese Machtpolitik Peters in einer Zeit tiefgreifender Krisenerscheinungen führte zu einer Überspannung der Kräfte und damit maßgeblich zu den das 15. Jahrhundert kennzeichnenden schweren sozialen Konflikten.

Dynastiewechsel

Im Jahr 1410 verstarb König Martin von Aragonien, ohne direkte legitime Nachkommen zu hinterlassen und ohne seine Nachfolge testamentarisch geregelt zu haben. Damit war die männliche Linie der Grafen von Barcelona erloschen, und somit stand ein Dynastiewechsel bevor, der für die Geschichte Kataloniens weitreichende Bedeutung erlangen sollte. Um die Nachfolge bewarben sich fünf Prätendenten mit dynastischen Ansprüchen, doch es sollte auf einen Machtkampf zwischen zwei von ihnen hinauslaufen: Während die katalanischen Stände den Grafen von Urgell favorisierten, der zudem die besseren dynastischen Argumente vorbringen konnte, führten militärische Auseinandersetzungen zwischen den Kandidaten zu einer Vorentscheidung zugunsten der Partei Ferdinands von Antequera, des Kandidaten der Stände Aragoniens und Valencias. Ferdinand war ein Spross aus dem Hause Trastámara und Sohn des kastilischen Königs. Auf Vermittlung von Benedikt XIII., dem aus Aragonien stammenden und von den christlichen Königen der Iberischen Halbinsel (außer Portugal) anerkannten Gegenpapst, traf 1412 in Caspe schließlich eine Kommission zusammen, die den neuen König wählen sollte. Bei der Wahl stimmten von den jeweils drei Repräsentanten der drei Teile des Reiches lediglich zwei der Vertreter des Prinzipats für den Grafen von Urgell. Dieser wagte in der Folge einen Aufstand mit

Unterstützung aus England, Navarra und der Gascogne, der allerdings von König Ferdinand, der wiederum auf Hilfe aus Kastilien und Aragonien zählen konnte, niedergerungen wurde. Der Graf von Urgell kam in Festungshaft und verblieb dort bis zu seinem Tod im Jahr 1433. Der katalanische Adel und die Städte waren von den im Prinzipat bestandenen sozialen und wirtschaftlichen Krisenerscheinungen derart geschwächt, dass sie die eigenen Interessen letztlich nicht machtvoll wahrzunehmen vermochten.

Auch wenn mit dieser Wahl die Erwartung verknüpft war, dass die Forderungen des Patriziats von Barcelona berücksichtigt würden, wurde bald deutlich, dass die einst so selbstbewussten katalanischen Stände unter Druck gerieten. Die seit nahezu drei Jahrhunderten bestehende Vorherrschaft der Katalanen innerhalb des Reiches ging damit zu Ende. Demgegenüber gewannen Aragonien und Valencia stetig an Gewicht: Das durch Landwirtschaft und Viehzucht geprägte Aragonien war von den wirtschaftlichen Krisenerscheinungen im Prinzipat weniger stark erfasst worden. Hinzu kam, dass die Schafzucht und der Export von Wolle zu einem aufstrebenden Wirtschaftszweig geworden waren. Die schwere Krise in Barcelona führte zudem zu einer Verlagerung des Handels nach Valencia, in eine Stadt, die im Verlauf des 15. Jahrhunderts einen ungeahnten wirtschaftlichen Aufschwung nahm und zum führenden Handelszentrum avancierte. Der neue König konzentrierte seine Aufmerksamkeit in seiner kurzen Regierungszeit (1412–1416) darüber hinaus auf Kastilien. Er war als Bruder des 1406 verstorbenen kastilischen Königs gleichzeitig Regent dieses Reiches, und zwei seiner Söhne, die als Infanten von Aragonien Einzug in die Geschichtsbücher gefunden haben, übernahmen dort wiederum die Schaltstellen der Macht. Ein weiterer Sohn richtete sein Augenmerk auf Navarra und wurde durch seine Hochzeit mit der Erbin dieses Reiches zum König von Navarra. Der aragonesische Zweig des kastilischen Geschlechts der Trastámara stieg somit zur mächtigsten Familie der Iberischen Halbinsel auf.

Mit der Übernahme der Krone durch einen Spross der Könige von Kastilien trat auch ein neues Verständnis von Herrschaft in das katalanisch-aragonesische Reich. In Kastilien war es der Krone gelungen, den Ständen die fiskalische Hoheit weitgehend zu nehmen und somit dem Monarchen eine im europäischen Vergleich einmalige Machtposition zu geben. Damit erhielt die schon unter den Vorgängern von Ferdinand angestrebte Stärkung der Macht der Krone einen neuen und nachhaltigen Impuls. Eine Konfrontation mit den mächtigen Ständen, die sich als Träger der Souveränität ihrer jeweiligen Reiche verstanden, blieb da nicht aus. Der Einspruch gegen finanzielle Forderungen und gar die Verweigerung von geforderten Subsidien prägten das mühsame Miteinander zwischen Monarch und katalanischen Ständen, für die außer Frage stand, dass der König die Pflicht hatte, die bestehenden Rechtsverhältnisse zu respektieren. Schließlich blieben die Institutionen des Reiches und damit die Rechte der katalanischen Stände aber unberührt. Das Selbstbewusstsein der Stände Kataloniens wuchs vielmehr in den langen Phasen der Abwesenheit von Alfons V. von Aragonien (1416–1458): So erwirkten die Stände die Einrichtung eines exklusiv für das Prinzipat zuständigen Stellvertreteramtes, und ihnen gelang darüber hinaus, die Besetzung des Amtes durch eine Person zu verhindern, die ihren Interessen entgegenstand.

König Alfons V. konzentrierte seine Herrschaft auf die Besitzungen im Mittelmeerraum und festigte zunächst seine Macht auf Sizilien. Ab 1420 ging er wiederum daran, den Widerstand der sardischen Stände endgültig zu brechen und den Druck auf die Genueser mit der Belagerung von korsischen Küstenstädten zu erhöhen. Zugleich versuchte Alfons die von den Königen von Aragonien immer wieder erstrebte Krone Neapels zu erlangen, indem er sich aufgrund einer ungeklärten Nachfolgefrage in diesem Königreich selbst als Erbe und Thronfolger ins Spiel brachte. Damit stieß er allerdings wieder einmal auf erbitterten Widerstand, vor allem der Republik Genua und des Papstes, die die Ansprüche des Herzogs von Anjou unterstützten. Als schließlich nach dem Tod der Königin von Neapel ein Mitglied des Hauses Anjou zum neuen König ausgerufen wurde, ging Alfons daran, seine Ansprüche militärisch durchzusetzen. Nach sieben Jahren kriegerischer Auseinandersetzungen, in denen der König von Aragonien zunächst in die Defensive und zeitweilig sogar in genuesische Gefangenschaft geriet, erreichte Alfons 1442 das Ziel seiner Wünsche. Mit der Übernahme der Krone von Neapel gingen auch die Titel eines Königs von Jerusalem und eines Königs von Ungarn an Alfons über. Während Ersterer aufgrund der Herrschaftsverhältnisse im Heiligen Land eine rein symbolische Bedeutung hatte, reichten im Hinblick auf Ungarn die Kräfte nicht aus, um die angebotene Krone anzunehmen und sich dort bei der Abwehr der osmanischen Bedrohung zu engagieren. Alfons konzentrierte seine militärische Macht vielmehr darauf, die Herrschaft in Neapel zu sichern. Andererseits nahm Alfons jedoch den Treueschwur des Woiwoden von Bosnien an, weil dies eine Festigung seiner Position gegenüber dem Konkurrenten Venedig bedeutete. Er unterstützte auch den Despoten von Arta, der die Gebiete um Epirus kontrollierte, und selbst die Machthaber im albanischen Raum wurden 1451 zu Vasallen des Königs von Neapel, dessen Einfluss damit tief in den Balkan reichte. Dieser Wirkungsbereich ließ sich allerdings nur kurz behaupten. Auch die von Alfons aufrechterhaltenen Ansprüche auf die einst katalanischen Herzogtümer Athen und Neopatria sowie seine Träume, die Befreiung Jerusalems anzuführen, sollten angesichts des sich auf dem Balkan machtvoll ausbreitenden Osmanischen Reiches und seiner eigenen militärischen Schwäche obsolet werden. Letztlich konnte er nicht mehr tun, als den aus dem 1453 von den Osmanen eroberten Konstantinopel fliehenden Gelehrten eine neue Heimstatt zu bieten.

Die gegen die Osmanen gerichteten Bündnisse und Ansprüche auf dem Balkan, die neben Abwehrkämpfen in Bosnien, Epirus und Albanien auch mit einer massiven Zunahme der osmanischen Kaperzüge einhergingen, wurden zu einer zusätzlichen Bürde für die katalanischen Händler. Dies dürfte Alfons allerdings nicht übermäßig beeindruckt haben. Er verließ seine neue italienische Heimat nie mehr, konzentrierte seine Politik auf die dortigen Machtkonstellationen und machte seine Residenzstadt zu einem wichtigen Zentrum der Kultur der Renaissance. Das katalanische Prinzipat geriet da weitgehend aus dem Blickfeld. Inzwischen zeigte sich auch, dass der König zur Finanzierung seiner Feldzüge nicht mehr auf die Finanzkraft des katalanischen Bürgertums angewiesen war. Zwischen 1435 und 1443 stellte er den katalanischen Ständen keinerlei Subsidienforderungen und nahm nun vor allem pisanische Bankiers in Anspruch. Die Regentschaft in Katalonien war an die Gemahlin des Königs, Maria von Kastilien, übergegangen.

So kann es letztlich nicht verwundern, dass die Machtposition der Krone auf der Iberischen Halbinsel zu bröckeln begann. Zum einen setzten sich Teile der Stände Navarras zur Wehr, die dem Übergang der Krone auf das aragonesische Königshaus widersprachen und nach langen bürgerkriegsartigen Perioden schließlich eine dynastische Trennung beider Reiche erzwangen. Die aragonesische Krone geriet aber auch in militärische Auseinandersetzungen mit Kastilien, wo sich eine Front gegen die Macht der Infanten von Aragonien gebildet hatte. Auch die neuerlichen Ambitionen auf die kastilischen Besitzungen in Murcia zerschlugen sich, und nach einer Reihe militärischer Niederlagen wurde mit dem Frieden von Ágreda und Almazán (1454) dem Machtstreben der Krone Aragoniens auf der Iberischen Halbinsel dauerhaft ein Riegel vorgeschoben. Auch im Prinzipat gärte es. Eine der Ursachen lag darin, dass Katalonien weiterhin von Pestepidemien, Missernten, Erdbeben und Heuschreckenplagen heimgesucht wurde. Die Beben von 1427 und 1428 waren so gewaltig, dass ganze Ortschaften zerstört wurden und an neuer Stelle aufgebaut werden mussten. Abermals führte die Ohnmacht der Bevölkerung gegenüber diesen Naturkatastrophen zu Übergriffen auf die religiösen Minderheiten. Zugleich stellte die Verelendung der unteren Bevölkerungsschichten durch erdrückende Abgaben sowie die Verschuldung der Kommunen (Tarragona musste 1462 Bankrott erklären, und andere Städte gerieten an den Rand der Zahlungsunfähigkeit) einen sozialen Sprengstoff dar, der schließlich auch zur Detonation kommen sollte.

Bereits 1424 war es zu Unruhen innerhalb der Landbevölkerung auf Mallorca gekommen, die zwischen 1450 und 1452 revolutionsähnliche Dimensionen erreichten. Dieser Aufstand konnte zwar durch Gegengewalt unterdrückt werden, doch handelte es sich dabei lediglich um einen ersten Vorgeschmack auf die gewaltsame Entladung des Konfliktpotentials, die wenige Jahre später Katalonien (und auch wieder Mallorca) erfasste. Die Wut der Landbevölkerung richtete sich in Altkatalonien gegen die als besonders drückend empfundene Feudalherrschaft, aufgrund der hier geltenden und in den *mals usos* enthaltenen Pflichten sowie des Umstandes, dass das Abhängigkeitsverhältnis der Erbpachtbauern (*payeses de remença*) nur durch Zahlung einer Ablöse beendet werden konnte. Die Konflikte waren nicht neu, und der Krone war durchaus bewusst, dass es sich hierbei um ein drängendes Problem handelte. So war bereits unter König Martin von Aragonien im Jahr 1402 ein erster Versuch unternommen worden, den Konflikt zu entschärfen. Die Feudalherren zeigten allerdings keinerlei Bereitschaft, auf die angestammten Rechte zu verzichten, weshalb der Unmut weiter schwelte und1413 sowie 1432 Tumulte ausbrachen. Nachdem nun unter Alfons V. im Jahr 1448 eine Verfügung der Einschränkung der Feudalrechte wieder einmal am Widerstand der Stände gescheitert war, nahm Johann II. (1458–1479) nach einem Bauernaufstand das Vorhaben erneut in Angriff. Damit beschwor er zwangsläufig eine weitere Konfrontation mit den Ständen herauf, denn dieser Konflikt muss vor allem unter dem Gesichtspunkt der Versuche der Krone betrachtet werden, die eigene Autorität zu stärken. So entwickelte sich ein Machtkampf, bei dem die Bauernschaft zum Spielball der Interessen beider Parteien werden sollte.

Der Konflikt verschärfte sich zusätzlich, als König Johann II. seinen erstgeborenen Sohn, Karl von Viana, vor dem Hintergrund von Konflikten um die Nachfolge in Navarra gefangen nehmen ließ. Diese Gefangennahme Karls, der ein Gegengewicht zum Autoritarismus seines Vaters darstellte, wurde zum Anlass einer Machtprobe der katalanischen Stände. Und in der Tat erwirkten diese nicht nur die Freilassung von Karl von Viana; es gelang ihnen sogar, dem König den Beschluss von Vilafranca aufzunötigen (1461), der die Macht des Monarchen stark beschränkte, indem die königliche Verwaltung einer stärkeren Kontrolle durch die *Diputació del General* unterworfen wurde. Zudem wurde Karl von Viana zum Repräsentanten der königlichen Macht ernannt, und der König bedurfte darüber hinaus fortan der Zustimmung der Stände, um das Prinzipat überhaupt betreten zu dürfen. Der Tod Karls von Viana unter mysteriösen Umständen im September 1461 verschärfte die Situation noch einmal, da die Stände nun einen katalanischen Prinzipalrat zur Wahrnehmung der königlichen Aufgaben schufen.

Parallel hierzu kam es in Barcelona und anderen Städten des Prinzipats ebenfalls zu schweren Konflikten sozialen Ursprungs, die mit Forderungen gegen die Herrschaft des Patriziats verknüpft waren. In Barcelona, wo die Auseinandersetzungen dramatische Dimensionen annahmen, kam der Machtkampf in der Rivalität zwischen zwei politischen Interessenvertretungen zum Ausdruck: Die Partei der *Biga*, die traditionell die Regierung der Stadt stellte und das politische Geschehen diktierte, vertrat die Interessen des aus einigen wenigen Familien bestehenden Patriziats. In der Partei der *Busca* wiederum sammelten sich Händler und Handwerker, deren Existenzgrundlage durch die Wirtschaftskrise bedroht war. Dieser Partei schlossen sich während der gewalttätigen Auseinandersetzungen auch die breiten Massen an. Weil der König ein Interesse daran hatte, das mächtige Patriziat in Barcelona zu schwächen, ergriff er in diesem Konflikt Partei für die unteren Stände, indem er diesen die Beteiligung an der Stadtregierung ermöglichte. Die Partei der *Busca* konnte so 1453 die Regierungsgewalt in Barcelona übernehmen. Daraufhin entspannte sich zwar die Lage in der Stadt, das Konfliktpotential wurde damit allerdings nicht beseitigt.

Anfang 1462 überschlugen sich schließlich die Ereignisse. Im Februar riss das Patriziat in Barcelona die Macht wieder an sich und brachte eine Reihe Anführer der Gegenpartei aufs Schafott.

Nahezu zeitgleich brach im Hinterland die Bauernschaft einen Aufstand gegen die Feudalherren vom Zaun, der unter der Führung von Francesc de Verntallat zunächst erfolgreich war: Die Aufständischen übernahmen die Kontrolle über ein größeres ländliches Gebiet in der Gegend um Olot, Besalú und Vic. Als im Juni König Johann II. angesichts der eskalierenden Gewalt ohne Erlaubnis der Stände in das Prinzipat eindrang und sich hierbei (durch eine päpstliche Stellungnahme bestärkt) auf seine Rechte als Monarch berief, wurde er durch die *Cortes*, die sich als Träger der Souveränität empfanden, kurzerhand für abgesetzt erklärt. Die katalanischen Stände sagten sich damit von der aragonesischen Krone los. Alle diese verschiedenen Konflikte bildeten die Ausgangssituation in dem nun folgenden Bürgerkrieg, der im Verlauf von zehn Jahren die Kräfte im Prinzipat aufzehrte, während Aragonien und Valencia von den Ereignissen weitgehend unberührt blieben. Die Fraktionen standen fest: Der abgesetzte König konnte auf die Unterstützung durch die Bauernschaft und die unteren Schichten in den Städten, insbesondere Barcelona, zählen. Adel und Patriziat bildeten wiederum die Gegenseite. Der Klerus zeigte sich indes uneins und unterstützte je nach lokalen Bedingungen eine der beiden Fraktionen.

Johann II., der sich in einer ungünstigen Ausgangsposition befand, erbat den militärischen Beistand des französischen Königs Ludwig XI. Dieser willigte ein, erwirkte aber als Gegenleistung die Verpfändung der an der Nordflanke der Pyrenäen gelegenen katalanischen Grafschaften Roussillon und Cerdagne. Der katalanische Adel ersuchte wiederum den König von Kastilien, Heinrich IV., um Unterstützung, da dieser im Konflikt mit der Krone Aragoniens stand, und bot ihm die katalanische Krone an. Heinrich willigte zwar zunächst ein, nahm aber von seinem Entschluss nach einem vom französischen König vermittelten Schlichtungsversuch wieder Abstand. Die katalanischen Stände, die nicht bereit waren, sich Johann wieder zu unterwerfen, trugen die Krone nun dem König von Portugal als Enkel des letzten Grafen von Urgell an, der das Angebot annahm und sich nach Katalonien begab.

Die Stände gerieten dennoch in die Defensive. Nach dem Tod des portugiesischen Monarchen (1466) bot Johann aus einer Position der Stärke heraus Friedensverhandlungen an. Diese wurden durch die Katalanen allerdings wieder abgelehnt, die im Gegenzug Renato von Anjou, dem ehemaligen Rivalen um Neapel, den Thron antrugen. Renato nahm das Angebot an, und mit dem Eintreffen von Truppenkontingenten des neuen Schutzherrn sowie einem Gegenaufmarsch durch Einheiten aus Aragonien und Valencia zog sich der Krieg noch einmal sechs Jahre hin. Die Waagschale neigte sich allerdings nach und nach zugunsten Johanns, zumal es diesem gelang, eine Reihe von katalanischen Adligen auf seine Seite zu ziehen. Mit der Kapitulation Barcelonas im Herbst 1472 stand der Sieger schließlich fest, und die Kampfhandlungen fanden bei einer weitgehenden Erschöpfung beider Kriegsparteien ein Ende. In der Folge wurden zwar die Bestimmungen von Vilafranca aufgehoben, doch verzichtete der König darauf, die Verfasstheit des Prinzipats grundlegend zu seinen Gunsten zu verändern. Als klare Verlierer standen jedoch die von den Feudalherren abhängigen Bauern da, weil sich an deren Abhängigkeitsverhältnis nichts änderte. Auch das städtische Bürgertum bekam die Folgen des Bürgerkrieges nachhaltig zu spüren, da nun die Grundlagen der einst florierenden Wirtschaft vollkommen zerrüttet waren. Das Prinzipat sollte sich von den Folgen des Krieges lange nicht erholen.

Auch die Epoche der katalanischen Handelsmacht war nun endgültig zu Ende. Obwohl eine grundsätzlich verschlechterte Wirtschaftslage auch Venedig, Genua und andere Handelsmächte betraf, kam im katalanischen Fall verschärfend hinzu, dass sich der Verlust von Handelskontakten und Märkten während des Bürgerkrieges kaum mehr rückgängig machen ließ: Der profitable Sklavenhandel war von französischen und italienischen Händlern übernommen worden, und auch der lukrative Handel mit Gewürzen war katalanischen Händlern weitgehend entglitten. So verlagerte sich etwa der Handel mit Safran nach Aragonien und Valencia. Auch der Rückgang der innerkatalanischen Nachfrage verschärfte zusätzlich die Lage, so dass das Handelsvolumen dramatisch sank. Fahrten bis nach Alexandria fanden nun nur noch sehr selten statt, und die Handelsroute nach London oder Flandern wurde sogar ganz eingestellt. Die Lage in Katalonien war zudem desolat. Im Verlauf des Bürgerkrieges hatte sich die Anzahl der Haushalte in Barcelona nahezu halbiert. Der durch die Bauernaufstände betroffene Norden wurde von Zeitgenossen als verödet und weitgehend unbewohnt beschrieben. An der Schwelle zur Neuzeit war Katalonien ein daniederliegendes Land am Rande des Mittelmeeres.

Während des Bürgerkriegs hatte Johann mit Blick auf eine Festigung der Macht des Hauses Trastámara seinen Erben Ferdinand im Jahr 1469 mit Isabella von Kastilien, der Halbschwester von König Heinrich IV., verheiratet. Zu diesem Zeitpunkt stand noch nicht fest, dass Isabella wenige Jahre später die Erbschaft in Kastilien antreten würde. Als dies allerdings geschah und es somit zu einer Vereinigung beider Kronen kam, wurde ein neues Kapitel in der Geschichte der Iberischen Halbinsel aufgeschlagen.

II. Niedergang in imperialer Zeit (1469–1808)

Als König Heinrich IV. von Kastilien im Dezember 1474 starb, riss seine Halbschwester Isabella angesichts der nicht geklärten Thronfolgeregelung die Krone kurz entschlossen an sich. Bereits einen Tag nach Heinrichs Tod ließ sie sich in Segovia zur neuen Königin ausrufen. Diesen unerschrockenen Durchsetzungswillen bewies sie auch gegenüber jenem Teil des kastilischen Adels, der sich hinter die Ansprüche der unehelichen Tochter Heinrichs stellte, sowie gegenüber ihrem eigenen Ehegatten Ferdinand, der Ambitionen auf die Regentschaft hatte. Als im Jahr 1479 nicht nur der kastilische Erbfolgekrieg zugunsten Isabellas entschieden war, sondern auch Ferdinand in Aragonien die Thronfolge antrat, kam es zu einer Zusammenführung der zwei mächtigsten Reiche auf der Iberischen Halbinsel. Damit wurden die Weichen zur Schaffung des spanischen Nationalstaates gestellt, und hieraus entstanden das Sendungsbewusstsein und der Anspruch, die Hegemonie über die gesamte Halbinsel auszuüben. Doch wenngleich die Zusammenführung der Kronen durch die Zeitgenossen in der Tat als Wiederherstellung des alten Reiches der Westgoten gefeiert wurde, behielten die verschiedenen Teile des Reiches, wie es bereits bei der Vereinigung von Aragonien mit Katalonien geschehen war, weiterhin ihre eigenen Rechte und Institutionen und blieben zunächst auch in der Person des Monarchen getrennt. So erhielt Ferdinand, der weiterhin der Träger der Krone Aragoniens war, zwar den Titel eines Königs von Kastilien, doch lag die Herrschaft in den Händen Isabellas. Zur Schaffung einer spanischen Monarchie mit dem Titel eines Königs von Spanien kam es nicht, und die Rechtsverfassungen der einzelnen Länder innerhalb der *hispanischen Monarchie* unterschieden sich deutlich voneinander.

Wenngleich die *hispanische Monarchie* im Verlauf des 16. Jahrhunderts noch keine besondere Priorität darin sah, eine rechtliche Vereinheitlichung des Reiches herzustellen, versuchte die Krone weiterhin, sich gegenüber den Ständen durchzusetzen und die Herrschaftsausübung zu zentralisieren. Die gesamte Zeit der habsburgischen Herrschaft auf der Iberischen Halbinsel blieb jedoch das Tribunal der Heiligen Inquisition, das im Jahr 1478 eingeführt worden war, um gegen des «Judaismus» bezichtigte konvertierte Juden vorzugehen, das einzige königliche Instrument, das in allen Ländern der Monarchie gleichermaßen wirksam war. Dieser Umstand führte allerdings auch dazu, dass sich das Inquisitionstribunal zu einem politischen Machtmittel der Monarchie entwickelte, zumal es nicht mehr, wie es im Mittelalter üblich gewesen war, dem Papst, sondern den Monarchen unterstand. Gleichzeitig kann es allerdings nicht verwundern, dass sich insbesondere die Stände Kataloniens gegen die Einsetzung des Inquisitionsgerichtes stellten und dieses der Kompetenzanmaßung bezichtigten. Mitte Dezember 1487 hatte die Inquisition in Barcelona ihren ersten öffentlichen Auftritt, und von diesem Zeitpunkt an bildeten die Proteste der katalanischen Stände gegen dieses Gericht und die Forderungen nach einer Unterordnung der Inquisition unter die Gesetze des Prinzipats einen festen Bestandteil der katalanischen Ständeversammlungen. Während sich also die in Katalonien tätigen Inquisitoren weigerten, einen Eid auf die Gesetze des Prinzipats zu leisten, lehnten es die katalanischen Institutionen ab, das Tribunal anzuerkennen. So vermied es der Magistrat der Stadt Barcelona grundsätzlich, den Gerichtsverhandlungen der Inquisition (*autos de fe*) beizuwohnen. Dies war eine bewusste Brüskierung des Gerichts, mit der deutlich zum Ausdruck kam, dass es als Fremdkörper im Gemeinwesen der Stadt wahrgenommen wurde. Immer wieder kam es sogar zu handfesten Auseinandersetzungen mit Gerichtsverfahren, Einkerkerungen und Exkommunizierungsbeschlüssen. Oft wurden dabei die Streitigkeiten bewusst inszeniert, um damit die jeweilige Macht und Autorität zu demonstrieren. In Streitfällen musste schließlich meist im Rahmen der Ständeversammlung im Beisein des Königs mühevoll um eine Kompromisslösung gerungen werden.

Wenngleich Ferdinand II. als König von Aragonien (1479–1516) die Rechte der Stände und damit die beschränkte Herrschaft des Monarchen in der 1481 von den *Cortes* in Barcelona verabschiedeten *Constitució de l'Observança* bestätigte, versuchte er gleichzeitig seine Machtbasis im Prinzipat zu verbreitern. So setzte er in Barcelona ein Losverfahren zur Bestimmung der Stadträte (*insaculació*) durch, schuf eine Neuordnung für die Zulassung von Kandidaten und behielt sich das Zustimmungsrecht zur Wählbarkeit neuer Kandidaten für ein Mandat im Stadtrat vor. Damit unterband er nicht nur die Parteienkämpfe, sondern verhinderte gleichzeitig die Herausbildung machtvoller Regierungsparteien. Auch die Wahlen zur Bestimmung der Mitglieder der *Diputació del General* wurden fortan durch das Los entschieden. Eine weitere Gelegenheit zur Durchsetzung der königlichen Autorität entstand, als sich der unverändert schwelende Konflikt zwischen Feudalherren und Bauern erneut gewaltsam entlud: Die schlechte wirtschaftliche Lage hatte zur Folge, dass die Feudalherren aufgrund sinkender Einnahmen den fiskalischen Druck auf die Landbevölkerung erhöhten, was wiederum zu wachsenden Spannungen zwischen Grundbesitzern und Bauernschaft sowie lokalen Unruhen führte. Zwischen 1482 und 1485 fand schließlich wieder einmal ein blutiger Aufstand statt, in dessen Folge mit dem Schiedsspruch von Guadalupe (1486) den Forderungen der Bauern nun doch Rechnung getragen wurde: Wenngleich die Feudalherren die hoheitliche Gewalt in ihren Gebieten behielten und die Abgabenpflicht der Bauern fortbestand, wurde die in Frondiensten und Schollenbindung bestehende persönliche Abhängigkeit der Bauern abgeschafft. Mit der Entwaffnung der Aufständischen gelang es endlich auch, einen Schlussstrich unter diesen seit Generationen schwelenden Konflikt zu ziehen, und das Ende der sozialen Unruhen bot schließlich den notwendigen Rahmen zur langsamen Erholung auf dem landwirtschaftlichen Sektor. Hiervon profitierten wiederum vor allem die wohlhabenderen Bauern (*pagesos grassos*), zumal in den von Bürgerkrieg und Landflucht betroffenen Gegenden nun ein landwirtschaftlicher Konzentrationsprozess einsetzte. Mit der Neuordnung der Besitzstrukturen auf dem Land und der gleichzeitigen Verstädterung des Adels wurden die Großbauern zur neuen sozialen Elite auf dem Land.

Auch die Außenpolitik von Ferdinand II. war darauf ausgerichtet, den Machtbereich des weitläufigen Reiches zu erweitern. So gelang 1493 die vertragliche Rückgliederung der seit dem katalanischen Bürgerkrieg in französischem Besitz befindlichen nördlichen katalanischen Grafschaften Roussillon und Cerdagne. Die Rivalität mit Frankreich führte jedoch abermals zu militärischen Auseinandersetzungen um die Krone von Neapel, die auf eine Nebenlinie des Hauses Trastámara übergegangen war. Karl VIII. von Frankreich, der danach trachtete, seinen Einfluss in Italien auszudehnen, und hierbei einen Anspruch auf die Krone Neapels geltend machte, drang 1495 in Süditalien ein. Nachdem daraufhin auch Ferdinand eingriff und seinerseits dynastische Ansprüche anmeldete, kam es zunächst zu einem Teilungsvertrag: Die südliche Hälfte wurde als Herzogtum Kalabrien vom Königreich Neapel abgetrennt und dem König von Aragonien zugesprochen. Hauptleidtragender war in diesem Fall allerdings Friedrich von Neapel, der durch seinen Onkel Ferdinand verdrängt wurde. Nur wenige Jahre später kam es allerdings erneut zu Kampfhandlungen, in deren Folge sich Ferdinand mit dem Sieg in den Schlachten von Garigliano und Cerignola (1503) schließlich dauerhaft gegen die französischen Ambitionen in Süditalien zur Wehr setzen konnte. Aber auch in späteren Jahren kreiste das militärische Engagement Ferdinands in Italien um die Zurückdrängung des Rivalen, etwa im Streit um das Herzogtum Mailand. Ferdinand ging aber auch (insbesondere zwischen 1509 und 1511) zur Unterbindung muslimischer Kaperfahrten gegen die Barbareskenstaaten in Nordafrika vor und eroberte eine Reihe von Festungen an der maghrebinischen Küste bis hin nach Tripolis.

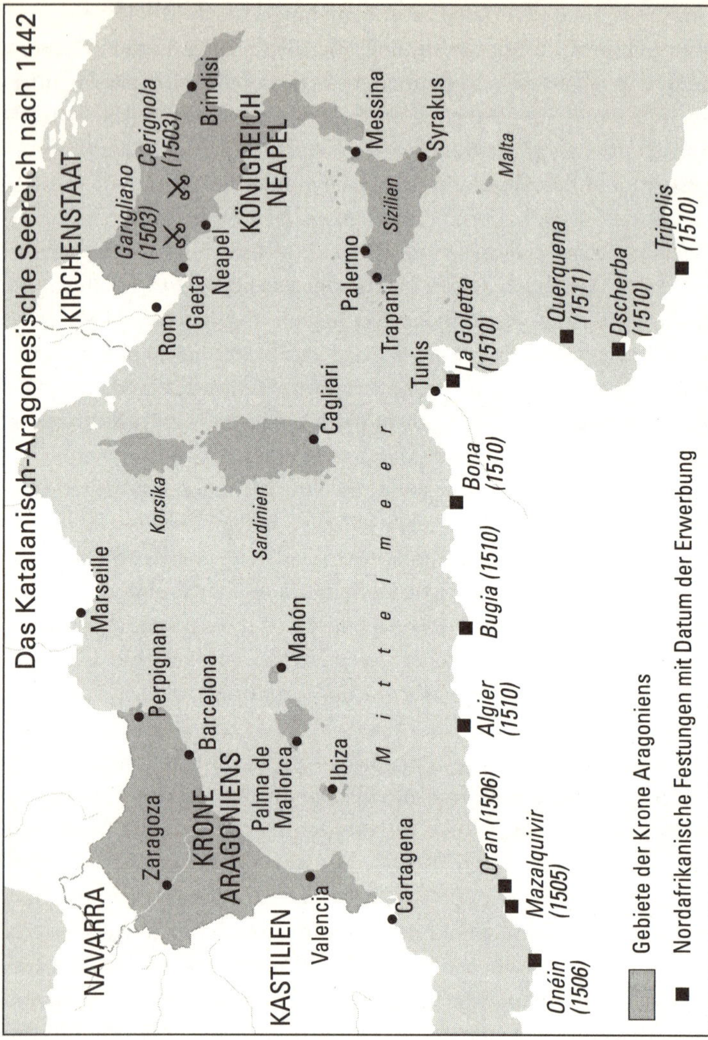

Das Katalanisch-Aragonesische Seereich nach 1442

Diese Machtpolitik, aber vor allem die Tatsache, dass in den Auseinandersetzungen in Italien auch kastilische Einheiten maßgeblich zum Einsatz kamen, belegt, dass trotz der bestehenden Fragmentierung in verschiedene Königreiche ein spanisches Reich im Entstehen begriffen war, das machtvoll eigene dynastische Interessen vertrat. Das Hauptaugenmerk von Isabella und Ferdinand richtete sich in diesem Kontext auf einen Zusammenschluss aller Königreiche auf der Iberischen Halbinsel unter ihrer Führung. So sollten auch die Reiche von Portugal, Navarra und Granada integriert werden. Ab 1482 begann unter kastilischem Banner die Eroberung des Königreichs Granada. Im Jahr 1487 fiel Málaga und zwei Jahre später Almería. Anfang Januar 1492 schließlich waren mit der Kapitulation Granadas auch die letzten Reste des Reiches der Nasriden gefallen und der kastilischen Krone eingegliedert. Für die Zeitgenossen war damit die *reconquista* siegreich beendet und die alte politische und religiöse Reichseinheit der westgotischen Könige wiederhergestellt worden. Unmittelbar mit der Eroberung Granadas erging ein Edikt, das darüber hinaus neue Zeiten ankündigte: Alle Juden wurden aufgefordert, binnen einer Frist von drei Monaten den katholischen Glauben anzunehmen oder das Land zu verlassen. Vier Jahre später erhielten Isabella und Ferdinand den päpstlichen Ehrentitel «Katholische Könige».

Auch die Eroberung der Kanarischen Inseln kam in diesen Jahren zu einem Abschluss und zeugt von einem dynamischen Aufbruch eines gefestigten Reiches. Im Jahr 1512 wiederum wurde das Königreich Navarra (bis auf die kleinen nördlich der Pyrenäen gelegenen Teile des Reiches) gewaltsam der Krone Kastiliens eingegliedert, nachdem Königin Katharina von Navarra ein Bündnis mit dem französischen König Ludwig XII. geschlossen hatte. Im Hinblick auf Portugal zielte die Politik Isabellas und Ferdinands zielstrebig auf eine Vereinigung im Rahmen der Erbfolge ab. Eine dezidierte Heiratspolitik, die auch unter den folgenden Herrschergenerationen fortgeführt wurde, sollte schließlich Früchte tragen, als im Jahr 1580 Portugal in Erbfolge an den spanischen König fiel.

Die Entdeckung des amerikanischen Kontinents durch Christoph Kolumbus am 12. Oktober 1492 und vor allem die Eroberung der Reiche der Azteken und Inka in den darauffolgenden Jahrzehnten gaben der *hispanischen Monarchie* eine völlig neue Stoßrichtung und Dynamik. Die Einverleibung eines ganzen Erdteiles und die von dort nach Spanien gebrachten unermesslichen Reichtümer verlagerten die Interessen der Monarchen weit weg von den auf das westliche Mittelmeer gerichteten Interessen Kataloniens. Kastilien übernahm dabei die politische Führungsrolle innerhalb der Monarchie. Dies war zunächst geographisch und demographisch bedingt: Kastilien umfasste den größten Teil der Iberischen Halbinsel, und hier lebten um 1500 etwa sechs Millionen Menschen, während es Aragonien, Katalonien und Valencia zusammen gerade einmal auf eine Million brachten. Als die eroberten Reiche in Übersee der Krone Kastiliens unterstanden und allein dieser die mitgebrachten Schätze zukamen, entwickelte sich ein bald drastische Ausmaße annehmendes Reichtumsgefälle: Während die Länder der Krone Aragoniens weitgehend unbeachtet in Armut verharrten, wurde Kastilien zu einem blühenden und reichen Land. Selbst Ferdinand II. hielt sich kaum mehr in seinem angestammten Reich auf, nachdem er durch die Regierungsgeschäfte in Kastilien und vor allem in Neapel intensiv in Anspruch genommen wurde. Aus diesem Übergewicht Kastiliens innerhalb der Monarchie entwickelten sich aber auch (in gewisser Weise vergleichbar mit der Dominanz Preußens auf dem Weg zur Bildung des Deutschen Reiches von 1871) ein Überlegenheitshabitus und später auch Assimilationsbestrebungen nach innen. Diese Kastilisierung der Monarchie wird auch darin symbolhaft deutlich, dass sich die in späterer Zeit vorgenommene Zählung der Könige von Spanien an der Reihenfolge der Könige Kastiliens orientierte. Auf diese Weise folgte Alfons XII. von Spanien (1874–1885) in der Nummerierung auf König Alfons XI. von Kastilien und nicht auf seinen aragonesischen Namensvetter Alfons V.

Mit dem Tod Isabellas im Jahr 1504 kommt aber deutlich zum Ausdruck, dass zu dieser Zeit die Kronen Kastiliens und Aragoniens noch zwei voneinander getrennte Welten darstellten. So blieb die Krone Kastiliens nicht bei Ferdinand, sondern ging durch Beschluss der in Toro versammelten kastilischen *Cortes* an die Tochter Johanna über, wenngleich in der Praxis der Gemahl Johannas die Regentschaft für die als geistig verwirrt erklärte Königin übernahm. Erst der unerwartete Tod Philipps im Jahr 1506 brachte wieder König Ferdinand von Aragonien ins Spiel, der nun die Regentschaft in Kastilien übernehmen konnte. Erst mit dessen Tod im Jahr 1516 kam es schließlich, nachdem aus der kinderlosen zweiten Ehe des Königs keine Ansprüche auf die Krone Aragoniens entstanden waren, zur tatsächlichen Personalunion der Kronen. Mit Karl von Gent (1516–1556) übernahm nun das Haus Habsburg die Herrschaft über die *hispanische Monarchie*. Als Karl drei Jahre später zum römisch-deutschen König und Kaiser gewählt wurde, entstand darüber hinaus die Grundlage eines Reiches, das sich anschickte, die Weltherrschaft anzutreten. Für das Prinzipat Katalonien setzte sich allerdings die Tendenz der politischen Marginalisierung fort.

«Meilenweit durch Ödland»

Die katalanische Wirtschaft und Gesellschaft verharrten die gesamte imperiale Zeit hindurch weitgehend im Stillstand. Das Land lag nach den durch Epidemien, Hunger und Bürgerkrieg hervorgerufenen Krisen danieder und war zu weiten Teilen entvölkert. Im Jahr 1512 schrieb der Botschafter von Florenz, Francesco Guicciardini: «Ich weiß nicht, ob sich Katalonien in anderen Gegenden wie etwa an der Küste von dem unterscheidet, was ich bereist und gesehen habe. Das Land ist sehr gebirgig, waldig und karg. Wenn man auf eine Stadt oder ein Dorf trifft, findet sich in der Umgebung ein wenig Ackerfläche; dann aber kann man wieder meilenweit durch Ödland gehen.» Auch die Stadtbevölkerung war stark geschrumpft. Barcelona befand sich in einem desolaten Zustand und konnte sich nun keinesfalls mehr mit den großen Metropolen der Zeit wie Paris, London, Lissabon oder Neapel messen. Besonders erschwerend kam hinzu, dass sich der Handel vom Mittelmeer an den Atlantik verlagert hatte und die hispanischen Könige diesem ihre volle Aufmerksamkeit schenkten. Katalonien war an diesem Warenaustausch nicht beteiligt, da Sevilla und später Cádiz das Monopolrecht für den Amerikahandel besaßen. Der katalanische Handel konzentrierte sich in dieser Zeit vielmehr auf Kastilien und Andalusien, zumal diese Gegenden in voller Blüte standen und daher gute Geschäfte ermöglichten. Der Handel im Mittelmeerraum litt indes unter den Krisenerscheinungen in Europa und vor allem unter dem militärischen Engagement der hispanischen Monarchie gegen Frankreich und das Reich der Osmanen. Erst der Friedensschluss mit diesem im Jahr 1581 sowie die Verlagerung der Route für die Silbertransporte ins Heilige Römische Reich (die zunächst von der spanischen Nordküste über Antwerpen verlaufen war und nach dem Beginn des Aufstandes in den Niederlanden nun über Barcelona und Genua führte) verbesserten ein wenig die Rahmenbedingungen für den Mittelmeerhandel. Die handwerkliche Produktion dagegen stagnierte unverändert, obwohl die bürgerliche und die adelige Gesellschaft der Renaissance einen aufwändigen Lebensstil pflegte und somit eine wachsende Nachfrage nach Luxuswaren wie den in Katalonien hergestellten Seidenstoffen bestand. Missernten, Epidemien und Kriege, die Katalonien auch zum Schlachtfeld machten, verwüsteten jedoch das Land immer wieder und führten zu Hungersnöten.

Trotz dieser erdrückenden Lage erfuhr Katalonien in der zweiten Hälfte des 16. Jahrhunderts eine große Einwanderungswelle aus Frankreich. Diese war vor allem durch Bürgerkriege und Hugenottenverfolgung im Nachbarland bedingt. Hinzu kam, daß nördlich der Pyrenäen eine hohe Bevölkerungsdichte bestand und daraus Schwierigkeiten erwuchsen, die Subsistenz der Menschen zu sichern. Das unterbevölkerte Katalonien mit weiten brachliegenden Flächen, zu dem außerdem eine kulturelle und sprachliche Nähe bestand, wirkte als Anreiz zur Emigration. Die von den katalanischen Bürgerkriegswirren besonders stark betroffenen Gegenden warben in dieser Zeit sogar durch Steuerbefreiungen oder

Prämien gezielt Arbeitskräfte und vor allem Facharbeiter an. Auch die großen Güter der *pagesos grassos* konnten Arbeitskräfte gut gebrauchen. Die Einwanderer stammten vor allem aus den näher gelegenen Landstrichen nördlich der Pyrenäen (wenngleich das Einzugsgebiet bis nach Zentralfrankreich reichte). Ihre Zahl ging in die Zehntausende, so dass sie schließlich einen Anteil von etwa zwanzig Prozent an der Bevölkerung Kataloniens ausmachten. Selbstredend zeitigte diese Einwanderung von vor allem jungen männlichen Arbeitskräften starke Auswirkungen auf die katalanische Gesellschaft. Zunächst verbanden sich die Neuankömmlinge vor allem landsmannschaftlich, wie beispielsweise die Inschrift: «Dies ist die Kapelle der Franzosen» mit der Jahresangabe 1572 über einer der Seitenkapellen in der Marienkirche von Olot deutlich zum Ausdruck bringt. Allein für das Bistum Barcelona lässt sich für den Zeitraum zwischen 1588 und 1635 die Bildung von 46 Bruderschaften durch französische Immigranten feststellen. Bald aber schnellte auch die Zahl der Eheschließungen zwischen französischen Männern und katalanischen Frauen in die Höhe, was auf eine rasche Integration der Immigranten in die katalanische Gesellschaft hinweist. Allem Anschein nach kam es aber auch zu einer immer wieder phasenverschobenen weiteren Zuzugsbewegung von Angehörigen aus Frankreich, die zu einer zusätzlichen Ausdehnung der französischen Präsenz in Katalonien führte, bis schließlich etwa 1630 der Zuzug abebbte.

Allerdings lässt sich feststellen, dass die schweren Krisenerscheinungen innerhalb der katalanischen Gesellschaft im 16. und in der ersten Hälfte des 17. Jahrhunderts auch negative Auswirkungen auf die Zugezogenen hatten. Hinzu kam in Zeiten des Krieges mit dem französischen Nachbarn das Misstrauen hinsichtlich möglicher subversiver Tätigkeiten der Immigranten. Es nährte sich von Erinnerungen an frühere Konfliktzeiten und vor allem an die Exzesse während der Besetzung des Roussillon zwischen 1463 und 1493. Eine Reihe von Städten schlossen Einwanderer und deren Kinder daher von der Möglichkeit aus, Ämter in der Stadtverwaltung zu übernehmen. Im Krieg um das Roussillon (1597–

1598) etwa wurde französischen Einwanderern in Girona untersagt, Führungsaufgaben innerhalb der Zünfte und anderen Gremien der Stadt wahrzunehmen, da zu deren Aufgaben auch die Landesverteidigung gehörte. Im Krieg von 1635 wurden ebenfalls besondere Überwachungsmaßnahmen eingeführt. Hinzu kamen auch diskriminierende Maßnahmen wie die Einführung von Sondersteuern. Auch fanden immer wieder Prozesse gegen französischstämmige Einwanderer statt, die teilweise sogar zur Hinrichtung der Betroffenen führten. Sie wurden des Landesverrates oder der Sabotage bezichtigt. Ein besonderes Misstrauen bestand allerdings auch von Seiten der Kirche, da die Einwanderer oft aus Gegenden stammten, die vor allem von Hugenotten kontrolliert wurden. So wurden nicht nur örtliche Priester angewiesen, ganz besonders auf die katholische Praxis der Neuankömmlinge zu achten. Auch an der Tätigkeit des Inquisitionstribunals in Barcelona lässt sich deutlich ablesen, dass der massive Zuzug von Franzosen für die Kirche eine besondere Gefahr darstellte: Von den zweiundvierzig Opfern des Inquisitionsgerichts aus der Zeit zwischen 1552 und 1627 waren siebenundzwanzig französischer Herkunft. Von den Prozessen wegen Hexerei waren wiederum überproportional häufig französischstämmige Frauen betroffen. Besonders abstoßend erscheint die Hinrichtung des Arztes Bernat Rigaldia, dem während der Pestwelle von 1589 angesichts der Hilflosigkeit der Behörden und Ärzteschaft vorgeworfen wurde, unsagbaren Frevel an seinen Patienten verübt zu haben. Er wurde gevierteilt, und nach Abtrennung seiner Hände wurde die eine vor dem Hospital und die andere vor dem Rathaus verbrannt. Sein Kopf wiederum wurde in einem Käfig an der Rathauswand zur Schau gestellt.

In dieser Zeit weit verbreiteter Armut traten auch wieder soziale Konflikte in den Vordergrund. Eine für Katalonien im 16. und ersten Drittel des 17. Jahrhunderts kennzeichnende Krisenerscheinung waren dabei die Räuberbanden. Sie hatten ihre Rückzugsgebiete im gebirgigen und unwegsamen Inneren und rekrutierten sich vorwiegend aus verarmten Landarbeitern. Mit ihren Beutezügen, zu denen Überfälle auf Gehöfte, aber auch Entführungen und räuberische Erpressung gehörten, wurden sie zu einer wahren Landplage. Auch die Handelswege und allen voran die alten Römerstraßen, die weiterhin die einzigen befestigten Fahrwege bildeten, waren häufig Schauplatz bewaffneter Überfälle. Besonders gewinnversprechende Ziele waren dabei königliche Geldtransporte zur Besoldung von Truppen, die auf den europäischen Schlachtfeldern im Einsatz waren. Die Jahre zwischen 1600 und 1630 waren die große Zeit der Räuberbanden, die Hunderte von Gefolgsleute hatten und sogar Überfälle auf Städte wie Vic oder Perpignan wagten. Hinzu kamen Übergriffe aus der Gascogne und Foix, aus dem in Bürgerkriegswirren versunkenen französischen Nachbarland, die vor allem die Bevölkerung im Roussillon und in den Tälern der Pyrenäen in Angst und Schrecken versetzte. Zum Schutz vor Überfällen bauten die Städte ihre Befestigungsanlagen aus; ebenso wurden die stattlichen Güter der *pagesos grassos* burgähnlich befestigt und erhielten ein trutziges Erscheinungsbild. Soziale Konflikte gingen aber auch vom Landadel aus, der von dem wirtschaftlichen Niedergang, den Wirren des katalanischen Bürgerkrieges und der Aufhebung einer Reihe von Feudalrechten durch den Schiedsspruch von Guadalupe wirtschaftlich besonders betroffen war. Die Verarmung des Landadels aufgrund deutlich zurückgehender Einnahmen führte zu einer erhöhten Konfliktbereitschaft, bei der vor allem Adelsfamilien und Städte im Ringen um Ansprüche und Rechte (und damit Einnahmequellen) aneinandergerieten. So kam es zu militärischen Auseinandersetzungen in bester Tradition der mittelalterlichen Fehden. Die Rivalitäten der Adelsclans sollten im gesamten Prinzipat bis hin zu Streitigkeiten bei der Besetzung hoher Verwaltungsämter zu spüren sein. An diesen Konflikten waren auch häufig Räuberbanden als Söldner beteiligt, so dass eine Unterscheidung zwischen Räuberei und Fehden zwischen Feudalherren oftmals nicht möglich ist.

Die Macht der Krone reichte nicht aus, um der Gewalt Einhalt zu gebieten, zumal sie sich aufgrund der Hoheitsrechte des Adels in engen Grenzen bewegen musste. Vielmehr versuchte sie (neben gezielten Vergeltungs- oder Sicherheitsmaßnahmen wie der Rodung weiter Waldflächen entlang der Hauptverbindungswege) vor allem durch die Herbeiführung eines Ausgleichs zwischen den befehdeten Parteien zu einer Befriedung des Landes zu gelangen. Wenngleich diese Art des Bandenkrieges keine Sondererscheinung Kataloniens war, sondern vielmehr in vielen Teilen Europas vorkam, war der Unterschied zur Sicherheitslage in Kastilien frappierend, wo die Zentralmacht über die notwendige Autorität und Macht verfügte, um Gewalterscheinungen Einhalt zu gebieten. Erst die massive Militärpräsenz in Katalonien infolge des Krieges mit Frankreich ab 1635 führte zu einer starken Reduzierung der bewaffneten Auseinandersetzungen und der Aktivität der Räuberbanden.

Die Bevölkerung an der Küste war zudem von See her weiterhin durch türkische und nordafrikanische Kaperzüge bedroht. Trotz der Einrichtung von befestigten Stützpunkten an der afrikanischen Küste verstärkte sich die Piraterie mit den militärischen Auseinandersetzungen im Mittelmeerraum unter Karl I. und Philipp II. im Krieg gegen das türkische Imperium. Eine Vielzahl von Küstenorten erlebten im Verlauf des 16. und im ersten Drittel des 17. Jahrhunderts einen oder mehrere Überfälle. Am Portal der Pfarrkirche des nördlich von Barcelona gelegenen Küstenortes Pineda de Mar zeugt eine nüchterne, aber eindringliche Inschrift von einer Plünderfahrt des gefürchteten türkischen Korsaren Dragut. «Am 1. August 1545 landete im Morgengrauen die Besatzung von elf türkischen Galeeren am Strand. Sie brannte die Türen der Kirche und viele Häuser nieder, tötete viele und verschleppte neunzehn Menschen. Dabei drang sie bis zum Hofamt vor. Mittags begab sie sich wieder auf ihre Schiffe. Zum Schutz der Bevölkerung ist diese Kirche von Pineda befestigt worden.» Neben der Befestigung von Kirchen entstanden in dieser Zeit entlang der Küste zahllose oft heute noch erhaltene Beobachtungs- und Wehrtürme (*torres de moros*), von denen aus in permanenter Alarmbereitschaft die Bevölkerung im Notfall gewarnt und Hilfsmaßnahmen eingeleitet wurden. Dazu waren die Türme meist über Sichtzeichen miteinander verbunden und konnten auch eine begrenzte Zahl an Zuflucht Suchenden aufnehmen. Städte wie Matarò oder Palafrugell wiederum wurden befestigt oder wie im Fall von Arenys oder Vilassar mit dem Bau von neuen Wohnvierteln auf die Anhöhen im Landesinneren verlegt.

Leidtragende dieser Auseinandersetzungen in einem Klima religiöser Intoleranz war besonders die auf der Iberischen Halbinsel verbliebene maurische Bevölkerung, die in Kastilien ab 1502 und im Königreich Aragonien ab 1526 (zum Teil zwangsweise) zum Katholizismus konvertiert war. Eine Assimilation dieser Bevölkerungsgruppe, die in unterschiedlicher Dichte vor allem in der Südhälfte der Iberischen Halbinsel ansässig war, hatte nicht stattgefunden, und die Morisken, die in eigenen Vierteln und Ansiedlungen lebten, blieben ein kultureller Fremdkörper mit eigener Sprache, eigenen Traditionen und religiösen Praktiken. Aufgrund der sozialen Marginalisierung dieser Minderheit, die auch als Gefahr für die katholische Orthodoxie wahrgenommen wurde, kam es wiederholt zu zum Teil längeren Aufständen. So mag die Angst vor einer Verschwörung der Morisken mit den verfeindeten Türken eine Rolle dabei gespielt haben, dass unter Philipp III. (1598–1621) in den Jahren 1609 und 1610 schließlich die Ausweisung dieser Bevölkerungsgruppe dekretiert wurde. Schätzungsweise dreihunderttausend Menschen maurischen Ursprungs waren davon betroffen, allein einhundertzwanzigtausend aus dem Königreich Valencia, wo die Morisken sogar ein Drittel der Gesamtbevölkerung stellten. Sie mussten ihr Hab und Gut zurücklassen und wurden von verschiedenen Häfen aus ohne Rücksicht auf ihren zumindest nominell katholischen Glauben nach Nordafrika verfrachtet. Katalonien war mit etwa sechstausend Morisken, die vor allem im Süden des Prinzipats am Unterlauf des Ebro und des Segre lebten und sich dort dem Handwerk und der bewässerungsintensiven Landwirtschaft widmeten, von dem Ausweisungsbeschluss nicht besonders stark betroffen. Zudem wurden etwa zweitausend von ihnen auf Betreiben der örtlichen Barone hin von der

Ausweisung ausgenommen, nachdem ihnen durch kirchliche Autoritäten bestätigt worden war, tatsächliche Christen zu sein. Die übrigen wurden im Hafen von Els Alfacs am Ebrodelta auf Schiffe gebracht und vor allem in das Gebiet des heutigen Tunesien geschickt. Dort lassen noch heute einige Familiennamen Rückschlüsse auf den katalanischen Ursprung zu.

Bürokratisierung

Karl I. hatte zwar die mittelalterliche Tradition des reisenden Königs mit wechselnden Hofhaltungen fortgesetzt, doch war klar, dass in Anbetracht der weitläufigen Besitzungen in Europa (von den amerikanischen ganz zu schweigen) dies kaum mehr praktikabel war. Karl hielt sich im Verlauf seiner Regierungszeit vor allem außerhalb Spaniens auf, und wenn er sich auf der Iberischen Halbinsel befand, weilte er meist in Kastilien. Die Katalanen bekamen ihn kaum zu Gesicht, ein Umstand, der zwangsläufig zu einer weiteren Entfremdung zwischen dem Herrscher und seinen Untertanen führte. Auch als in der Nachfolge Karls das hispanische Reich von dem deutschen getrennt wurde, blieben die Länder der Krone Aragoniens weitgehend am Rande des Geschehens: Die Monarchen begründeten ihre Residenzen in kastilischen Städten, und Philipp IV. (1621–1665) verlegte den Sitz schließlich dauerhaft nach Madrid. Sie bequemten sich zudem kaum mehr nach Aragonien, Valencia oder Katalonien, um die jeweiligen Stände zu versammeln. Während Karl I. die katalanischen *Cortes* noch siebenmal einberufen hatte, tat es Philipp II. nur noch zweimal und Philipp III. gerade noch einmal, einzig, um den Treueschwur der Stände entgegenzunehmen. Weitere Versammlungen der *Cortes*, die stets die Anwesenheit des Königs erforderten, fanden darüber hinaus, wie bisher, immer nur dann statt, wenn der König von den Ständen die Gewährung von außerordentlichen Steuern oder die Bereitstellung von Soldaten wünschte. Angesichts der Tatsache, dass die aragonesischen Reiche vergleichsweise arm waren und der Fluss an Edelmetallen aus Amerika unerschöpflich zu sein schien, war der Monarch in dieser «goldenen Zeit» allerdings nicht auf die *Cortes* zur Bereitstellung von Subsidien angewiesen.

Dennoch bestand die Notwendigkeit einer Regelung zur Sicherstellung der königlichen Autorität in den verschiedenen Teilen des Reiches. Dies geschah wie bereits unter dem nach Neapel ausgewanderten König Alfons V. durch die Einsetzung eines königlichen Stellvertreters, der nun den Titel eines Vizekönigs führte und die Rechte und die Pflichten des Monarchen wahrnahm. In der Praxis war aber die Autorität des Vizekönigs nicht nur durch die Befugnisse der jeweiligen Institutionen vor Ort, sondern auch durch Weisungen des Monarchen beschränkt. So entwickelte sich der bei Hofe angesiedelte Aragonienrat (*Consejo de Aragón*), der den Monarchen in allen Angelegenheiten beriet, die die drei aragonischen Reiche und bis 1558 zunächst auch die italienischen Besitzungen betrafen, zur entscheidenden politischen Schaltstelle, die die königlichen Rechte und wichtige Verwaltungsaufgaben im Hinblick auf Katalonien ausübte. Der Aragonienrat war allerdings im Wesentlichen durch kastilischen Adel besetzt, was wiederum zu Unmutsbekundungen der Zeitgenossen führte. So beklagte sich der aus Valencia stammende Staatstheoretiker Fadrique Furió Ceriol Mitte des 16. Jahrhunderts: «Die Völker des Reiches stellen leidvoll fest, dass sie aus der Verwaltung und Regierung ausgeschlossen sind. Wenn sie aber im *Consejo* keinen einzigen Landsmann sehen, kommen sie nicht umhin, zu glauben, dass der Herrscher entweder nichts von ihnen hält, sie als Sklaven ansieht oder ihnen misstraut. Ersteres führt zu Hass, Zweites zu einem Freiheitsdrang, so dass sie sich verschwören und fremde Prinzen zu Hilfe rufen. Letzteres schließlich macht sie dreist und störrisch.» In der Tat sollte im Verlauf der Herrschaft Habsburgs in Spanien die Entfremdung zwischen der Krone und dem Prinzipat dramatische Dimensionen annehmen.

Zu zusätzlicher Distanz führte, dass die Habsburgermonarchie die Einheimischen häufig auch bei der Neubesetzung von Bistümern auf der Grundlage des königlichen Präsentationsrechtes überging: Von sechsundachtzig zwischen 1500 und 1640 ernannten Bischöfen waren lediglich dreiunddreißig in Katalonien geboren. Dies hatte auch erhebliche Spannungen innerhalb der örtlichen Kirchenhierarchie zur Folge, da sich katalanische Kleriker, die häufig dem Adelsstand und dem Domkapitel angehörten, zurückgesetzt fühlten. Die Konflikte innerhalb der Kirchenführung in Katalonien hatten aber auch eine kulturelle Dimension, da der kastilische Klerus wenig Bereitschaft zeigte, sich die katalanische Sprache anzueignen, obwohl das Katalanische nicht nur die Umgangssprache auf dem Land und somit die Sprache der Predigten in den Kirchen, sondern auch die der Verwaltung war. Allein die Verhandlungen des Tribunals der Inquisition wurden in der Sprache der Monarchie geführt.

Aus den Auseinandersetzungen um dieses Thema im 17. Jahrhundert wird deutlich, dass das Kastilische sich zur Sprache des hispanischen Reiches entwickelt hatte. Das Kastilische wurde bereits damals (auch in Katalonien) als Spanisch bezeichnet, denn Kastilien war nicht nur das bei weitem bevölkerungsreichste Reich auf der Iberischen Halbinsel, sondern auch in anderen Gebieten wie Aragonien und Navarra hatte ein Verdrängungsprozess der angestammten Sprachen eingesetzt. Kastilisch war die Sprache des königlichen Hofes, der diplomatischen Korrespondenz sowie die Amtssprache in den überseeischen Besitzungen. Bereits im 16. Jahrhundert sah sich das Katalanische angesichts der Dominanz des Kastilischen in der Defensive, so dass das Kastilische nun auch in Katalonien Fuß zu fassen begann. Nüchtern stellte hierzu der katalanische Humanist Cristófor Despuig, ansonsten ein Verfechter des Katalanischen, fest: Es sei notwendig, dass das Kastilische als Sprache der Monarchie von den Mächtigen Kataloniens gesprochen werde, da diese Sprache in ganz Europa bekannt sei. Die Universalität des Kastilischen bedingte wohl auch, dass der Buchdruck im Prinzipat in der frühen Neuzeit vor allem in kastilischer und nicht in katalanischer Sprache erfolgte. Hinzu kam, dass das Kastilische im *siglo de oro* mit Autoren wie Cervantes, Lope de Vega oder Quevedo zu einer Sprache von Weltrang wurde, während das Katalanische als Sprache der Literatur nicht zur Entfaltung kam. In Katalonien setzte damit eine allmähliche Bilingualität gebildeter Schichten ein.

Diese Dominanz Kastiliens führte aber auch zu gegenläufigen Tendenzen. In der Zeit der Habsburgerherrschaft war der daraus resultierende Abgrenzungsprozess vor allem darauf gerichtet, die eigenen Traditionen und Rechte gegenüber der Monarchie zu wahren. So entstanden juristische Schriften, die versuchten, historisch zu begründen, dass die Staatsgewalt im Prinzipat stets von den Ständen ausgegangen sei. Es wurde dabei auf den westgotischen Ursprung der Herrschaft in Katalonien verwiesen, als die katalanischen Grafen als souveräne Herrscher den Kampf gegen die maurischen Invasoren aufgenommen hätten. Erst in späterer Zeit hätten die Grafen in einem freiwilligen und daher grundsätzlich widerrufbaren Akt um den Schutz des Königs der Franken ersucht. Dieser wiederum habe von Anbeginn die bestehende Rechtsordnung in den katalanischen Grafschaften anerkannt. Die Stände hätten folglich vor der Monarchie Bestand gehabt und seien dieser voranzustellen. Die Verteidiger des in Katalonien bestehenden Systems wandten sich damit dagegen, dass sich die Macht des Monarchen allein von der Herrschaft Gottes ableite und daher grundsätzlich keiner irdischen Macht unterworfen sei, wie es die Staatstheoretiker der Zeit (Neostoizisten und Tacitisten) propagierten und was in der Tat in Kastilien weitgehend Realität war.

Die engen Grenzen, die in der Praxis der Macht des Königs jenseits der Krondomänen in Katalonien gesetzt waren, führten dazu, dass vom königlichen Hof dennoch immer wieder Versuche unternommen wurden, sie zu überschreiten. Aufgrund der seltenen Einberufung der *Cortes* als oberster Vertretung des Prinzipats übernahm die *Diputació del General* wiederum die Federführung in den Auseinandersetzungen mit der königlichen Macht. Damit gewann sie gleichzeitig an politischer und symbolischer Bedeutung, was auch darin deutlich wird, dass der bürokratische Apparat der nun ebenfalls *Generalitat* genannten ständigen Vertretung der *Cortes* aufgrund der Ausdehnung der Steuerverwaltung gewaltig wuchs. Auch in anderen Bereichen entwickelte die *Genera-*

litat Strategien zur Wahrung der bestehenden Rechtsordnung gegen Übergriffe seitens des Inquisitionstribunals oder der königlichen Macht. So wurden der Polizeiapparat und die Institutionen der Justiz ausgebaut und mittels der Entsendung von Botschaftern an den königlichen Hof auch außergerichtliche Wege beschritten, um eine Einigung in Streitfällen zu erreichen.

Dennoch war die *Diputació del General* bei weitem nicht in der Lage, den wiederholten Kompetenzüberschreitungen durch königliche Amtsträger Einhalt zu gebieten. Dies lag insbesondere darin begründet, dass das zur Lösung dieser Konflikte zuständige Gericht, die *Real Audiencia*, als Repräsentant der königlichen Macht gleichzeitig auch Partei war und daher wenig Neigung zeigte, sich die juristische Argumentation der *Diputació* zu eigen zu machen. Die Konflikte erreichten einen ersten Höhepunkt mit der Kraftprobe des Mitglieds der *Diputació* Joan Granollacs und seiner Anhänger. Infolge der Verhaftung von königlichen Beamten eskalierte die Situation im Laufe des Jahres 1591, wenngleich die *Generalitat* schließlich doch noch einlenkte, da die begründete Befürchtung bestand, Philipp II. könnte mit militärischen Mitteln vorgehen. Die katalanische Geschichtsforschung erkennt in dieser Krise allerdings eine neue Qualität in der Auseinandersetzung zwischen beiden Gewalten, die unaufhaltsam auf einen Bruch zusteuerte.

Mit der *Generalitat* als wichtigem Identifikationsfaktor bildete sich nun allmählich ein katalanisches nationales oder patriotisches Bewusstsein heraus. Hinzu kamen andere identitätsstiftende Momente wie der Kult um den heiligen Georg (sant Jordi), den sowohl religiöse als auch säkulare Riten und Zeremonien erfassten. Für katalanische Historiker wie Antoni Simon steht außer Frage, dass in der Zeit zwischen Mitte des 16. und Mitte des 17. Jahrhunderts die Grundlagen des katalanischen Nationalempfindens entstanden. In dieser Zeit bildete sich allmählich auch eine recht homogene katalanische Führungsschicht heraus. Dieser Prozess steht im Zusammenhang mit der Urbanisierung des Adels, die bereits Ende des 15. Jahrhunderts eingesetzt hatte und sich bis zum

17. Jahrhundert verstetigte. 1639 hatte schätzungsweise ein Viertel aller katalanischen Adligen ein Stadthaus in Barcelona. Durch diese Migration sowie die Nobilitierung des Großbürgertums kam es dann auch zu einer Durchdringung von Patriziat und Adel auf verwandtschaftlicher Ebene. Gleichzeitig führte der hohe Grad an Klientelismus bei der Besetzung von Ämtern (nicht nur in Katalonien) zur Herausbildung einer starken miteinander verwobenen sozialen, ökonomischen und politischen Elite.

Die *Generalitat* entwickelte sich allerdings auch zu einer Institution, die innerhalb des Prinzipats an Autonomie gewann, nachdem die Bindung an die übergeordneten Stände nicht zuletzt aufgrund der immer seltener einberufenen *Cortes* nachließ. Dies sollte jedoch, vor allem wenn die Ständeversammlung tagte, wiederum zu starken Spannungen zwischen *Cortes* und *Generalitat* führen und die Frage der jeweiligen Kompetenzen aufwerfen. Die *Generalitat* geriet aber auch mit einer anderen katalanischen Institution häufig in Konflikt. Die Ratsversammlung von Barcelona (*Consell de Cent*) war aufgrund der ökonomischen Bedeutung der Metropole und der Privilegien, die sie genoss, ein eigenständiger und mächtiger Faktor im Prinzipat. Wie John Elliott dargelegt hat, bildete Barcelona im Grunde eine eigene Republik, die nur lose Verbindungen zur Krone pflegte und nicht selten in übergeordnete Belange des Prinzipats oder Angelegenheiten anderer Städte eingriff. Nachdem aber letztlich die Mitglieder von *Generalitat* und *Consell* aus derselben sozialen Elite Barcelonas stammten, konnten diese Auseinandersetzungen um Kompetenzen meist im gegenseitigen Einvernehmen geregelt werden. Trotz aller Differenzen neigten die katalanischen Institutionen nun einmal zum Schulterschluss gegenüber der königlichen Macht.

Die Monarchie versuchte allerdings bei allen Konflikten auch, die soziale und politische Elite Kataloniens an sich zu binden und gefügig zu machen. So nahm die Zahl der Nobilitierungen im Verlauf des 16. und 17. Jahrhunderts stark zu: Zur Zeit der *Cortes* von 1599 gab es bereits etwa zweihundertfünfundzwanzig Mitglieder des Adels und der Ritterschaft. Bei den *Cortes* von 1626 war die Zahl wiederum bereits auf siebenhundertachtzig gestiegen. Diese Zunahme wird insbesondere auf die Entstehung des Macht- und Steuerstaates zurückgeführt. Wie anderswo in Europa wurden Verwaltungseliten bürgerlicher Herkunft durch diese Form der Privilegierung in den Staatsapparat integriert und damit das System stabilisiert. Der spanische Staatstheoretiker Baltasar Álamos de Barrientos formuliert dies mit den Worten, dass mittels dieser Nobilitierungen «dem Pöbel die Spitze genommen» wurde, denn der Adel würde dafür Sorge tragen, das Reich zu sichern, von dem er profitierte. Wenngleich dieser Nobilitierungsprozess unter Philipp IV. aufgrund der tiefen Krise im Verhältnis zwischen dem Prinzipat und der Krone unterbrochen wurde, fand er unter seinen Nachfolgern eine Fortsetzung.

«Corpus de sang»

Unter Philipp IV. (1621–1665) kam es zu einer dramatischen Verschärfung der Spannungen zwischen der Krone und den katalanischen Institutionen. Schon zu Beginn der Regierung entstand ein Konflikt, nachdem sich die *Diputació* und der *Consell de Cent* weigerten, die Autorität des ernannten Vizekönigs anzuerkennen, bevor nicht der König traditionsgemäß die Wahrung und Verteidigung der Rechte des Prinzipats geschworen hätte. Auch diesmal mussten die Katalanen klein beigeben und schließlich die Ernennung akzeptieren. Die Gräben des Grundkonfliktes vertieften sich damit aber weiter.

Die Regierung Philipps IV. stand unter dem Zeichen eines gewaltigen Reformvorhabens, das die Erneuerung des hispanischen Reiches zum Ziel hatte. Graf Olivares, der Erste Minister Philipps IV., hatte die Vision, *Hispanien* zu einer politischen Einheit zu machen. Die Rechtsordnungen der verschiedenen Reiche sollten abgeschafft und ein Zentralstaat nach kastilischem Vorbild errichtet werden. Hier war der Adel seit langem politisch marginalisiert, und in den *Cortes* waren lediglich bestimmte Städte vertreten, die zum Erhalt ihrer Privilegien weitgehend willfährig den finanziellen Forderungen der Krone zustimmten. Auf einer solchen Grundlage, so Olivares, würde die Monarchie die Schlagkraft erreichen, die nötig schien, um die Herausforderungen der Zeit erfolgreich meistern zu können: «Eure Majestät müssen die Aufgabe, König von ganz Spanien zu werden, zum wichtigsten Vorhaben der Regierungszeit machen. Damit meine ich, dass Eure Majestät sich nicht damit begnügen sollten, König von Portugal, von Aragonien und von Valencia sowie Graf von Barcelona zu sein. Eure Majestät sollten darauf hinarbeiten, alle diese Stränge, aus denen Spanien besteht, zu einer Einheit nach den Gesetzen Kastiliens zu machen. Sollten Eure Majestät dieses Ziel erreichen, würden Eure Majestät der mächtigste Fürst des Erdkreises werden.» Dieses Reformprogramm stand in nichts dem Vorhaben von Kardinal Richelieu nach, der als Wegbereiter des Absolutismus in Frankreich gilt.

Der Hegemonialanspruch der Monarchie sollte mit einer aktiven imperialistischen Politik durchgesetzt und gesichert werden. Dies erforderte eine gewaltige Kraftanstrengung unter Mobilisierung sämtlicher zur Verfügung stehenden Ressourcen. In diesem Zusammenhang entstand das Projekt einer Waffenunion (*unión de armas*), in der alle Teile des Reiches verpflichtet werden sollten, nach einem bestimmten Verteilungsschlüssel Truppen zur Landesverteidigung bereitzustellen. Zu diesem Zweck machte sich Philipp IV. schließlich auch in die Länder der Krone Aragoniens auf. Doch bereits in Aragonien und Valencia brachten die einberufenen *Cortes* große Einwände vor, und statt der angeforderten Truppen gewährten sie lediglich recht bescheidene Subsidien. Die 1626 in Barcelona in Anwesenheit Philipps versammelten katalanischen Stände widersetzten sich sogar den Forderungen des Königs. Olivares konnte weder eine Zusicherung zur Bereitstellung von Truppen noch der darüber hinaus geforderten Subsidien erwirken. Die katalanischen Stände verhielten sich den militärischen Plänen der Krone gegenüber gleichgültig, da die eigenen Interessen nicht berührt waren. Hinzu kamen eine Vielzahl an Forderungen der Katalanen, die sich seit den letzten *Cortes* von 1599 angesammelt hatten. Während die Ständeversammlung nun das Ziel verfolgte, im Rahmen von Verhandlungen zu Kompromissen zu gelangen, bestand der von Olivares geprägte Stil allein aus Forderungen und Drohungen. Empört verließ der König Barcelona, ohne die ergebnislos verlaufene Versammlung aufzuheben. Das Verhältnis zwischen den katalanischen Ständen und dem Monarchen erreichte damit einen neuen Tiefpunkt. Auch eine Fortsetzung der Versammlung im Jahr 1632 brachte keine Einigung. Die politische Elite Kataloniens lehnte es ab, Kriege, in die das Land nicht direkt verwickelt war und von denen es keinen unmittelbaren Nutzen zog, ohne Gegenleistung zu unterstützen.

Der Krieg mit Frankreich ab 1635 führte schließlich zu einer folgenreichen Eskalation der Lage. Anfang 1639 kam es zur Konfrontation, als die Krone die Bereitstellung von Finanzmitteln zur Sicherung von Befestigungsanlagen einforderte und die *Diputació* und der *Consell de Cent* das Ansinnen mit der Begründung abwehrten, dass ein solcher Beschluss in den Zuständigkeitsbereich der *Cortes* falle, die hierzu einberufen werden müssten. So blieben die katalanischen Stände aus Sicht der Krone ein permanentes Ärgernis, fügten sie doch dem Ansehen der Monarchie durch ihr obstinates Festhalten an überkommenen Rechtsauffassungen schweren Schaden zu. Das Verhältnis war jedenfalls hoffnungslos zerrüttet, wie die folgenden Ereignisse bestätigen sollten. Als französische Einheiten 1639 die baskische Stadt Fuenterrabía belagerten, zudem auch in das Roussillon einmarschierten und dort die Grenzfestung Salses einnahmen, entschloss sich Olivares dazu, den Druck auf den Nachbarn von Katalonien aus zu verstärken. So wurden königliche Truppenabteilungen in das Prinzipat entsandt, denen auch gelang, Salses zurückzuerobern. Daraufhin nahmen die etwa achttausend Infanteristen und eintausendfünfhundert Reiter in der Gegend zwischen Girona und Barcelona Winterquartier. Die Pflicht zur Unterbringung fiel dabei auf die Bauernschaft, nachdem Adel, Klerus und Städte davon befreit waren. Diese Lastenverteilung hatte bereits in der Vergangenheit zu Konflikten geführt, doch kam nun erschwerend hinzu, dass die ökonomische Situation des größten Teils der Landbevölkerung außerordentlich schlecht war und sie unter hohen Abgabenlasten und Hunger litten. Zu einer Eskalation der angespannten Lage führte allerdings, dass die einquartierten und unterbeschäftigten Truppen unzureichenden Sold erhielten und begannen, marodierend umherzuziehen. Im Frühjahr breiteten sich in der Folge auf dem Land Unruhen und Aufstände aus, die zudem einen religiösen Charakter erhielten, nachdem die Übergriffe der Söldner auch zur Plünderung von Kirchen geführt hatten. Parallel hierzu entbrannte auch noch ein Konflikt zwischen der Krone und den katalanischen Institutionen um die Stationierung der Truppen, auf den Olivares Mitte März 1640 mit der Verhaftung eines Mitglieds der *Diputació* sowie einer Reihe von Vertretern des *Consell de Cent* reagierte. Am Fronleichnamstag schließlich erreichten die sozialen Unruhen ihren Höhepunkt, als in der in Aufruhr versetzten Stadt Barcelona (wo sich die unteren Schichten der Bevölkerung den Bauern anschlossen) der Vizekönig, Graf von Santa Coloma, und andere königliche Verwaltungsbeamte ermordet, der inhaftierte Repräsentant der *Diputació* befreit und die einquartierten königlichen Truppen in die Flucht geschlagen wurden (*Corpus de sang*).

Gleichzeitig aber war durch die außer Kontrolle geratenen sozialen Unruhen auch die Macht der Stände bedroht, da die Übergriffe das gesamte Jahr über nicht nachließen und vor allem einen antifeudalen Charakter erhielten, der sich auch gegen den katalanischen Adel und das wohlhabende Bürgertum richtete. Mit blankem Entsetzen beobachteten die Zeitgenossen, wie die Aufständischen mordend und plündernd durch das Land zogen: «Es schien, als seien alle vom Teufel besessen, und außerhalb der Stadt verbrannten sie die Felder und Burgen der Bürger und Ritter. Niemand war in seinem eigenen Hause sicher.» Die ständische Ordnung wurde mit der Forderung nach Egalisierung der Besitzverhältnisse in ihren Grundfesten bedroht. Die politische Elite Kataloniens stand somit vor der Aufgabe, Wege zu suchen, um trotz aller Genugtuung über die Niederlage der Monarchie den gewaltsamen Ausschreitungen Einhalt zu gebieten. Das an den

König gerichtete Ersuchen, die Truppen aus Katalonien zurückzubeordern, um damit die Ursache des Unmutes zu beseitigen und die Lage zu beruhigen, wurde in Madrid abgelehnt. Vielmehr wurde in Kastilien ein weiteres Heer mit dreißigtausend Mann ausgerüstet und in Marsch gesetzt, um Katalonien zu besetzen und auf diese Weise dem Problem ein Ende zu bereiten. Angesichts dieses für die katalanischen Stände bedrohlichen Szenarios berief der Präsident der *Generalitat,* Pau Claris, im September 1640 die *Junta General de Braços* als Versammlung der Stände ohne königlichen Vorsitz ein. Diese beschloss, sich der königlichen Macht entgegenzustellen und die Verteidigung des Prinzipats vorzubereiten. Hierzu wurde bezeichnenderweise Frankreich um militärischen Beistand gebeten. Ludwig XIII. sagte die Entsendung von sechstausend französischen Infanteristen und zweitausend Reitern zu, deren Kosten allerdings durch die Katalanen bestritten werden mussten.

Die über Jahre eskalierte Konfrontation mit der Krone wurde damit auf die Spitze getrieben. Der neue Vizekönig und Kommandeur des anrückenden Heeres drohte den Ständen mit dem Verlust aller Rechte, Pfründen und Privilegien, befahl, die Anordnungen des Königs zu befolgen, und bezichtigte die Repräsentanten der Stände des Hochverrats und der Rebellion. Vor diesem Hintergrund vollzog sich nun der vollständige Bruch mit der hispanischen Monarchie. Mitte Januar 1641 erklärten die Stände Katalonien zu einer Republik unter französischer Protektion. Die Ereignisse überschlugen sich, als eine Woche später (die Erstürmung Barcelonas durch königliche Truppen stand unmittelbar bevor) der Unterhändler Richelieus als Gegenleistung für einen militärischen Beistand zusätzlich die Unterwerfung der katalanischen Stände als Vasallen des französischen Königs erwirkte. Ludwig XIII. wurde damit zum neuen Grafen von Barcelona. Die Aufständischen sahen sich in ihrem Vorgehen durch das Widerstandsrecht gegenüber einem tyrannischen Herrscher und die ihrer Auffassung nach in Katalonien bestehende Wahlmonarchie legitimiert, während eine auf Hochtouren laufende Propagandamaschinerie allerdings vor der schwierigen Aufgabe stand, den Herrschaftswechsel zu einem Monarchen, der kurz zuvor noch als Feind gegolten hatte, zu begründen und die Spaltung der Gesellschaft in Befürworter und Gegner des Umsturzes zu überwinden.

Die Versuche der königlichen Macht, die Revolte niederzuschlagen und in Barcelona einzuziehen, scheiterten. Vielmehr besiegten Ende Januar französisch-katalanische Einheiten vor den Toren Barcelonas das königliche Heer. Dieses zog sich daraufhin zunächst an die Grenzen des Prinzipats zurück (zumal die Monarchie zeitgleich auch noch mit einem folgenreichen Aufstand in Portugal konfrontiert war), so dass Katalonien bis auf einzelne belagerte Festungen zunächst unter französischer Kontrolle stand. Der Herrschaftswechsel und die Zurückschlagung der königlichen Truppen sollten sich allerdings bald als Pyrrhussieg für die katalanischen Stände erweisen. Denn wenngleich Ludwig XIII. die Wahrung der Rechte und Institutionen Kataloniens sowie eine Reihe zusätzlicher Forderungen, die stets vom spanischen König abgelehnt worden waren, vertraglich zugesichert hatte, wurde bald klar, dass Katalonien mit dem Schwager Richelieus als neuem Vizekönig auf Gedeih und Verderb der Krone Frankreichs ausgeliefert war: Die neue Verwaltung richtete sich nach den Interessen der französischen Krone, und die französischen Beamten übergingen alsbald die Verfassung des Prinzipats. Die Schutztruppen wiederum nahmen immer stärker die Verhaltensweisen eines Besatzungsheeres an. Hinzu kam, dass der katalanische Handel ebenfalls schwer in Mitleidenschaft gezogen wurde, da die französische Krone die Handelsinteressen französischer Händler vertrat. Vor allem aber tobte nun auch noch ein erbitterter Krieg auf katalanischem Boden, der das Land verwüstete und die Kräfte des Prinzipats aufzehrte. Ausbleibende Gelder aus Frankreich zur Bezahlung der Truppen verschärften die Situation, indem wachsender Unmut bei den Soldaten in der Folge zu schweren Übergriffen auf die Bevölkerung führte. Schnell machte sich eine antifranzösische Haltung breit.

Als mit dem Sturz von Olivares im Jahr 1643 die *bête noire* der Monarchie verschwunden war, und nach ersten schweren Niederlagen wie dem Fall Lleidas im Jahr 1644, wuchsen innerhalb der katalanischen Elite die Zweifel an der Union mit Frankreich. Die Reihen derer, die sich auf die kastilische Seite schlugen, füllten sich. Zu allem Unglück kam auch noch eine Pestwelle hinzu, die zwischen 1650 und 1654 über ganz Katalonien (und nicht minder schwer über weite Teile der Iberischen Halbinsel) hinwegrollte und im Prinzipat wahrscheinlich über sechzigtausend Todesopfer, insbesondere in den Städten, forderte. Sie traf auf eine durch Hunger ohnehin geschwächte Bevölkerung, die unter einer schlechten Versorgungslage aufgrund der miserablen Ernten und den Folgen des Krieges zu leiden hatte. Hinzu kam, dass sich die Epidemie mit den Truppenbewegungen und den endlosen Karawanen flüchtender Menschen zusätzlich verbreiten konnte.

Das Ende der französischen Herrschaft in Katalonien hatte aber vor allem innerfranzösische Hintergründe. Der Aufstand der Fronde (1648–1653), der sich gegen die ausgreifende königliche Gewalt richtete und in Frankreich zu einer bürgerkriegsähnlichen Revolte führte, erforderte die Konzentration aller Kräfte des Monarchen auf die Innenpolitik. Damit geriet Katalonien weitgehend aus dem Blickfeld der französischen Krone, und die hispanische Monarchie konnte nun die Initiative übernehmen. Nach dem Westfälischen Frieden (1648), der das Ende des Dreißigjährigen Krieges und auch eine Übereinkunft mit den Niederlanden erbracht hatte, sowie nach der Niederschlagung von Aufständen in Neapel verfügte sie nun auch über die nötigen freien Kräfte, um die Wiedereingliederung Kataloniens in den spanischen Staatsverband mit Nachdruck angehen zu können. Schritt für Schritt eroberten nun die königlichen Truppen das Territorium zurück. Im August 1651 begann die Belagerung Barcelonas, und im Oktober 1652 mussten die Belagerten schließlich aufgeben. Katalonien wurde damit (während Portugal seine Unabhängigkeit behaupten konnte) wieder in den spanischen Staatsverband eingegliedert.

Der königliche Hof verzichtete aus pragmatischen Gründen auf eine exemplarische Bestrafungsmaßnahme und die Abschaffung der katalanischen Rechte und Privilegien. Der Krieg mit Frankreich war noch nicht zu Ende, und die ohnehin militärisch und wirtschaftlich geschwächte Monarchie konnte auf kooperative katalanische Kräfte nicht verzichten. Hinzu kam, dass Olivares, der heftigste Befürworter einer Zentralisierung der Staatsgewalt, nicht mehr im Amt war. Die beschlossenen Maßnahmen beschränkten sich daher auf die Bestrafung der Rädelsführer sowie eine engere Aufsicht über die katalanischen Institutionen, indem die Kandidatenauswahl für die Besetzung von *Consell* und *Diputació* nun direkt durch den König erfolgte. Hinzu kam eine verstärkte militärische Präsenz im Land (so wurde etwa eine Garnison in die Festungsanlage von Montjuïc in der unmittelbaren Nähe von Barcelona verlegt). Die festeren Zügel, die den katalanischen Ständen angelegt wurden, sollten eine erneute offene Konfrontation schon im Vorfeld unterbinden. Die katalanischen Stände waren jedoch trotz der graduellen Stärkung der königlichen Macht und der Privilegierung jener Kreise, die sich im Konflikt auf die Seite der Monarchie geschlagen hatten und nun vorrangig zu Amt und Würden kamen, glimpflich davongekommen.

Der Krieg mit Frankreich, das den nordkatalanischen Raum weiterhin militärisch unter Kontrolle hielt (hinzu kamen auch noch militärische Auseinandersetzungen mit dem England Cromwells), zog sich zum Leidwesen der städtischen und ländlichen Bevölkerung in der Region noch in die Länge. Erst die schwere spanische Niederlage von Dünkirchen (1658) bereitete den Boden für einen Friedensschluss, allerdings unter für die hispanische Monarchie und das Prinzipat ungünstigen Bedingungen: Im *Pyrenäenfrieden* von 1659 trat die geschwächte Monarchie die katalanischen Gebiete an der Nordflanke der Pyrenäen (die Grafschaft Roussillon und Teile der Cerdagne) dauerhaft an Frankreich ab. Damit entstand ein Grenzverlauf, der bis in die Gegenwart Gültigkeit behalten hat. Der nun französische Teil Kataloniens wurde trotz der durch Ludwig XIV. vertraglich fixierten Zusicherung der

Wahrung der traditionellen Institutionen und Rechte rasch in den sich ausbildenden französischen Zentralstaat integriert. Schon ein Jahr nach dem Friedensschluss wurden die katalanischen Institutionen abgeschafft und durch einen der Krone eng verbundenen Rat ersetzt. Kurz darauf kamen ein Militärgouverneur und ein königlicher Intendant hinzu, der vor allem für die Steuererhebung zuständig war. Das nördliche Katalonien wurde somit zu einer französischen Verwaltungsprovinz, und der häufige Kriegszustand mit der spanischen Monarchie machte diese Gebiete letztlich zu einem dauerhaft militärisch besetzten Landstrich. Die Dominanz frankophiler Mitglieder der Verwaltung bot zudem die Gewähr, dass das Roussillon keine Annäherung an Barcelona betrieb. Allerdings konnte sich ein Großteil der Bevölkerung nur schwer mit der neuen Situation abfinden und wehrte sich gegen den zudem einsetzenden Prozess der dekretierten kulturellen und vor allem sprachlichen Assimilation. Noch heute wird in diesen Gegenden Südfrankreichs vereinzelt Katalanisch gesprochen.

Der Pyrenäenfrieden sollte jedoch nur kurzfristig zu einer Beruhigung der Lage in Katalonien führen. Die imperialistische Politik von Ludwig XIV., die sich in den Niederlanden, in Luxemburg, in der Franche-Comté und wieder einmal in Katalonien gegen spanische Besitzungen richtete, führte ab 1667, von kurzen Unterbrechungen abgesehen, zu einem dreißig Jahre dauernden Kriegszustand mit Frankreich. Dieser Krieg erforderte wiederum eine permanente Präsenz spanischer Truppen an der Pyrenäengrenze. Hinzu kam, dass Ludwig XIV. im Krieg gegen die Niederlande (1672–1678) seinen militärischen Druck auch gegen Katalonien richtete und dabei die Grenze überschritt. Zunächst beschränkte sich die französische Präsenz zwar im Wesentlichen auf die südlichen Ausläufer der Pyrenäen, doch betraf der französische Vormarsch ab 1694, der mit der Belagerung Barcelonas im Jahr 1697 seinen Höhepunkt erreichte, schließlich auch noch weite Teile des Prinzipats, so dass die Bevölkerung wieder einmal Flucht, Vertreibungen, Requirierungen, Plünderungen, Verwüstungen der Felder und die Ausbreitung von Seuchen erleiden musste. Mit der Last des Krieges kam es auch wieder zu sozialen Unruhen und Aufständen. Der Ursprung der Erhebung der Jahre 1687 bis 1689 lag in einer gravierenden Missernte nach einer Heuschreckenplage, die nach Augenzeugenberichten die Erde wie mit einem Mantel bedeckt und den Tag zur Nacht gemacht hatte. Zu der katastrophalen Versorgungslage kamen wieder die Pflicht zur Unterbringung der schlecht versorgten und bezahlten spanischen Truppen sowie die unmittelbaren Folgen der Kriegshandlungen hinzu. Der Aufstand der nach ihrer Kopfbedeckung benannten *barretines* wird in der Forschung als noch weitreichender als der von 1640 bezeichnet: Nachdem verschiedene Gewaltausbrüche zunächst einmal durch Verhandlungen und Konzessionen beruhigt werden konnten, kam es 1689 schließlich zu Aufständen, die weite Teile des Prinzipats erfassten und zu einer Belagerung Barcelonas führten. Eingedenk der Erfahrungen der Jahre nach 1640 hielten die katalanischen Stände der Krone diesmal allerdings die Treue, denn wenngleich es auch unter der Herrschaft von Karl II. (1665–1700) Bestrebungen gab, die königliche Kontrolle über die katalanischen Institutionen auszuweiten, bestand seitens der katalanischen Stände kein Interesse an einer erneuten Konfrontation. Damit konnte die soziale Erhebung mit Waffengewalt rasch niedergeschlagen werden.

Im letzten Drittel des 17. Jahrhunderts kam trotz aller Belastungen auch ein allmählicher wirtschaftlicher Aufschwung in Katalonien in Gang. Den Motor dieser Erholung stellte zum einen die Landwirtschaft dar, die nun in bestimmten Bereichen Überschüsse produzierte und damit überregionale Märkte beliefern konnte. Insbesondere erfreute sich dabei die Branntweinherstellung einer wachsenden Nachfrage, so dass der Weinbau zu einer dauerhaft landschaftsprägenden Erscheinung im Bereich zwischen Barcelona und Tarragona wurde. Auch die Tuchherstellung erfuhr wieder Auftrieb, was vor allem durch das Aufkommen kleiner Textilunternehmer bedingt war, die die Herstellung von Garnen und einfachen Stoffen an Landarbeiter in Heimarbeit vergaben. Im Zuge dieser Neuausrichtung lässt sich auch ein beginnender geographischer Konzentrationsprozess in der Textilproduktion ausmachen. Manufakturen entstanden vor allem im Umland von Barcelona und anderen größeren Städten, die wiederum geeignete Handelsplätze und Absatzmärkte bildeten. Die Verhüttung von Eisenerz nahm ebenfalls einen Aufschwung, als ein als *farga catalana* bekanntes neuartiges Verfahren zur Herstellung von hochwertigem Eisen zur Anwendung kam. Die expandierende wirtschaftliche Produktion wirkte sich wiederum auch belebend auf den Handel aus, indem katalanische Waren nach England oder in die Niederlande transportiert und im Gegenzug Kolonialwaren wie Kakao, Tabak oder Zucker importiert wurden. Und wenngleich Barcelona weiterhin die bedeutendste Handelsmetropole Kataloniens blieb, gewannen auch andere kleinere Küstenstädte an Bedeutung im Seehandel. Katalanische Staatstheoretiker wie Narcís Feliu de la Penya entwarfen in dieser Zeit Pläne, um (das holländische Erfolgsmodell vor Augen) an die großen Zeiten des katalanischen Seehandels anzuknüpfen.

«Diada»

König Karl II. blieb kinderlos und damit ohne Erben. Erschwerend kam hinzu, dass mit seinem Tod die Dynastie der spanischen Habsburger erloschen war. Dadurch entstand ein Problem gewaltiger Tragweite, denn nun ging es nicht nur darum, die miteinander konkurrierenden Erbansprüche auf den hispanischen Thron und zugleich auf ein gewaltiges Reich mit den weitläufigen Besitzungen der Niederlande, den Herzogtümern Mailand und Mantua, dem Königreich Neapel, Sizilien, Sardinien sowie den Kolonien in Übersee zu klären. Die Übernahme eines derart großen Reiches durch den Spross eines der regierenden europäischen Fürsten – sowohl das Haus Habsburg als auch die Bourbonen meldeten Ansprüche an – oder gar die Personalunion der spanischen Krone mit der eines europäischen Herrschers hätte das Machtgefüge in Europa gewaltig durcheinandergebracht. Aus diesem Grund waren bereits zu Lebzeiten von Karl, als absehbar war, dass der Monarch aufgrund seiner schwächlichen Konstitution ohne Nachkommen bleiben würde, frühzeitig Pläne entwickelt worden, das hispanische Reich zwischen den Großmächten aufzuteilen. Im Jahr 1698 wiederum eröffnete sich eine Perspektive in der Person des 1692 geborenen Sohns von Kurfürst Max Emanuel von Bayern als Enkel einer Schwester von Karl II. Der Tod des jungen Prinzen Joseph Ferdinand im Jahr darauf machte jedoch alle Hoffnungen zunichte, dass die beiden Hauptkonkurrenten Frankreich und Österreich zu einer einvernehmlichen Lösung in der spanischen Nachfolgefrage kommen würden: Die kurz vor dem Tod Karls noch erfolgte testamentarische Verfügung, die Philipp von Anjou, der ebenfalls ein Enkel einer Schwester von Karl II. war, zum Erben aller spanischen Besitzungen machte, wurde trotz der Feststellung, dass die spanische und die französische Monarchie nie vereint werden dürften, von Österreich nicht hingenommen. Für das Haus Habsburg kam nicht in Frage, dass ein bourbonischer Spross, der zudem Enkel Ludwigs XIV. und Sohn des französischen Kronprinzen war, den spanischen Thron besteigen sollte. Vielmehr ging Erzherzog Karl, ein Bruder von Kaiser Joseph I. und wiederum ein Enkel einer Schwester Philipps IV., als Prätendent auf den spanischen Thron ins Rennen. Im daraufhin beginnenden Spanischen Erbfolgekrieg (1701–1714) standen die katalanischen Stände nun wieder einmal vor einer weitreichenden Entscheidung, die diesmal sogar folgenreicher sein sollte als die von 1641.

Zunächst hatten nacheinander die Stände Kastiliens, Aragoniens, Neapels und auch Kataloniens dem neuen Herrscher aus dem Haus Bourbon gehuldigt, der Anfang 1701 als Philipp V. das testamentarische Erbe antrat. Dieser zeigte sich, auch wenn dies vor allem der momentan fragilen Situation auf europäischer Ebene und dem Vorrang der Sicherung der Herrschaft geschuldet war, zudem konzessionsbereit und gewährte den Katalanen eine Reihe von Privilegien, vor allem in Fragen des Handels und der Zölle, was die Interessen des katalanischen Bürgertums durchaus befriedigte. Dies bildete die Ausgangskonstellation, als der wachsende Einfluss von Ludwig XIV. in Spanien Habsburg und darüber hinaus die Seemächte England und die Niederlande sowie weitere kleinere Staaten auf den Plan rief, die mit Sorge beobachteten, wie der Sonnenkönig den Zusammenschluss beider Reiche unter französischer Führung dezidiert betrieb. Die in der Folge entstandene Große Haager Allianz wählte 1703 wiederum Erzherzog Karl zum König von Spanien, der schließlich im Jahr darauf als Karl III. auf der Iberischen Halbinsel eintraf, um eine militärische Entscheidung zu suchen.

Bereits unmittelbar mit Beginn des Krieges formierte sich auch in Katalonien eine Fraktion, die für Erzherzog Karl eintrat und den Bourbonen Philipp als Unheil bringenden Exekutor des absolutistischen Herrschers Ludwig XIV. ablehnte. Diese Fraktion scheiterte 1704 allerdings zunächst mit einer Verschwörung, um die Stadt den Truppen der Haager Allianz zu übergeben. Repressionsmaßnahmen des königlich-bourbonischen Vizekönigs in Katalonien führten jedoch wiederum zu einer wachsenden Entfremdung von der Herrschaft Philipps. Nach einer Übereinkunft der Alliierten mit katalanischen Oppositionellen (Pakt von Genua) landete im August 1705 eine gewaltige Flotte mit siebzehntausend englischen, niederländischen und österreichischen Soldaten an der katalanischen Küste. Nachdem die *Generalitat* und der *Consell* zunächst weitgehend am Rande des Geschehens geblieben waren, schlugen sie sich, als weite Teile des Prinzipats unter der Kontrolle Habsburgs und der Seemächte waren und das von bourbonischen Truppen verteidigte Barcelona schweren Angriffen ausgesetzt war, schließlich doch auf die Seite Karls. Dieser konnte im Oktober die Stadt übernehmen und legte Anfang Dezember 1705 den traditionellen Schwur vor den *Cortes* ab. Im Rahmen dieser Versammlung und vor dem Imperativ, das Bündnis mit den Katalanen zu sichern, ging der neue Herrscher weitgehende politische Konzessionen ein. Zum einen bestätigte er die ökonomischen Privilegien, die Philipp V. gewährt hatte. Darüber hinaus machte er aber auch jene Bestimmungen von 1652 zu weiten Teilen rückgängig, die der Krone die Kontrolle über die Besetzung der *Generalitat* und des *Consell* gegeben hatten. Außerdem sagte er zu, für die Wiedereingliederung des Roussillon und der Cerdagne zu kämpfen. Weitere Gunstbeweise wie die Verleihung von Adelstiteln oder Privilegien an Städte sollten die Bande zwischen dem neuen Herrscher und den Ständen festigen, wenngleich die Last des Krieges die anfängliche Euphorie wieder einmal rasch dämpfte.

Auch Aragonien und Valencia schlugen sich nun auf die Seite Karls, während sich Kastilien hinter Philipp V. stellte. Vor diesem Hintergrund ist der Krieg immer wieder als Konflikt gedeutet worden, in dem sich zwei verschiedene Verfassungsmodelle gegenüberstanden: Die Länder der Krone Aragoniens hätten einen föderalen Aufbau des Staates verteidigt, während Kastilien für einen zentralistischen Staat eingetreten sei. Freilich ist jedoch fraglich, ob vor dem Hintergrund absolutistischer Tendenzen nahezu aller europäischen Monarchien die von Karl III. aus einer Zwangslage heraus zugesicherte Stärkung der Stände auf Dauer Bestand gehabt hätte. Wenngleich im weiteren Verlauf des Krieges nun französische Truppen vom Norden her in Katalonien einfielen, geriet Philipp V. im Zuge der Kampfhandlungen zunächst derart in die Defensive, dass er 1706 die spanische Hauptstadt verlassen musste und Karl III. Anfang Juli dort zum König von Kastilien ausgerufen werden konnte. Allerdings erwies sich bald, dass dem neuen König hier die Unterstützung versagt blieb. Karl musste sich daraufhin wieder aus Madrid zurückziehen und wich nach Valencia aus. In den folgenden Jahren neigte sich die Waagschale wechselweise zur einen und zur anderen Kriegspartei, so dass Karl Ende September 1710 erneut vorübergehend in Madrid einziehen konnte. Im April 1711, als sich Karl zudem in einer militärisch ungünstigen Lage befand, kam es schließlich zu einem dynastischen Ereignis, das die Ausgangskonstellation grundlegend veränderte. Der Kaiser von Österreich war ohne Nachkommen verstorben, so dass nun Karl unvermittelt zum Erben des österreichischen Reiches wurde. Karl verließ im September Barcelona, um sein Wiener Erbe anzutreten, ohne jedoch seinen Thronanspruch in Spanien aufzugeben. Allerdings gaben nun die Seemächte England und die Niederlande ihre Unterstützung für Karl auf, da sie keinerlei Interesse daran hatten, die bourbonische Vorherrschaft durch eine Personalunion der Kronen Spaniens und Österreichs zu ersetzen. Im Herbst 1712 verließen folglich die englischen Truppen die Iberische Halbinsel, und das politische Hauptgeschehen verlagerte sich an die Verhandlungstische. Nach dem Friedensschluss von Utrecht bestanden für Karl schließlich keine berechtigten Hoffnungen mehr auf einen militärischen Sieg, so dass er in der Folge seine Truppen aus Katalonien zurückzog. Damit war trotz eines weiterhin erbitterten Widerstandes der Katalanen die Entscheidung zugunsten Philipps gefallen. Der Krieg wurde nun bis zum für die Katalanen bitteren Ende grausam fortgeführt. Mitte 1713 befanden sich lediglich noch die Festung Cardona sowie Barcelona in den Händen der Katalanen. Ein flächendeckender allgemeiner Aufstand der Landbevölkerung Anfang des darauffolgenden Jahres wurde brutal niedergeschlagen. Am 11. September 1714, nach über einem Jahr der Belagerung, musste schließlich Barcelona kapitulieren. Die Herrschaftsübernahme durch Philipp V. stellte einen tiefen Einschnitt in der Geschichte Kataloniens dar. Dies wird symbolhaft bereits darin deutlich, dass bezeichnenderweise der Tag der Niederlage später einmal zum katalanischen Nationalfeiertag (*Diada*) erklärt werden sollte.

Katalonien war wieder einmal zum Schauplatz eines verheerenden, nahezu neunjährigen Krieges geworden, in dem die Fronten hin und her gegangen waren und die Soldateska vor allem in der Schlussphase ihr grausames Unwesen trieb. Zahllose Menschen wurden entwurzelt, ganze Landstriche entvölkert und verwüstet. Die Repression, die in katalanischen Geschichtsbüchern als «militärischer Terrorismus» bezeichnet wird, ging auch nach der Kapitulation weiter. Dabei wurde eine Vielzahl militärischer Führer als Rebellen hingerichtet, unter ihnen General Josep Moragues, dessen Kopf nach seiner Vierteilung über zehn Jahre in einem Käfig am Portal del Mar in Barcelona zur Schau und Abschreckung ausgestellt wurde. Hinzu kam, dass die fünf Universitäten Kataloniens geschlossen wurden und fortan eine höhere Ausbildung allein in der 1717 auf königliche Weisung hin im zentralkatalanischen Cervera weitab von größeren Metropolen neu gegründeten Universität möglich war. Der verlorene Krieg hatte aber vor allem für die katalanischen Stände weitreichende institutionelle Folgen. Philipp V. nutzte die Stunde des Sieges, um die Stände Aragoniens, Valencias und Kataloniens zu entmachten und die gesamtspanische Vereinheitlichung der Verwaltung im Sinne des Absolutismus anzugehen. Damit wurden auch grundlegende Reformvorhaben, die bereits unter dem letzten spanischen Habsburger innerhalb Kastiliens begonnen worden waren, mit dem Erlass der *Decretos de Nueva Planta* auf nahezu die gesamte Iberische Halbinsel übertragen. Lediglich Navarra und die baskischen Provinzen, die sich dem Bourbonen nicht entgegengestellt hatten (sowie das kleine Val de Aran am Oberlauf der Garonne), blieben hiervon ausgenommen. Am stärksten war wiederum Katalonien betroffen, das auch den erbittertsten Widerstand geleistet hatte. Mitte Januar 1716 verloren die katalanischen Stände durch ein königliches Dekret (*Nueva Planta de la Real Audiencia del Principado de Cataluña*) sämtliche Rechte, die sich aus der zwischen Monarch und Ständen verschränkten Herrschaft ergaben. Die *Cortes*, die *Generalitat* sowie die Ratsversammlung Barcelonas (*Consell de Cent*) wurden als Institutionen abgeschafft. Das Amt des Vizekönigs wurde durch das eines Generalkapitäns mit erweiterten Befugnissen ersetzt, und das System der Verwaltungseinteilung Kastiliens wurde bis hinab auf lokale Ebene auf das Prinzipat übertragen. Damit wurden nicht nur große Teile der Rechte der Kommunen, sondern auch die auf dem Prinzip der Repräsentativität beruhenden Ratsversammlungen abgeschafft. Die neu eingeführten Bezirksregierungen (*corregimentos*) unterstanden der königlichen Verwaltung, und die Bezirksvorsteher (*corregidores*) waren für die Umsetzung der aus Madrid erfolgenden Anweisungen bis hinunter auf Gemeindeebene verantwortlich. Die Ernennung von Bürgermeistern, die ihr Amt auf Lebenszeit ausübten, führte allerdings zu Korruption und behördlicher Willkür. Nachdem es vor diesem Hintergrund im Laufe des 18. Jahrhunderts wiederholt zu Unruhen gekommen war, wurde teilweise wieder ein Wahlmodus für die Bestimmung der Gemeindevorsteher eingeführt. Finanzielle Angelegenheiten wurden auch nicht mehr im zähen Ringen des Monarchen mit den Ständen ausgehandelt, sondern direkt von Madrid aus entschieden, und das neue Besteuerungssystem unterstand nach französischem Muster der Kontrolle durch königliche Beamte (Intendanten). Im Rahmen der Zentralisierung wurden auch (außer im Hinblick auf Navarra und die baskischen Provinzen) die Zollgrenzen innerhalb Spaniens abgeschafft. Jegliche Eigenständigkeit des Prinzipats hatte damit ein jähes Ende gefunden. Katalonien wurde zu einer spanischen Verwaltungsprovinz innerhalb eines zentral organisierten Staates, an dessen Spitze der unumschränkte Wille des Monarchen stand. Damit war schließlich das erreicht worden, was einst Graf Olivares unter Philipp IV. versucht hatte: die Gesetze Kastiliens auf alle hispanischen Reiche zu übertragen.

Ciutadella

Die Zitadelle von Barcelona (*Ciutadella*) wurde nach den Erfahrungen der Sezession Kataloniens im Jahr 1641 und der Unterstützung von Erzherzog Karl im Spanischen Erbfolgekrieg (1701–1714) im Auftrag von König Philipp V. ab dem Jahr 1716 als größte ihrer Zeit in unmittelbarer Nähe zur Stadt sternförmig angelegt und errichtet, um Barcelona und Katalonien militärisch besser kontrollieren zu können. Zu deren Bau mussten Wohngebiete abgerissen werden, wobei die betroffenen Menschen später in das neue Stadtviertel *Barceloneta* umgesiedelt wurden. Die *Ciutadella* galt im Zuge der Rückbesinnung auf die katalanischen Traditionen im Verlauf des 19. Jahrhunderts als verhasstes Symbol der Unterdrückung durch die spanischen Monarchen. Nach einem ersten durch die *Junta de Vigilància* von Barcelona unternommenen Versuch im Jahr 1841, die *Ciutadella* abzubrechen, übertrug General Prim im Zuge der Revolution von 1868 die Festung der Stadt. Diese ordnete wiederum unverzüglich deren Zerstörung an. Auf dem weitläufigen Gelände wurde die Weltausstellung des Jahres 1888 ausgerichtet. Von der ursprünglichen Anlage, auf der sich heute der *Parc de la Ciutadella* befindet, sind nur noch einzelne Gebäude erhalten. Die ehemalige Waffenkammer wurde Ende des 19. Jahrhunderts zur Residenz des Königs umgestaltet. Während der Zweiten Republik und dann wieder nach der Verabschiedung des Autonomiestatuts von 1979 wurde das Gebäude wiederum bezeichnenderweise zum Sitz des katalanischen Parlamentes.

Das Misstrauen gegen die Bevölkerung Kataloniens führte zudem dazu, dass im gesamten Prinzipat und vor allem in den Verwaltungszentren die Befestigungsanlagen ausgebaut und große Truppenverbände kaserniert wurden. In Barcelona wurde hierzu 1716 die *Ciutadella*, eine gewaltige nach den Prinzipien des modernen Festungsbaus bewehrte Militäranlage, errichtet, und dabei wurden Teile der Stadt niedergerissen. Deren Bewohner wurden wiederum in dem im Sinne der geometrischen Rationalität barocke Stadtplanung reißbrettartig angelegten neuen Stadtviertel *Barceloneta* angesiedelt. An die sechstausend Katalanen gingen ins Exil und ließen sich vor allem in den Gebieten unter habsburgischer Herrschaft, insbesondere in Österreich und in Italien, nieder. Während der aktive Widerstand nur gelegentlich aufflammte (etwa im Zuge der Quadrupelallianz von 1718 gegen die Versuche Philipps V., die verlorenen italienischen Besitzungen zurückzuerlangen), war vielmehr die Bereitschaft zur Anpassung an die neuen Umstände groß, wodurch gehobene städtische Schichten ihren sozialen Status beibehalten konnten oder einen sozialen Aufstieg erlebten. Auch die Vertreter der katalanischen Handelsinteressen arrangierten sich bald mit den neuen Machthabern. Eine zwischen Philipp V. und seinem einstigen Widersacher Kaiser Karl VI. im Jahr 1725 erfolgte Übereinkunft ermöglichte schließlich im Rahmen einer Generalamnestie auch die Rückkehr der Exilierten sowie die Restitution ihrer Habe und Privilegien. Der politische Widerstand kam damit zu einem Ende.

Das Misstrauen der Monarchie gegenüber den Katalanen blieb allerdings, und auch der katalanische Klerus hatte nach dem Sieg Philipps einen schweren Stand, da sich Papst Clemens XI. während des Erbfolgekrieges auf Druck des Kaisers hin auf die Seite

Habsburgs geschlagen hatte. Dies hatte als unmittelbare Reaktion der Bourbonen zunächst den Abbruch der Beziehungen zum Vatikan sowie Repressalien gegenüber Mitgliedern des Klerus in Form von Ausweisungen oder sogar Einkerkerungen zur Folge. Nach dem Krieg wurde die Kirche, die in Katalonien traditionell von Steuern befreit gewesen war, wiederum zur Zahlung von Grundsteuern verpflichtet. Zudem wurde der katalanische Klerus bei der Besetzung von vakanten Bischofsstühlen oder anderen höheren kirchlichen Ämtern weitgehend übergangen. So kamen nicht nur treue Gefolgsleute des Königs zu Amt und Würden, sondern wieder einmal vor allem Geistliche aus Kastilien. Von den neunundachtzig Bischöfen, die zwischen 1714 und 1851 in Katalonien ernannt wurden, stammten gerade einmal siebzehn aus dem Prinzipat.

Die politische Marginalisierung, die Katalonien im 16. und 17. Jahrhundert erfuhr, sowie die soziale und ökonomische Krise, in der sich das Prinzipat befand, spiegelten sich auch in einer in dieser Zeit deutlich verminderten Bautätigkeit. Während in Kastilien aufgrund der aus Übersee eintreffenden Schätze ein gewaltiger Bauboom herrschte und selbst in kleinen Dörfern beeindruckende Kirchen und Paläste errichtet wurden, fiel die Bautätigkeit prestigeträchtiger repräsentativer Gebäude in Katalonien sehr gering aus. Neben finanziellen Mitteln fehlte darüber hinaus auch ein ansässiger Hof, der mit seiner kulturellen Ausstrahlung und Magnetwirkung auf den Adel hätte stimulierend wirken können. Der mangelnde Reichtum zeigte sich auch in einem verkümmerten Mäzenatentum bei der Stiftung von Klöstern und Kirchen. Die Bautätigkeit beschränkte sich somit meist auf den Umbau von Fassaden und Portalen an älteren Gebäuden oder die Umgestaltung von Innenräumen in Kirchen, wie sie sich in der Fassade des Palastes der *Generalitat* oder dem Erweiterungsbau an der Kathedrale von Girona manifestiert. Das Gebäude der 1717 gegründeten Universität von Cervera ist eines der wenigen Beispiele eines im Stile des Barock durchgängig angelegten und errichteten repräsentativen Gebäudes.

Aufgeklärter Reformabsolutismus

Ungeachtet des tiefen politischen Einschnitts, der sich unter Philipp V. vollzog, kam es in Katalonien im Laufe des 18. Jahrhunderts zu einem weiteren demographischen und wirtschaftlichen Aufschwung, der den Übergang zu einer modernen Gesellschaft andeutete. Diese Entwicklung fand in anderen europäischen Staaten ebenfalls statt, doch im innerspanischen Vergleich fiel das Wachstum in Katalonien besonders deutlich aus. Die Zunahme, möglicherweise sogar eine Verdoppelung der Bevölkerung im Verlauf des 18. Jahrhunderts, ist zum einen auf eine höhere Lebenserwartung zurückzuführen, als die Häufigkeit von Naturkatastrophen wie Missernten und Epidemien deutlich abnahm (so verschwand vor allem die Pest aus dem westlichen Europa). Hinzu kamen höhere Geburtenraten, die maßgeblich durch ein sinkendes Heiratsalter bedingt waren. Positiv wirkte sich auch aus, dass Katalonien in dieser Zeit als Schauplatz von Kriegen mit deren verheerender Wirkung verschont blieb.

Dies bot auch die günstigen Rahmenbedingungen für eine Ausdehnung der landwirtschaftlichen Produktion durch die Erschließung neuer Anbauflächen. Diese räumliche Ausweitung (durch Entwässerungsmaßnahmen, Waldrodungen oder den Terrassenbau an Hanglagen) und Spezialisierung der Landwirtschaft auf höherwertige Produkte wie Wein, Weinbrand oder Olivenöl brachten auch einen neuen Wohlstand. Die Anlage von Bewässerungssystemen und die Fruchtfolge boten im Rahmen der Bewirtschaftung kleinerer landwirtschaftlicher Flächen zusätzlich die Möglichkeit, die Erträge zu steigern, zuweilen mehrere Ernten im Jahr zu erzielen und exotische Pflanzen wie Mais anzubauen. Auch Handel und Handwerk kamen, mitbedingt durch eine protektionistische Zollpolitik, die die ausländische Konkurrenz behinderte und die heimische Produktion förderte, langsam wieder in Schwung. Katalanische Waren fanden nach dem Wegfall der Zollschranken innerhalb Spaniens einen verstärkten Absatz im Inland, und vor allem nahm der Handel mit den amerikanischen

Kolonien nach der schrittweisen Aufhebung des kastilischen Monopols einen wichtigen Anteil am Wirtschaftsleben Kataloniens ein: Nachdem zu Beginn des 18. Jahrhunderts katalanische Händler im Warenaustausch mit Übersee noch gezwungen gewesen waren, Filialen in Cádiz als Sitz des Amerikamonopols zu unterhalten, wurde Barcelona 1765 erstmals der direkte Handel mit den Antillen gestattet. 1778 fielen schließlich im Rahmen einer allgemeinen Freigabe des Amerikahandels alle Beschränkungen weg, was den Handelsstrom zwischen Katalonien und den Kolonien erst richtig in Schwung brachte. Katalonien gewann aber auch mit dem Export von heimischen Produkten, wie dem besonders begehrten katalanischen Weinbrand, wieder Anschluss an den internationalen Handel.

Die traditionelle katalanische Textilindustrie erfuhr im Verlauf des 18. Jahrhunderts mit der Herstellung von bedruckten Baumwollstoffen, die vor allem in den amerikanischen Kolonien vermarktet wurden, einen weiteren Auftrieb. Gerade dieser Produktionszweig bildete die ersten Ansätze der Industrialisierung Kataloniens, als gegen Ende des Jahrhunderts mit der Einführung moderner britischer Technologien, etwa bei der mechanisierten Garn- und Textilienherstellung, ein spezialisierter Industriezweig entstand. Allerdings wurde auch bald die Krisenanfälligkeit von Konzentrationsprozessen deutlich, als infolge der revolutionären Vorgänge und Unabhängigkeitsbewegungen in den amerikanischen Kolonien im ersten Drittel des 19. Jahrhunderts der Absatz nach Übersee drastisch zurückgehen und die katalanische Textilindustrie vor allem wieder auf die Vermarktung von Produkten innerhalb Spaniens zurückfallen sollte. Neben der Eisenverhüttung und der Herstellung von Weinbränden entstand im Verlauf des 18. Jahrhunderts, vor allem bedingt durch den wachsenden Bedarf eines expandierenden Verwaltungsapparates, auch eine an den Flussläufen florierende Papierindustrie. Als Folge der verstärkten Handelstätigkeit kam auch wieder der kapitalintensive Schiffsbau zur Geltung. Darüber hinaus förderte der Staat gezielt die Wirtschaftsproduktion, was allerdings keinen nachhaltigen volkswirtschaftlichen Impuls ergeben sollte: Königlich privilegierte Manufakturen konzentrierten sich auf die Herstellung von Luxusprodukten, und der Ausbau des Verbindungswegenetzes durch den Bau von Kanälen und befestigten Straßen blieb meist im Planungsstadium stecken. Letztlich war der Dirigismus, der die Politik aufgeklärter absolutistischer Monarchen kennzeichnete, einer freien Entfaltung der Kräfte des Landes hinderlich.

Von der verstärkten Aktivität in der Landwirtschaft, dem Handwerk und dem Handel profitierten vor allem die küstennahen Gegenden und die Metropole Barcelona. Ohnehin begann nun ein unaufhaltsamer Prozess der Urbanisierung. Barcelona verdreifachte im Verlauf des 18. Jahrhunderts seine Einwohnerzahl und erreichte um 1800 nahezu einhunderttausend Einwohner. Ein britischer Reisender berichtete über seinen Aufenthalt in Barcelona im Jahr 1787: «Seit ich Paris verlassen habe, habe ich keine Stadt erlebt, die eine derartige Geschäftigkeit ausstrahlt. Wenn man zudem bedenkt, dass Barcelona lediglich die Hauptstadt einer Provinz und Paris die eines Königreiches ist, fällt ein Vergleich ohne Zweifel zugunsten Barcelonas aus.» Auch andere Städte wuchsen, wenngleich in einem bescheideneren Rahmen. Immerhin aber gab es in Katalonien gegen Ende des Jahrhunderts vierzehn Städte, die jeweils mehr als fünftausend Einwohner hatten. Die wirtschaftliche Entfaltung führte im Rahmen einer sich verstärkenden sozialen Diversifizierung allerdings nicht unweigerlich zu größerem Wohlstand für alle Teile der Gesellschaft. Wie es auch für andere Staaten kennzeichnend war, setzte mit einem im Entstehen begriffenen kapitalistischen Wirtschaftssystem auch ein Prozess der Verelendung unterer sozialer Schichten ein. So wuchs die Kluft zwischen den wohlhabenden Landbesitzern und den Kleinbauern, die nach schlechten Ernten, Krankheit oder Viehseuchen oftmals ihre Existenzgrundlage verloren oder in eine Verschuldungsspirale gerieten, an deren Ende der Verlust des selbständig bewirtschafteten Bodens stand. Auf diese Weise gerieten viele Kleinbauern in Abhängigkeit von Großgrundbesitzern, bei denen sie sich dann als Tagelöhner verdingen mussten. Für die zweite Hälfte des 18. Jahrhunderts lässt sich bereits von Ansätzen eines Landarbeiterproletariats in Katalonien sprechen. Zweifellos war damit der Großgrundbesitz aufgrund seiner besseren finanziellen Ausstattung der Hauptnutznießer der Expansion der landwirtschaftlichen Produktionsfläche und der Diversifizierung des Anbaus und der Anbaumethoden. Neue Produktionsmethoden führten auch zur schleichenden Auflösung des in Zünften organisierten Handwerks, nachdem die expandierenden Manufakturen nicht mehr in das auf Kleinbetriebe ausgelegte Gremiensystem passten: Die Unterscheidung zwischen Meistern, Gesellen und Lehrlingen erwies sich in immer größeren Produktionsstätten als nicht mehr anwendbar. Während auf der einen Seite unternehmerisch tätige Handwerksmeister ihre Produktion ausbauten und damit zu Reichtum kamen, verloren andere ihre Konkurrenzfähigkeit und gerieten in Abhängigkeit von den Unternehmern. So kamen auch im Handwerk Konzentrationsprozesse in Gang. Auch die für Katalonien lange Zeit typische Herstellung von Garnen und Textilien in Heimarbeit geriet mit der Mechanisierung der Produktion in eine schwere Krise und verschwand allmählich. Ganze Gegenden, in denen diese Art der handwerklichen Produktion verbreitet gewesen war, verwaisten damit innerhalb weniger Jahrzehnte, und die arbeitsuchenden Menschen sahen sich gezwungen, in das Umfeld der entstehenden Fabriken zu ziehen.

Für das Jahr 1787 ergab eine Volkszählung eine katalanische Gesamtbevölkerung von 899 381 Menschen (dabei geht die Geschichtsforschung allerdings von einer deutlich höheren tatsächlichen Einwohnerzahl aus). Etwa zehn Prozent hiervon waren völlig mittellose, am Rande der Gesellschaft vegetierende Menschen. Darüber hinaus betrug die Zahl der Tagelöhner und Hilfsarbeiter, die sich in einer mehr oder weniger prekären Lebenssituation befanden, fünfzig Prozent der Bevölkerung. Missernten wie die des Jahres 1763 führten somit rasch zu einer katastrophalen Versorgungssituation und großen Binnenbewegungen verelendeter Menschen in die Städte und Hungeraufständen. Gerade die Hungerkatastrophe von 1763–1764 zwang die Behörden von Barcelona zu umfangreichen Hilfsmaßnahmen, um Tausende zu versorgen, die ohne Hab und Gut in die Stadt gekommen waren und zur Gewährleistung der inneren Sicherheit und Ordnung vor allem in Kasernen untergebracht wurden. Getragen von den Gedanken der Aufklärung entstanden in dieser Zeit aber auch Wohltätigkeitseinrichtungen, die dem Prozess der Pauperisierung entgegenwirken sollten.

Wenngleich Karl III. (1759–1788) als aufgeklärter Monarch gelten kann, er ein Förderer der Wissenschaften war und der Vernunftgedanke sowie der Glaube an Fortschritt und Erneuerung viele seiner Reformprojekte prägten (etwa die Zurückdrängung der Jurisdiktionsrechte der Feudalherren zugunsten einer zentralstaatlichen Gerichtsbarkeit), blieb die Monarchie dem ständischen Denken stark verhaftet. Im Verlauf des 18. Jahrhunderts wurde dennoch ein Prozess erkennbar, der einen allmählichen Übergang von einer ständischen Gesellschaft, die durch Privilegien bestimmt war, zu einer Klassengesellschaft bedeutete, deren wichtigstes Unterscheidungsmerkmal der Reichtum war. In der Tat war die Lenkung des ökonomischen Fortschritts in die Hände von selbstbewussten bürgerlichen Familien übergegangen, die innerhalb von manchmal nur zwei Generationen einen gewaltigen sozialen Aufstieg erlebten. So wurden aus einfachen Landarbeitern angesehene Kaufleute oder Unternehmer, deren soziales Ansehen oft durch eine Nobilitierung zusätzlich zum Ausdruck kam. Ein symptomatisches Zeichen für diesen Wandel war, dass die Mitglieder der *Junta Particular de Comercio,* als Vertretung der großen Handelsfamilien, im Jahr 1762 das im Grunde dem Adel vorbehaltene Recht erhielten, einen Degen zu tragen. Wenngleich damit eine Übernahme der Verhaltenskodizes und Wertvorstellungen der traditionellen Aristokratie durch das geadelte Bürgertum erfolgte, setzte umgekehrt auch ein Prozess der Verbürgerlichung des Adels ein, der ebenso in der Entstehung familiärer Bande zwischen dem neuen und dem alten Adel zum Ausdruck kam. Auch in der Verwaltung war für die Vergabe von Ämtern nicht mehr unbedingt der Stand, dem man angehörte, das ausschlaggebende Kriterium.

Nun traten immer stärker akademisch gebildete Fachleute in Erscheinung, die der aufstrebenden bürgerlichen Schicht angehörten.

Der Gedanke des absolutistischen Zentralismus führte aus Rationalitätsüberlegungen heraus neben der beschriebenen grundlegenden Verwaltungsreform auch zum Bruch mit althergebrachten kulturellen Traditionen. Eine besonders wichtige Maßnahme in diesem Sinne war die Harmonisierung des Sprachgebrauchs innerhalb Spaniens. So wurde das Katalanische als Amtssprache abgeschafft und auch versucht, in allen Schul- und Bildungseinrichtungen das Kastilische (auch unter Androhung von Strafen) als Umgangssprache durchzusetzen. Dieser Prozess der Kastilisierung verlief allerdings langsam, und selbst in den Verwaltungen hielt sich noch lange der Gebrauch des Katalanischen. Erst in der zweiten Hälfte des 18. Jahrhunderts sollte die Reform im Hinblick auf die Schriftsprache nachhaltig wirksam werden, während sich das gesprochene Katalanisch in den Amtsstuben noch lange halten konnte. Auch in den Kirchen blieb es üblich, dass die Predigten auf Katalanisch gehalten wurden. Der Prozess der sprachlichen Vereinheitlichung wurde allerdings durch das städtische Bürgertum unterstützt. Dieses profitierte von den verbesserten wirtschaftlichen Rahmenbedingungen und den sozialen Aufstiegschancen und identifizierte sich somit zunehmend mit dem modernen Zentralstaat des aufgeklärten Absolutismus. Das Kastilische entwickelte sich auf diese Weise in Katalonien bis zum Ende des 18. Jahrhunderts zu einer Sprache des gehobenen Bürgertums und der Kultur, während das Katalanische die «Sprache des Volkes» blieb. Trotz aller Kastilisierungsmaßnahmen erhielt sich aber ein katalanisches Selbstbewusstsein in Abgrenzung von Kastilien, und die wehmütige Erinnerung an die große Zeit der katalanischen Freiheiten flammte in Krisenzeiten immer wieder auf.

Die Französische Revolution im Sommer 1789 setzte die spanische Monarchie in höchste Alarmbereitschaft, da ein Überspringen des Revolutionsfunkens auf Spanien befürchtet wurde. In Spanien verbot die Zensur, über die Vorgänge in Frankreich zu berichten, und die Verbreitung der Ideen sowie der Besitz von Symbolen der Revolution (wie etwa einer Trikolore) wurden unbarmherzig verfolgt und schwer bestraft. Darüber hinaus wurde das unkontrollierte Eindringen von Flüchtlingen aus dem Nachbarland als besondere Gefahr betrachtet. In der Tat trafen Tausende in Katalonien ein. Darunter befand sich ein besonders großer Anteil von Klerikern. Aber auch ranghohe Aristokraten wie der Graf von Toulouse-Lautrec, der Herzog von Luxemburg oder Prinz Conti begannen ihr Exil in Barcelona. Die spanischen Behörden reagierten mit einer strengen Überwachung der Emigrés, da unter ihnen auch Provokateure und französische Agenten vermutet wurden. Die Monarchie unter Karl IV. (1788–1808) setzte alle konterrevolutionären Hebel in Bewegung und versuchte insbesondere, aber vergeblich, das Leben Ludwigs XVI. zu retten. Die nicht zuletzt aus diesem Grund wachsenden Spannungen zwischen dem französischen Konvent und der spanischen Monarchie führten schließlich zu einer Kriegserklärung der Franzosen im März 1793 und dem Eintritt Spaniens in die antifranzösische Koalition. Nach anfänglichen Siegen, wobei spanische Einheiten in das Roussillon eindrangen, gerieten die Spanier allerdings in die Defensive. Wieder einmal wurde daraufhin die Südflanke der Pyrenäen zum Schauplatz von erbitterten Kämpfen, die einmal mehr Dörfer und Felder verwüsteten und eine Fluchtwelle in Bewegung setzten. Auch in diesem Krieg versuchte Frankreich, die Katalanen auf seine Seite zu ziehen, und bot die Schaffung einer katalanischen Republik unter französischem Schutz an. Die Propaganda appellierte an das katalanische Nationalbewusstsein und versuchte, ein antikastilisches Ressentiment zu wecken. Letztlich waren aber nicht nur der Adel, sondern auch das katalanische Bürgertum von den Gewaltorgien und Zerstörungen im Nachbarland erschüttert, so dass keine Neigungen bestanden, die Revolution auf das Prinzipat zu übertragen.

Schließlich legten 1795 Frankreich und Spanien angesichts der Machtposition Napoleons in Europa und der wachsenden Bedrohung, die im expandierenden britischen Kolonialismus erkannt wurde, den militärischen Konflikt bei, und es kam zu einer vorübergehenden Annäherung zwischen beiden Mächten. Im Vertrag von Fontainebleau (1807) kamen die Madrider und die Pariser Regierung schließlich überein, sich gegen das mit England verbündete Portugal zu wenden, und die Truppen Napoleons erhielten das Durchmarschrecht, um gegen den lusitanischen Nachbarn vorzugehen. Napoleon ließ sich diese Gelegenheit freilich nicht entgehen: Während Einheiten unter General Andoche Junot in Portugal einmarschierten, rückten weitere Truppen unter General Joachim Murat nach und übernahmen die Kontrolle über Spanien. Sowohl Karl IV. als auch sein Sohn Ferdinand, der zudem gegen seinen Vater konspiriert und diesen im März 1808 zum Thronverzicht gezwungen hatte, mussten nach einem Treffen mit dem französischen Kaiser in Bayonne auf ihre Thronrechte verzichten. Napoleon übertrug die spanische Krone seinem eigenen Bruder Joseph Bonaparte. Damit gerieten Spanien und Katalonien schließlich doch noch in den Sog der revolutionären Umwälzungen in Europa, die den Übergang in die Moderne einläuteten.

III. Wiedererwachen (1808–1931)

Die Besetzung Spaniens durch französische Truppen hatte unmittelbare dramatische Konsequenzen. Am 2. Mai 1808 erhob sich die Bevölkerung von Madrid gegen die französischen Besatzer. Dieser Aufstand und die Massenerschießungen nach dessen Niederschlagung, die der Maler Francisco de Goya ergreifend in zwei Gemälden dargestellt hat, bildeten den Auftakt zum spanischen Unabhängigkeitskrieg (1808–1814), der Hunderttausende das Leben kosten sollte.

Unabhängigkeitskrieg, Liberalismus und Reaktion

Im Februar 1808 überschritt ein französisches Heer unter dem Kommando des Generals Graf Guillaume Duhesme die katalanischen Pyrenäen. Nach der Einnahme der Festung von Figueres drangen die Truppen bis nach Barcelona vor und konnten die Festungsanlage von Montjuïc übernehmen. Von hier aus gelang es ihnen allerdings zunächst nicht, weiter südlich vorzustoßen. Die französische Niederlage von El Bruc im Juni 1808 steht in der katalanischen Geschichtstradition symbolisch für den Selbstverteidigungswillen der Katalanen gegenüber dem Eindringling. Die französischen Truppen konnten somit zunächst lediglich einen etwa fünfzig Kilometer breiten Streifen entlang der Einfallsschneise sichern. In einer Vielzahl von Dörfern und kleinen Städten bildeten sich nun katalanische Bürgerwehren (*sometents*). Darüber hinaus entstanden unter der Führung von Adligen, Offizieren oder kirchlichen Würdenträgern eine Reihe von Juntas, die lokale militärische Aktionen koordinierten. Als übergeordnete Instanz und analog zur Organisation des Widerstandes in anderen Gegenden Spaniens wurde im August 1808 wiederum die *Junta Superior de Gobierno del Principado de Catalunya* geschaffen. Diese agierte im eigenen Befehlsbereich unabhängig und übernahm sämtliche Aufgaben wie die Ausrüstung der Truppen, die Abgabenerhebung oder Geldemission, die zur Fortsetzung des Kampfes notwendig waren. Zur spanienweiten Koordination der militärischen Operationen und zur Verteidigung der Rechte von Ferdinand VII. (1808/1814–1833), der in Gefangenschaft vermutet wurde, entstand wiederum die *Junta Suprema Central*, die zunächst in Madrid residierte, bevor sie mit dem Vormarsch französischer Truppen nach Sevilla und schließlich ins an der Südspitze Spaniens gelegene Cádiz auswich. Diese Küstenstadt stand von See her unter dem Schutz englischer Kriegsschiffe.

Der militärische Widerstand fand meist nicht auf offenem Feld statt, sondern wurde durch kleine bewaffnete Einheiten aus dem Hinterhalt ausgeübt – ein Kleinkrieg, der seitdem als Guerilla bezeichnet wird und den französischen Besatzern schwer zu schaffen machte. Um der Lage in Katalonien Herr zu werden, sah sich Napoleon gezwungen, die dortige militärische Präsenz massiv zu verstärken. So konnten die Franzosen Ende 1809 zunächst die lange belagerte Stadt Girona einnehmen. Im Jahr darauf fiel Lleida und 1811 schließlich auch Tortosa und Tarragona. Damit war das gesamte Prinzipat unter französische Kontrolle geraten. Der Widerstand und die Guerillaangriffe wurden allerdings fortgeführt, so dass die französischen Besatzer trotz einer klaren Überlegenheit nie die vollständige Kontrolle über das Prinzipat besaßen. Auf beiden Seiten kam es weiterhin zu grausamen Exzessen, und Katalonien hatte wieder einmal besonders unter der französischen Besatzung zu leiden, da in dieser Region während nahezu des gesamten Krieges Truppenbewegungen und Kampfhandlungen stattfanden. Auch die Kontinentalsperre erwies sich als außerordentlich schädlich für die katalanische Wirtschaft. Große Teile des Handels verlagerten sich während der Besetzung Barcelonas nach Tarragona und später auf die Balearen, die unter britischem Schutz standen. Dort trafen auch Tausende von Flüchtlingen aus Katalonien ein. 1812 herrschte in Katalonien zu allem Übel auch noch eine verheerende Hungersnot.

Napoleon hatte aber im Rahmen der von ihm angestrebten Neuordnung Europas zudem besondere Begehrlichkeiten in Katalonien: Anfang 1812 wurde das Prinzipat kurzerhand in den französischen Staatsverband eingegliedert. Die Zivilverwaltung der auf diese Weise entstandenen vier neuen französischen Departements sollte allerdings vor dem Hintergrund des Krieges und angesichts der Erfordernisse der militärischen Besatzung nie richtig zur Entfaltung kommen. Zur Stabilisierung ihrer Herrschaft versuchten die Franzosen aber auch, an das historische Bewusstsein der Katalanen zu appellieren, und setzten dabei gezielt die katalanische Sprache ein. Bezeichnenderweise entstand in dieser Zeit aus der Feder von Josep Pau Ballot im französisch besetzten Barcelona die erste Grammatik der katalanischen Sprache. Mit der vernichtenden Niederlage Napoleons in Russland (1812) hatte der selbstgekrönte Kaiser seine militärische Schlagkraft schließlich jedoch weitgehend verloren und wurde gezwungen, große Truppenteile aus der Iberischen Halbinsel abzuziehen, um andere Frontabschnitte zu verstärken. Damit gerieten die Einheiten Napoleons, denen das englische Expeditionsheer unter Arthur Wellington schwer zu schaffen machte, in die Defensive. Nach einer vernichtenden Schlacht im Juni 1813 wurde der schrittweise Rückzug aus Spanien unausweichlich. Im März 1814 räumte Marschall Suchet nach sechs Besatzungsjahren die Stadt Barcelona. Kurze Zeit später verließen die letzten französischen Einheiten die Iberische Halbinsel.

Der Unabhängigkeitskrieg hatte sich nicht allein gegen den äußeren Feind gerichtet. Vielmehr gerieten in Spanien auch die Grundlagen des *Ancien Régime* ins Wanken. Die erwachten Kräfte des bürgerlichen Liberalismus ergriffen die Gelegenheit, um sich gegen eine als überkommen wahrgenommene Gesellschaftsordnung zu wenden. Doch wenn die Widerstandsbewegung auch von unteren sozialen Schichten mitgetragen wurde und sich Plünderungen aufgrund sozialer Missstände abspielten, folgte keine allgemeine Revolte ähnlich der, die Frankreich 1789 erfasst hatte. Vielmehr wurde 1810 eine verfassunggebende Versammlung aus allen

Teilen des spanischen Reiches unter Einschluss der Kolonien nach Cádiz einberufen, zu der auch die katalanische Junta Deputierte entsandte. Hier traten die Vertreter Kataloniens mit einer diffusen Forderung nach Wiederherstellung der alten Rechte und der Selbstverwaltung in Erscheinung, doch die Kräfte des in Cádiz versammelten Liberalismus ließen keinen Raum für föderalistische Tendenzen. Die damals von einem katalanischen Deputierten vorgetragene These, dass sich die spanische Nation aus einer Vielzahl von Nationen zusammensetze, blieb ohne Widerhall. Wenngleich die Mitte März 1812 schließlich verabschiedete Verfassung keine föderalen Elemente enthielt, stellte sie einen Meilenstein in der spanischen Verfassungsgeschichte dar: Die Souveränität der Nation ging nun nicht mehr vom Monarchen, sondern vom Volk und seinen Repräsentanten aus, denen auch erstmals Gesetzgebungskompetenzen übertragen wurden. Gewaltenteilung, persönliche Freiheiten und die Gleichheit vor dem Gesetz machten die Verfassung von Cádiz zu einer der fortschrittlichsten ihrer Zeit.

Mit der Rückkehr von König Ferdinand VII., der im Mai 1814 die französisch-katalanische Grenze bei La Jonquera überschritt und als «Ersehnter» in einem zwei Monate dauernden Triumphzug in Madrid einzog, fand allerdings das liberale Intermezzo ein jähes Ende. Entgegen früheren Zusicherungen weigerte sich Ferdinand, die Verfassung anzuerkennen, und löste kurzerhand die Versammlung von Cádiz auf. Damit erfolgte analog zu den Vorgängen, die nach dem Wiener Kongress auch in anderen Königreichen Europas stattfanden, eine Rückkehr zur absolutistischen Monarchie. Die Konflikte zwischen den Anhängern des *Ancien Régime* und denen des Liberalismus sollten die folgenden Jahrzehnte über das Land erschüttern. Gerade in Katalonien prallten nun die Kräfte des «Fortschritts» und die der «Reaktion» in besonders heftiger Weise aufeinander: Während der Liberalismus in einem vor allem rural geprägten katalanischen Hinterland keine allzu starke Verwurzelung hatte und dieses vielmehr zu einer Hochburg der Traditionalisten werden sollte, hatte sich in den katalanischen Städten eine besonders starke bürgerliche Gesellschaft entwickelt, die für die «Ideen des Fortschritts» eintrat.

Ferdinand VII. ging mit aller Härte gegen seine Gegner vor, und die Liberalen konspirierten nun im Verborgenen gegen das System. Zu ihrer Partei zählten vor allem Heerführer, die im Unabhängigkeitskrieg zu Ruhm und Ehren gekommen waren, aber bei den Streitkräften Ferdinands nicht weiter gebraucht wurden. So brachen in den folgenden Jahren an unterschiedlichen Orten eine Reihe militärischer Erhebungen aus. Eine davon ereignete sich in Barcelona (1817) unter der Führung von Luis de Lacy, einem jungen katalanischen Heerführer aus dem Befreiungskrieg. Sie scheiterte allerdings an der mangelnden Entschlossenheit der Eingeweihten. Lacy wurde festgenommen und hingerichtet. Die am Neujahrstag 1820 unter dem Heerführer Rafael de Riego von Cádiz ausgehende Rebellion (wo Truppen widerwillig auf die Einschiffung zum Krieg in den aufständischen Kolonien warteten) sollte schließlich zum Erfolg führen und das sogenannte «liberale Triennium» einläuten. Wenngleich die Person des Monarchen nicht angetastet wurde, wurde Ferdinand VII. gezwungen, auf die Verfassung von 1812 zu schwören und eine Reihe von Dekreten zu erlassen, die vor allem gegen den Kirchenbesitz und die standesherrliche Ordnung gerichtet waren. In Barcelona wurde das Gebäude des Inquisitionstribunals überfallen und geplündert, und die liberal eingestellte Bevölkerung unterstützte lauthals den politischen Wechsel, der über eine breite vom Bürgertum angeführte soziale Basis zu verfügen schien. In Katalonien hatten die Maßnahmen zur Abschaffung der standesherrlichen Rechte große Auswirkungen, da etwa vierzig Prozent der katalanischen Dörfer nach wie vor an den Adel oder die Kirche gebunden waren. Eine Enteignungswelle traf zudem eine Vielzahl von kleineren Klosteranlagen, deren Verkaufserlöse in die spanische Staatskasse flossen. Von einhundertsechsundsiebzig katalanischen Klöstern blieben auf diesem Weg nur noch neunzig übrig.

Im Sommer 1822 kam es wiederum zu einem Versuch der Royalisten, die in Toulouse zu einer Verschwörung zusammengefunden hatten, das liberale Regime zu stürzen und die absolutistische Herrschaft wiederherzustellen. Im katalanischen Seu d'Urgell wurde mit Unterstützung der örtlichen Bevölkerung ein Regentschaftsrat zur Unterstützung des gefangen geglaubten Königs gebildet. Die Aufständischen erlitten allerdings im Herbst eine militärische Niederlage und mussten wieder nach Frankreich zurückweichen, während die Ortschaften, die die Royalisten aufgenommen hatten, schwere Repressalien erlebten. Im Jahr darauf erhielt Ferdinand VII. mit Hilfe der Heiligen Allianz und vor allem des französischen Königs Ludwig XVIII. im «Feldzug der hunderttausend Kinder vom heiligen Ludwig», dem die Liberalen nichts entgegenzustellen vermochten, schließlich doch noch seine absolutistische Stellung zurück. Barcelona, das in diesem Krieg eine Bastion des Liberalismus geblieben war, musste nach dem Sieg der Royalisten im November 1823 ebenfalls kapitulieren. Eine Emigrationswelle schwemmte Tausende von Liberalen vor allem nach England.

Trotz dieser Rückkehr zum Absolutismus bildete sich eine Sammlungsbewegung reaktionärer Kräfte um die Person von Kronprinz Karl, dem Bruder des Königs. Den Traditionalisten war die Haltung von Ferdinand VII. zu moderat, zumal dieser nach seiner Rückkehr zur Macht aus politischer Opportunität heraus die Inquisition nicht wieder eingeführt hatte. Sie forderten die Rückkehr zu einer theokratischen Herrschaft, bei der die Lehre der katholischen Kirche die ideologische Grundlage allen Handelns bilden sollte. In diesen Zusammenhang wird der Aufstand royalistischer Soldaten in Katalonien (*Revolta dels Malcontents*) im Frühjahr 1827 gestellt, die nach der Niederwerfung des liberalen Regimes aus dem Dienst geschieden waren und sich mit der sozialen Lage, in der sie sich befanden, nicht abfinden wollten. Wenngleich der König durch das Angebot von Straffreiheit die Wogen zu glätten versuchte und Kronprinz Karl sich von der Erhebung distanzierte, breitete sich diese aus, und die Aufständischen übernahmen die Kontrolle über weite Teile des katalanischen Hinterlandes. Die Dramatik der Situation nötigte Ferdinand, sich nach Barcelona zu begeben (auch um wieder einmal kursierenden Gerüchten über seine Gefangennahme entgegenzutreten). Der König hielt sich dort über ein Jahr auf, bis er schließlich Herr der Lage war und die Erhebung niedergerungen wurde. Für die örtlichen Wirtschaftsinteressen erwies sich dieser Aufenthalt allerdings als vorteilhaft, konnte doch der Monarch dafür gewonnen werden, protektionistische Maßnahmen zum Schutz der katalanischen Baumwollindustrie zu erlassen und Barcelona die Rechte eines Freihafens zu gewähren.

Traditionalisten, Fortschrittliche und Gemäßigte

Der Konflikt um die Nachfolge von Ferdinand VII. führte zum ersten von drei Bürgerkriegen, die nach seinem Bruder *Karlistenkriege* genannt werden. Diese destabilisierten und polarisierten im Verlauf des 19. Jahrhunderts ganz Spanien, erschütterten aber (neben dem Baskenland und Navarra) in besonderer Weise Katalonien. Während die Traditionalisten auf Prinz Karl setzten und diesen zum rechtmäßigen Thronerben und König ausriefen, scharten sich die gemäßigten und liberalen Kräfte um die Prinzessin Isabella, die 1833 als Tochter Ferdinands durch eine Pragmatische Sanktion im Alter von nur drei Jahren den spanischen Thron bestieg. Prinzessin Maria Christina, die ehrgeizige Mutter Isabellas und Regentin, ging aus Opportunitätsgründen ein Bündnis mit den Liberalen ein. Diese spalteten sich jedoch alsbald in zwei Lager: Die Gemäßigten (*moderados*) standen für eine pragmatisch orientierte Politik und billigten der Monarchie eine starke Position im Staat zu. Die Fortschrittlichen (*progresistas*) forderten dagegen grundlegende Reformen und die Wiedereinführung des in der Verfassung von 1812 festgeschriebenen Gedankens der Volkssouveränität. Aus dem Geist des *Progressismus* heraus brachen auch immer wieder Volksaufstände aus, vor allem in den katalanischen Städten. Beim *Karlismus* wiederum, der vom Ausland aus durch die Heilige Allianz unterstützt wurde, handelte es sich in Zeiten eines allgemeinen geistigen Aufbruchs in Europa, in denen der Freiheits- und Gleichheitsgedanke in den Mittelpunkt trat, um eine dezidiert reaktionäre Bewegung. In ihr kamen all jene zusammen, die um den Verlust des eigenen sozialen und ökonomischen Status bangten und aus diesem Grund die Wiederherstellung der idealisierten ständischen Ordnung des Mittelalters wünschten. Der Kleinadel befürchtete den Verlust der noch verbliebenen Patrimonialrechte, und der grundbesitzende Bauernstand war um den Fortbestand seines Wohlstandes besorgt. Der *Karlismus* war aber auch eine Bewegung, die Handwerker mobilisierte, die die soziale und ökonomische Dynamik des anbrechenden Industriezeitalters und die Aufhebung der Zunftordnungen als Bedrohung empfanden. Entsprechend zerstörten karlistische Einheiten bei ihren militärischen Operationen auch gezielt die neuen Fabriken, in denen sie eine Gefährdung der traditionellen Wirtschaftsformen sahen. Der Klerus fürchtete wiederum um seine Pfründe und sein soziales Prestige und erblickte im Liberalismus die Vorboten des Antichristen. Mit der Forderung einer Unterordnung allen politischen und sozialen Handelns unter die Doktrin der Kirche strebte der *Karlismus* schließlich nicht nur danach, das *Ancien Régime* wiederherzustellen, sondern verfolgte vielmehr die Etablierung einer Gottesherrschaft auf Erden. In Katalonien fand diese Bewegung vor allem Zulauf in den ländlichen Gegenden im Hinterland, die von einer fortschreitenden Verarmung betroffen waren, während die reicheren und wirtschaftlich fortschrittlicheren Gegenden das liberale Gegengewicht bildeten.

Der erste *Karlistenkrieg* (1833–1840) betraf zunächst das Baskenland und Navarra, weitete sich aber in unterschiedlicher Intensität rasch auf die Nordhälfte der Iberischen Halbinsel aus. Alsbald dominierten die *Karlisten* das katalanische Hinterland. Allerdings gelang ihnen nicht, die Machtzentren zu übernehmen und damit das politische System zu stürzen. Gleichzeitig erwies sich allerdings der Staatsapparat als weitgehend handlungsunfähig und nicht in der Lage, des Aufstands Herr zu werden. Vielmehr brachen in der Folge auch noch liberale revolutionäre Aufstände in den Städten aus. In Katalonien, wo die liberale Revolution besonders großen Zulauf hatte, entstanden Juntas, die

die Kontrolle über die Verwaltung übernahmen. Die Zentralregierung war gegenüber dieser Entwicklung machtlos. Ihr Wirkungsraum reichte nicht aus, um die eigene Autorität durchzusetzen. Währenddessen wütete im Hinterland der Krieg, dessen Brutalität die Zivilbevölkerung nicht verschonte und ganze Dörfer auslöschte. Die durch den Bürgerkrieg aufgeheizte Stimmung führte wiederum spanienweit zu antiklerikalen Gewaltausbrüchen, die die politischen Kräfte weiter polarisierten. In Katalonien richtete sich die Gewaltwelle in der zweiten Julihälfte 1835 vor allem gegen Klöster. Die Mönche wurden nicht nur als Repräsentanten einer überkommenen Gesellschaftsordnung wahrgenommen, sondern darüber hinaus als Agenten des *Karlismus* verdächtigt. Die Übergriffe nahmen in Reus, damals die zweitgrößte Stadt in Katalonien, ihren Ausgang und breiteten sich rasch im Umland von Tarragona aus. Wenige Tage später erreichten sie Barcelona. Hier wurden fünf Klöster in Brand gesteckt und weitere neun geplündert. Bis Ende August hatten sich die Pogrome auf das gesamte Prinzipat ausgeweitet, insgesamt einige Dutzend Tote gefordert und zu einer massiven Flucht von Klerikern aus den betroffenen Gegenden geführt. Den Aufständen fielen aber auch Repräsentanten der Zentralregierung zum Opfer, etwa der zur Befriedung der Stadt entsandte General Guillermo Bassa, der im August 1835 ermordet und dessen Leichnam durch die Straßen von Barcelona geschleift wurde.

Montserrat

Das Benediktinerkloster Santa María de Montserrat, dessen Ursprünge auf das Jahr 888 zurückgehen, ist nicht nur das wichtigste Zentrum der katalanischen Marienverehrung, sondern darüber hinaus ein Symbol für Katalonien. Zunächst eine Zweigstelle des Klosters Ripoll und mit einer wechselvollen Geschichte, die in der Säkularisierung und Auflösung der Abtei im Jahr 1835 mündete, wurde Montserrat nach der Neugründung im Jahr 1844 und dem Wiederaufbau der zerstörten Anlage zum wichtigsten geistlichen und kulturellen Zentrum Kataloniens. 1881 wurde die Madonna von Montserrat durch

Papst Leo XIII. zur Schutzpatronin Kataloniens erhoben. Während des Bürgerkrieges (1936–1939) verhinderte die *Generalitat* die Plünderung und Zerstörung der Anlage, wenngleich damals dreiundzwanzig Mönche ums Leben kamen. In den Jahren der Franco-Diktatur wurde Montserrat wiederum zu einem Zentrum des kulturellen und politischen Widerstandes, der mit den kritischen Erklärungen des Abtes Aureli Escarré gegenüber der französischen Tageszeitung *Le Monde* im Jahr 1963 einen ersten Höhepunkt erlebte.

Aufgrund des revolutionären Drucks kam die *gemäßigte* Regierung im Spätsommer 1835 schließlich zu Fall. Mit der Übernahme der Regierung durch die *Progressisten*, der Verabschiedung einer neuen liberalen Verfassung und der Ankündigung von Reformen verschwand auch der revolutionäre Druck in den Städten. Die vorangegangenen antiklerikalen Ausschreitungen hatten wiederum den Boden für die unter Juan Álvarez Mendizábal zur Stabilisierung des Staatshaushalts und Finanzierung des Krieges im Jahr 1836 verfügte flächendeckende Auflösung von Klöstern bereitet. Das Eigentum der Kirche ging an den Staat, und dieser bot die Grundstücke sukzessive zum Verkauf an. Auch der Adel sah sich von den liberalen Reformen betroffen, als im August 1837 die Patrimonialrechte endgültig aufgehoben wurden, ohne dass dabei allerdings die Eigentumsverhältnisse am Grund und Boden berührt wurden. Als der Gegenkönig Karl V. an der Spitze eines Heeres ab 1837 in die Kämpfe in Katalonien eingriff, erreichte wiederum die karlistische Bewegung in diesem Krieg ihren Zenit. Währenddessen übernahmen in Madrid die *Gemäßigten* wieder die Regierung, was nicht nur zu einem Ende der Umsetzung der Reformen, sondern auch zu Repressionsmaßnahmen gegen *Progressisten* führte. Viele flohen ins Exil. In Katalonien entstand angesichts der Härte der Kämpfe ein Militärregime. Schrittweise gelang es schließlich den Regierungstruppen, die Lage unter Kontrolle zu bekommen: In der «Umarmung von Vergara» (1839) zwischen dem karlistischen General Rafael Maroto und General Baldomero Espartero fand der Aufstand einen ersten Abschluss, der allerdings von den *Karlisten* im Prinzipat nicht akzeptiert wurde. Erst die Konzentration der frei gewordenen militärischen Kräfte in Katalonien brachte auch hier die Entscheidung. Nach der Schlacht von Peracamps (1840) mussten sich die karlistischen Einheiten unter dem als «Tiger des Maestrazgo» bekannten General Ramón Cabrera in den Norden zurückziehen. Sechstausend Mann überquerten schließlich im Juli 1840 die Grenze nach Frankreich.

Auch nach Beendigung des ersten *Karlistenkrieges* kam das Land innenpolitisch nicht zur Ruhe. So gingen die Auseinandersetzungen zwischen den verschiedenen politischen Fraktionen weiter, wobei die Regentin in ihrem Bestreben, die Macht der Krone zu sichern, die *Gemäßigten* entschieden begünstigte. Aufgrund dieser Patronage sowie aus dem Umstand heraus, dass sich die politische Partizipation durch einen strikten Wahlzensus und systematische Wahlmanipulationen auf eine kleine soziale Elite reduzierte, erfolgten die (ohnehin immer nur vorübergehenden) Machtübernahmen der *Fortschrittlichen* stets nur durch militärische Erhebungen oder Volksaufstände, die periodisch das System erschütterten. *Gemäßigte* wie *Fortschrittliche* setzten sich ihrerseits darüber hinaus zusammen aus einem bunten Spektrum politischer Gruppen, die unterschiedliche Interessen verfolgten, was zu einer raschen Aufeinanderfolge kurzlebiger Regierungen führte. Der nahezu unaufhörliche Kriegs- und Ausnahmezustand führte wiederum zu einer Vermengung militärischer und politischer Kräfte und damit zu einer hohen Politisierung des Offizierskorps: Die Anführer gemäßigter wie radikaler politischer Gruppierungen waren für gewöhnlich auch ranghohe Offiziere, die einander in der Machtausübung abwechselten. Generäle wie Baldomero Espartero, Ramón María Narváez und Leopoldo O'Donnell prägten die gesamte Regierungszeit von Königin Isabella (1833–1868). Inmitten dieser instabilen Zeit war das öffentliche Leben in Katalonien aufgrund des hier besonders radikal auftretenden Liberalismus und der großen Präsenz des *Karlismus* stärker als anderswo durch die Bündelung der Macht in den Händen der Militärbefehlshaber geprägt. Die militärische Repression war während der Herrschaft *gemäßigter* Regierungen besonders hart, erfolgte aber auch in Zeiten, in denen die *Progressisten* an der Macht waren. So schreckte General Espartero nicht davor zurück, die Stadtregierung von Barcelona im Jahr 1841 nach Unruhen abzusetzen. Im Jahr darauf ließ er die Stadt mit Kanonen beschießen, um eine Erhebung sozialen Ursprungs zu unterdrücken. Im Jahr 1850 waren im Prinzipat, wo nicht einmal zehn Prozent der Bevölkerung Spaniens lebten und das etwa sechs Prozent des Territoriums stellte, über ein Viertel der gesamten spanischen Streitkräfte konzentriert.

Der zweite *Karlistenkrieg* (1846–1849) beschränkte sich nahezu ausschließlich auf Katalonien und hier wieder einmal vor allem auf die ärmeren Gegenden im Hinterland. Dieser Konflikt, der auch als *guerra dels matiners* bekannt ist, hatte zunächst soziale Ursachen: Bewaffnete Landarbeiter, die unter erbärmlichen Umständen lebten, erhoben sich im September 1846, um sich gegen die drückende Abgabenlast aufgrund eines neuen Besteuerungssystems, das vor allem Konsumgüter betraf, und gegen die Einführung eines sechsjährigen Militärdienstes zu wehren, von dem sich wohlhabende Bürger für einen Geldbetrag, der sich in etwa auf das Jahresgehalt eines Landarztes belief, freikaufen konnten. Nachdem diese Erhebung zunächst mit Gewalt weitgehend niedergeschlagen werden konnte, erhielt sie neue Nahrung, als mit der im Oktober 1846 erfolgten Heirat Königin Isabellas mit Francisco de Asís von Borbón die Hoffnungen des neuen karlistischen Thronprätendenten auf eine Vereinigung beider dynastischen Linien und damit auf die Krone Spaniens zunichte wurden. Die Kämpfe flammten in der Folge wieder auf und beinhalteten nun auch dynastische Aspekte. In diesem Krieg äußerte sich aber vor allem der Unmut gegen das liberale System, als Reaktion auf die sich etablierende bürgerliche Gesellschaftsordnung und die Industrialisierung, durch die Teile der Landarbeiterschaft und des Handwerks in eine schwere Subsistenzkrise gerieten.

Ungeachtet dieser Krisen erfolgte gleichzeitig der dezidierte Ausbau des modernen Verwaltungsstaates. Nach der ersten grundlegenden Reform der territorialen Gliederung unter Joseph Bonaparte wurden nun weitere Anläufe unternommen, die Verwaltungsstrukturen zu zentralisieren, zu vereinheitlichen und effizienter zu gestalten. Im Jahr 1822 fand hierzu ein erster Ansatz statt, der allerdings nicht realisiert wurde. Doch auf der Grundlage der damals entwickelten Pläne erfolgte 1834 die schließlich durch Javier de Burgos umgesetzte Einteilung Spaniens in neunundvierzig Provinzen, die im Wesentlichen bis heute Bestand hat. Dabei blieben zwar die historischen Außengrenzen des Prinzipats gewahrt, mit der Schaffung von vier Verwaltungseinheiten, in deren Zentrum jeweils die Provinzhauptstädte Barcelona, Lleida, Girona und Tarragona standen, wurde allerdings keine Rücksicht auf historisch gewachsene Räume genommen, so dass in Katalonien wie andernorts das Wehklagen über die «künstliche Zerstückelung» des Landes groß war. Diese von Madrid aus betriebene Zentralisierung ging aber weit über Fragen der Verwaltungsorganisation hinaus: Der spanische Zentralstaat fußte auf einem kastilischen Nationsverständnis. Dies kam auf politischer Ebene in der Besetzung der höchsten Ämter im Staat deutlich zum Ausdruck. So stammten vor allem unter den Regierungen der *Gemäßigten* nur wenige der Zivilgouverneure Barcelonas aus Katalonien, und auch innerhalb der Madrider Kabinette waren Katalanen, gemessen am Bevölkerungsanteil, deutlich unterrepräsentiert. Die fortschreitende Kastilisierung wurde auch auf sprachlicher Ebene vorangetrieben. Im Rahmen der Alphabetisierungsoffensive wurde allein das Kastilische vermittelt, und in der zweiten Hälfte des 19. Jahrhunderts verschwand das Katalanische aus den Notariatsakten und sogar aus den Pfarrbüchern.

Wie in anderen Kulturnationen Europas entstand damit auch in Spanien eine Verbindung zwischen Gesellschaft, Politik und Kultur. Zur Festigung eines spanischen Nationalbewusstseins wurde dabei die Geschichte ideologisch interpretiert. So wurde etwa der Krieg gegen die napoleonische Besatzung als nationaler Unabhängigkeitskampf gedeutet, in dem der gemeinsame Wille aller Spanier zum Ausdruck gekommen sei, die spanische Nation zu befreien. Doch anders als etwa im deutschen Kulturraum, wo sich vor allem ein Prozess hin zu einer übergeordneten deutschen nationalen Identifikation vollzog, entstand innerhalb des spanischen Staatsverbandes auch eine starke Rückbesinnung auf die historische Tradition regionaler Räume. Als Reaktion auf eine dezidierte Kastilisierungspolitik, die kaum Raum für die katalanische Tradition ließ, entwickelte sich eine Gegenbewegung. So schrieb der katalanische *Progressist* Joan Guardiola bereits im Jahr 1851: «Spanien besteht nicht aus einem einzigen, sondern aus verschiedenen Wesen. Die Politiker sollten diese Tatsache akzeptieren und ihren Ehrgeiz darauf beschränken, eine brüderliche und ehrenvolle Harmonisierung der mitunter gegensätzlichen Ambitionen unserer alten Provinzen zu erreichen, die meistens auch unterschiedliche Nationen darstellen. [...] Manch einer wird klagen, dass das eine Zerstörung der spanischen Einheit darstellt. Vielmehr ist aber dies der Schlüssel für die wahre Einheit Spaniens. Was damit zerstört wird, ist nicht die Einheit, sondern die Uniformität.» Die Romantik in ihrer Hinwendung zu den ländlichen Räumen, Traditionen und Lebensformen wandte sich wiederum ab dem zweiten Drittel des 19. Jahrhunderts dem Katalanischen als Sprache des Volkes zu. Eine solche Erscheinung entsprach einer allgemeinen Bewegung in Europa, wenngleich die kulturelle Wiederentdeckung Kataloniens untypischerweise schließlich in eine breite politische Nationalbewegung münden sollte. 1833 entstand aus der Feder von Bonaventura Carles Aribau die Ode *La Pàtria*, auf die der spätere Katalanismus Bezug nehmen sollte, da hierin erstmals eine Verbindung zwischen dem katalanischen Vaterland und der katalanischen Sprache hergestellt wurde. Die Rückbesinnung auf das idealisierte Gemeinwesen des Mittelalters wiederum führte zu einer Wiederentdeckung der eigenen Geschichte und der eigenen Verfassungstraditionen.

Dieser ab den 1840er Jahren einsetzende Prozess des Erwachens der eigenen kulturellen und sprachlichen Identität wird als

Renaixença bezeichnet. Die Ausgangssituation war allerdings im Angesicht der Sogwirkung des mächtigen kastilischen Kulturraumes nicht günstig. Zu dieser Zeit war der Gebrauch der katalanischen Sprache bereits stark in den Hintergrund getreten und nur noch in ländlichen Regionen allgemein üblich. Entsprechend konnten weder katalanisches Schriftgut noch die gesprochene Sprache zunächst einem gehobenen Anspruch genügen. Tageszeitungen und Bücher, die sich an das Bildungsbürgertum richteten, erschienen alle auf Kastilisch. Daher wurde im Rahmen der *Renaixença* nicht nur die Rückgewinnung, sondern vor allem auch die Weiterentwicklung des Katalanischen als Schriftsprache aktiv betrieben. In der Praxis hieß das zunächst, dass zwischen der einfachen Gebrauchssprache und den alten schwer zugänglichen, kunstvollen mittelalterlichen Texten eine Brücke geschlagen werden musste. Aufgrund der Probleme, die eine zeitgemäße Verschriftlichung des Katalanischen aufwarf, erfolgten die ersten Schritte hierzu in der ohnehin stark rhetorisch orientierten Lyrik. In Anknüpfung an die mittelalterlichen Dichterwettbewerbe entstanden ab 1859 die *Jocs Florals*. Die Wettbewerbe fanden in drei thematischen Kategorien statt: *Liebe*, *Vaterland* und *Glaube*. Eine Blume war der Ehrenpreis für das schönste Liebesgedicht. Der Autor der gelungensten patriotischen Zeilen erhielt eine goldene Wildrosenblüte, während ein goldenes Veilchen für die beste spirituelle Dichtung überreicht wurde. Die Verwendung des Katalanischen rückte in die öffentliche Wahrnehmung und erhielt damit unweigerlich eine politische Konnotation. Auch katalanische Theatervorstellungen erfreuten sich großer Beliebtheit. Nur schleppend etablierte sich indes die Nutzung des Katalanischen als Sprache der Prosa oder gar der Wissenschaft. Erst mit dem sogenannten Silbernen Zeitalter der spanischen Literatur im letzten Drittel des 19. Jahrhunderts erfuhr die katalanische Prosa einen Aufschwung. Mit zeitlicher Verzögerung schlossen sich auch andere Gegenden des katalanischen Kulturraumes wie Valencia oder die Balearen dieser kulturellen Bewegung an, auch wenn dort keine mit Katalonien vergleichbare Wirkung und Politisierung damit verbunden waren.

Das neue katalanische Selbstbewusstsein blieb nicht ohne Widerhall. So schrieb rückblickend im Jahr 1864 ein ehemaliger Zivilgouverneur von Barcelona: «Die Katalanen sind von hochmütiger Selbstherrlichkeit. Dies liegt zum einen an der geographischen Lage Kataloniens am Rande der spanischen Halbinsel. Zum anderen sind die Katalanen davon überzeugt, dass sie eine höhere Kultur besitzen als das übrige Spanien. Schließlich erinnern sie sich an ihre Macht als unabhängige und kämpferische Nation, deren Leistungen Europa einst in Staunen versetzten. Diese Selbstherrlichkeit zeigt sich bei allen Katalanen: Die unteren Schichten neigen zu Aufständen und Meutereien, während die mittleren und höheren dazu tendieren, sich vom Hof fernzuhalten und auf ihre eigenen Mittel zu verlassen.»

Industrialisierung

Während Spanien in den ersten zwei Dritteln des 19. Jahrhunderts deutlich hinter die wirtschaftliche Entwicklung in Europa zurückfiel, konnte sich die katalanische Wirtschaft, vor allem die Textilindustrie, trotz der vielen Unruhen, politischen Krisen und Bürgerkriege weiter entfalten. 1832 wurde in Barcelona in einer Baumwolle verarbeitenden Fabrikanlage die erste Dampfmaschine in Betrieb genommen. Damit begann das Industriezeitalter in Katalonien, und die katalanische Textilindustrie entwickelte sich nun rasch zum mit Abstand fortschrittlichsten Sektor der spanischen Industrie: Gegen 1864 vereinigte sie etwa vierzig Prozent des gesamten spanischen Industriekapitals. Andere Industriezweige, die sich in dieser frühen Industrialisierungsphase im Aufwind befanden und in denen Katalonien ebenfalls eine Vorreiterrolle einnahm, waren die mechanisierte Papierindustrie, die Weinbrandherstellung und die Korkverarbeitung, denn während es in ganz Spanien im Verlauf des 19. Jahrhunderts zu einer dramatischen weiteren Abholzung von Wäldern kam, wurden gerade Korkeichen (insbesondere im Hinterland der Costa Brava) aufgrund ihrer wirtschaftlichen Verwertbarkeit intensiv gepflegt. Die Entwicklung einer Hütten- und metallverarbeitenden Industrie, die in anderen Gegenden Europas ein wichtiger Pfeiler der industriellen Expansion war, blieb allerdings aufgrund der auf die Pyrenäenregion beschränkten vergleichsweise kleinen Eisenerzvorkommen und in Ermangelung von Kohlevorkommen unterentwickelt. So erfuhr auch der Maschinenbau trotz einzelner Anfangsversuche keine besondere Entfaltung. Auch der Schiffsbau auf der Grundlage moderner Stahlkonstruktionen erwies sich wegen fehlender eigener Rohstoffe als nicht konkurrenzfähig. Aufgrund der Tatsache, dass in Katalonien Kohle als Energieträger zum Antrieb von Dampfmaschinen kostenaufwändig importiert werden musste, entfaltete sich die Industrialisierung zudem in besonderem Maße innerhalb der Rahmenbedingungen, die die katalanischen geographischen Gegebenheiten boten: So siedelten sich die Fabriken einerseits in Küstennähe an, um die Transportwege für die importierte Kohle möglichst kurz zu halten. Andererseits aber entstanden vor allem Fabrikanlagen entlang der Flussläufe, insbesondere an den Ufern des Llobregat und seinen Zuläufen im Hinterland von Barcelona, um die Wasserkraft zum Antrieb von Turbinen zu nutzen.

Die Freiheits- und Gleichheitspostulate des Liberalismus sollten sich für breite Bevölkerungsschichten als Trugbilder erweisen. In einer kapitalistischen Gesellschaft deckten sich die Interessen des Bürgertums nicht mit denen der Arbeiterschaft. Eine zunehmend schwierige Situation für diese ergab sich auch dadurch, dass aufgrund eines weiteren Rückganges der Kindersterblichkeit ein starker Schub im Bevölkerungswachstum einsetzte. Damit entstand ein großes Angebot an Arbeitskräften, die zu einem guten Teil nicht mehr in der Landwirtschaft ihr Auskommen fanden und in die entstehenden Industriezentren zogen. Hier wiederum waren sie gezwungen, zu sich kontinuierlich verschlechternden Bedingungen Arbeit anzunehmen. Dementsprechend wurden die Lebensbedingungen des rapide anwachsenden Industrieproletariats immer schwieriger und führten alsbald zu ersten Protestbewegungen. Bereits 1835 fiel die Baumwollfabrik Bonaplata Maschinenstürmern zum Opfer, die damit blindwütig auf die Vernichtung von

Arbeitsplätzen als Folge der Ersetzung der menschlichen Arbeitskraft durch Maschinen reagierten. Im Jahr 1854 wiederum fanden (nach einer vorübergehenden politischen Liberalisierung) erste Streiks in katalanischen Städten statt. Im Jahr darauf kam es in Barcelona sogar zu einem Generalstreik, der von Unruhen und Brandstiftungen in Fabriken begleitet und nach Ausrufung des Kriegsrechts mit harter Hand (bei bis zu fünfhundert Toten) niedergeschlagen wurde. Aufstände der Arbeiterschaft wurden nicht als soziale Probleme eingestuft, sondern als solche der öffentlichen Ordnung und entsprechend repressiv beantwortet. Damit wurden zwar die Symptome, nicht aber die Ursachen der Probleme der Arbeiterschaft bekämpft, die eine Verbesserung der Lebensbedingungen forderte (Zehn-Stunden-Tag, Verbot von Kinderarbeit, Lohnerhöhungen).

Damit nahm Katalonien bereits Mitte des 19. Jahrhunderts eine Entwicklung, die mit der in anderen Industrieregionen Europas durchaus vergleichbar ist, während andere Gegenden Spaniens zu diesem Zeitpunkt kaum Anzeichen einer Industrialisierung aufwiesen. Als begünstigender Faktor, der trotz der bestehenden negativen Rahmenbedingungen zur Industrialisierung Kataloniens beigetragen hat, wird die relativ frühe Existenz von Mittelschichten gesehen, die aufgrund ihrer wachsenden Kaufkraft in einem sich diversifizierenden und expandierenden Produktionsprozess auch die Grundlagen für einen überproportionalen Konsum bildeten. In anderen Gegenden Spaniens war die Eigentumsverteilung viel ungleicher gewesen, so dass keine breiten Absatzmärkte für Konsumprodukte bestanden. Die Enteignung und der Weiterverkauf des Grund- und Immobilienbesitzes der Kirche sowie ab 1855 von Gemeindeland (die schubweise in den Regierungsperioden der *Progressisten* vorangetrieben wurden) führten zu einer weiteren Umschichtung der Besitz- und Vermögensverhältnisse, von der die aufstrebenden bürgerlichen Schichten profitierten. Dabei war die Enteignungsmasse in Katalonien aber vergleichsweise klein, womit die strukturellen Folgen zudem überschaubar blieben und keinesfalls die Ausmaße annahmen, die in der Südhälfte Spaniens mit einer gewaltigen Akkumulation von Landbesitz zu verzeichnen waren. In der Provinz Tarragona stammten aber immerhin über drei Viertel des investierten Kapitals von lediglich drei Prozent der Personen, die sich an den Versteigerungen beteiligten. Die überwiegende Mehrzahl investierte indes nur geringe Kapitalmengen: Drei Viertel der Käufer kamen zusammen gerade einmal auf vier Prozent des Gesamtvolumens. Bei diesen Kleinanlegern handelte es sich vor allem um Bauern, die die Gelegenheit nutzten, um das Eigentum an ihren in Erbpacht bewirtschafteten Flächen durch Zahlung einer einmaligen Ablöse, die sich am Ertrag der Fläche orientierte, zu übernehmen und damit ihre soziale Lage zu stabilisieren. Gleichzeitig hatten die untersten Bevölkerungsschichten aber wieder einmal unter den Folgen dieser Eigentumsumschichtung zu leiden. Dabei handelte es sich zum einen um jene Bauern, die nicht in der Lage waren, den von ihnen bewirtschafteten Grund und Boden zu erwerben, und unter den neuen Eigentümern oftmals schlechter gestellt waren. Zum anderen verloren durch die Enteignung des Gemeindelandes viele Menschen in den Kommunen ihre Existenzgrundlage. In den großen Städten sollte die Säkularisierung von Kirchenbesitz besonders sichtbar werden, als in zentraler Lage befindliche Klosteranlagen eine neue Nutzung erfuhren oder einer urbanistischen Umgestaltung weichen mussten: Der in Barcelona an der Rambla gelegene Mercat de la Boquería etwa entstand an der Stelle, an der die Klosteranlagen Santa María de Jerusalem und Sant Josep gestanden hatten. Auf dem Grund der gotischen Klosteranlage Santa Caterina, die 1835 in Brand gesteckt und zwei Jahre später abgerissen wurde, steht heutzutage ebenfalls eine Markthalle. Sogar die beiden großen Konzerthäuser Barcelonas, das Liceu und der Palau de la Música Catalana, wurden an Stellen errichtet, an denen zuvor Klöster gestanden hatten.

Der Modernisierungsschub war in Katalonien vor allem auch durch die dramatischen Veränderungen bedingt, die das Transportwesen erfuhr. Im Jahr 1848 wurde auf einer Strecke von knapp dreißig Kilometern entlang der Küste zwischen Barcelona und Mataró die erste Eisenbahnverbindung Spaniens in Betrieb genommen. Mit der Regierungsübernahme durch die *Progressisten* im Jahr 1854 erfolgte dann auch der Startschuss zur rapiden Erweiterung des Eisenbahnnetzes. Binnen weniger Jahre war Barcelona sternförmig mit den übrigen drei katalanischen Provinzhauptstädten und darüber hinaus mit Valencia, Zaragoza und Madrid verbunden. Auch auf dem Seeweg vollzog sich mit der Einführung von Dampfschiffen eine grundlegende Veränderung, da damit die Transportzeiten und folglich die Kosten gesenkt werden konnten. Die Fahrzeit über den Atlantik verkürzte sich auf ein Viertel und war zudem aufgrund der Unabhängigkeit von den Windverhältnissen besser kalkulierbar, so dass die Segelschiffe sukzessive aus dem Hochseeverkehr verschwanden. Das bestehende innerspanische Straßennetz erfuhr ebenfalls eine grundlegende Neugestaltung, da es kaum geeignet war, den Warenverkehr zwischen dem Inland und der Peripherie zu bewältigen. So wird bis weit in die zweite Hälfte des 19. Jahrhunderts hinein von innerhalb Spaniens bestehenden unterschiedlichen Märkten gesprochen, die nicht oder kaum im Austausch miteinander standen. Selbst Grundnahrungsmittel wie Weizen wurden aus diesem Grund für den katalanischen Markt teilweise aus dem Ausland und nicht aus Kastilien importiert. Unter Königin Isabella wurde daher der Ausbau des Straßennetzes mit einem besonderen Augenmerk auf die sternförmig von Madrid ausgehenden Verbindungsstraßen zu den großen Häfen des Landes betrieben.

Da der außerkatalanische Absatzmarkt für katalanische Waren und Produkte im Wesentlichen in Spanien und (in einem geringen Maße) in den noch verbliebenen Kolonien in Übersee lag, kamen diese Modernisierungsmaßnahmen im Transportwesen der katalanischen Wirtschaft zugute. Allerdings beklagen katalanische Historiker, dass die allgemeine spanische Unterentwicklung in Bezug auf das Konsumverhalten und die Armut im Lande der industriellen Expansion Kataloniens Grenzen gesetzt habe, wodurch Katalonien den ökonomischen Anschluss an die europäischen Industrieregionen verlor. Andererseits wird allerdings darauf verwiesen, dass die katalanische Textilindustrie wie ein Cerberus über die Abschottung des nationalen Marktes wachte, um damit der ausländischen Konkurrenz nicht ausgesetzt zu sein. Dies habe aufgrund eines fehlenden internationalen Wettbewerbdrucks zu einer geringen Investitions- und Modernisierungsneigung in der katalanischen Industrie geführt, womit sie im internationalen Vergleich ins Hintertreffen geraten sei. Da sich die Interessen der katalanischen Industrie nicht mit denen der agrarisch orientierten kastilischen Eliten deckten, entstand überdies ein Konfliktpotential, das zwar sozioökonomischen Ursprungs war, aber auch die Rivalität zwischen Katalonien und Kastilien verstärkte, dabei zu kulturellen Abgrenzungsprozessen führte und im Endeffekt den katalanischen Nationalismus förderte. So wurden etwa die mit der Industrialisierung einhergehenden sozialen Unruhen von Madrid aus als ein rein katalanisches Problem betrachtet. So hieß es in *El Parlamento* angesichts des Ausnahmezustandes in Barcelona Mitte 1855: «Politisch gesehen verhält es sich mit Katalonien und Spanien wie mit Irland und England. [...] Aber wenn schon das arme Irland für das reiche Großbritannien ein Problem darstellt, ist gerade ein wohlhabendes, aber unruhestiftendes Katalonien nicht minder schädlich für das politische Gemeinwesen, dem es angehört.» Der wirtschaftliche Aufschwung Kataloniens verlief allerdings keinesfalls reibungslos: Gerade die mangelnde Binnennachfrage und die massive Spekulation im Eisenbahngeschäft führten dazu, dass die vornehmlich kleinen Eisenbahngesellschaften in eine tiefe Kapitalkrise gerieten, da das rapide entstandene Eisenbahnnetz nicht ausgelastet war und damit die Erträge der Gesellschaften hinter den Erwartungen blieben. Damit kam wiederum nicht nur der gesamte Streckenbau ins Stocken, sondern im Jahr 1866 folgte auch noch in Barcelona eine schwere Bankenkrise. Erst eine Dekade später sollte der Ausbau des Eisenbahnnetzes, diesmal vor allem mit ausländischem Kapital, wieder vorangetrieben werden und bis Ende des Jahrhunderts zu einem Abschluss kommen.

Wenngleich eine Tendenz zu einer verstärkten Abgrenzung zwischen Katalonien und Spanien wahrzunehmen war, bestand bis in die zweite Hälfte des 19. Jahrhunderts hinein zunächst noch eine allgemeine starke Identifikation mit dem spanischen Nationsbegriff. Katalanische Freiwillige kämpften innerhalb eines eigenen Verbandes im Krieg in Marokko (1859–1860), bei dem es vor allem um das nationale Prestige und Spaniens Träume von einem afrikanischen Kolonialimperium als Ersatz für die verlorenen amerikanischen Kolonien ging. Ihre Siege wurden auch in Katalonien als glorreiche nationale Leistung gefeiert. Unter den *Progressisten* wiederum befanden sich mit General Juan Prim (der einen Großteil seiner Popularität seinen Siegen im Krieg gegen den Sultan von Marokko verdankte) und Laureano Figuerola einflussreiche Katalanen, die von Madrid aus die Modernisierung des Landes tatkräftig voranzubringen versuchten. Aufgrund der politischen Marginalisierung der Reformkräfte im Land – die Kräfte und Strukturen des *Ancien Régime* erwiesen sich unter Isabella II. als außerordentlich widerstandsfähig, und ein Übergang zu einer liberalen Gesellschaft wurde dabei nur in Ansätzen vollzogen – gerieten die radikalen Kräfte allerdings immer stärker in ein republikanisches und vor allem föderales Fahrwasser. General Prim stand schließlich auch an der Spitze einer Verschwörung, die er nach einer gescheiterten Erhebung Anfang 1866 vom Ausland aus fortführte. Auch die sich langsam herauskristallisierende Arbeiterbewegung war republikanisch ausgerichtet und forderte die politische Partizipation der Massen (lediglich etwa zweieinhalb Prozent der Bevölkerung hatten aufgrund eines restriktiven Wahlzensus ein Stimmrecht). Im letzten Drittel des 19. Jahrhunderts kam dann als neue politische Tonlage ein katalanischer Nationalismus hinzu. Damit entstand eine breite, aber heterogene Front, die sich gegen das isabellinische System richtete und Spanien vor allem von Katalonien aus auf eine neue Grundlage stellen wollte.

Unter der Führung der Generäle Juan Prim und Francisco Serrano sowie des Admirals Juan Bautista Topete ging im September 1868 von Cádiz schließlich eine militärische Erhebung aus, die sich gegen das politische System unter Isabella II. richtete und als «die Gloriose» (*La Gloriosa*) in die spanischen Geschichtsbücher einging. Sie fand vor dem Hintergrund der Folgen der schweren Finanz- und Wirtschaftskrise (1864–1868) statt, die innerhalb von wenigen Jahren in einer Kettenreaktion zum Bankrott vieler Kreditinstitute geführt hatte. Die Krise wurde durch eine Aufeinanderfolge dürrebedingter Missernten und daraus resultierender Preissteigerungen für Grundnahrungsmittel (vor allem Weizen) noch verschärft. Rasch bildeten sich überall in Spanien revolutionäre Juntas, und nach dem militärischen Sieg der Aufständischen gegen Regierungstruppen kollabierte das System alsbald. Königin Isabella ging bereits Ende September ins Exil nach Paris. Damit kam das Land aber noch lange nicht zur Ruhe. Vielmehr radikalisierten sich die revolutionären Kräfte, indem nun verschiedene Bewegungen auftraten, die sich gegen die provisorische Regierung wandten und auf eine Dezentralisierung der Staatsgewalt abzielten. Die Junta von Barcelona, die sich als revolutionäres Vertretungsorgan für Katalonien verstand, forderte die Abschaffung der bourbonischen Monarchie und die Einführung eines republikanischen Systems auf demokratischer Grundlage. Da sie auch soziale Reformen verfolgte, schloss sich dieser Bewegung zunächst die noch vor allem genossenschaftlich orientierte Arbeiterschaft an. Allerdings gab Ende Oktober 1868 die Junta von Barcelona schließlich doch klein bei und befolgte die Anweisung aus Madrid, sich aufzulösen. Bei den Wahlen zu den Madrider *Cortes* Mitte Januar 1869, die erstmals auf der Grundlage eines allgemeinen und gleichen Wahlrechtes für die männliche Bevölkerung über fünfundzwanzig Jahren stattfanden, wurde wiederum die republikanische Gesinnung in Katalonien erneut eindrucksvoll bestätigt: Während im Prinzipat die republikanischen Kräfte mit der Übernahme von zwei Dritteln der Abgeordnetenmandate einen überwältigenden Sieg errangen, setzten sich im restlichen Spanien mit weitem Abstand die Monarchisten durch (insgesamt errangen die Republikaner keine zwanzig Prozent der Abgeordnetenmandate). Damit kam wieder einmal die Differenz zwischen Katalonien und dem restlichen Spanien klar zum Ausdruck. Eine hohe symbolische Bedeutung hatte darüber hinaus, dass die als Sinnbild der Unterdrückung empfundene Festungsanlage *Ciutadella* im Zuge der Revolution in das Eigentum der Stadt Barcelona übergeführt und daraufhin abgebrochen wurde.

Die Verfassung vom Juni 1869, die keinen Vergleich mit anderen liberalen Verfassungen jener Zeit zu scheuen braucht, enthielt zwar weitreichende liberale Elemente wie das Prinzip der Volkssouveränität, eine klare Gewaltenteilung sowie Ansätze zu einer Trennung von Staat und Kirche, doch keinerlei föderale Elemente, wie sie von Katalonien gefordert worden waren. Zudem blieb Spanien eine Monarchie. In Katalonien, aber auch in anderen Gegenden Spaniens wie Valencia oder Andalusien kam es in der Folge zu republikanischen und föderalistischen Erhebungen, die in der zweiten Hälfte des Jahres 1869 von der Zentralgewalt niedergerungen wurden, und nach einer hindernisreichen Suche erhielt Spanien mit Amadeus von Savoyen (1870–1873) schließlich wieder einen Monarchen. Neben den politischen und sozialen Konflikten innerhalb Spaniens war der neue König noch mit einer Erhebung auf Kuba konfrontiert, die für Spanien weitreichende Konsequenzen haben sollte. Parallel sammelten sich auch wieder die Kräfte, die eine Rückkehr zu einer theokratisch begründeten Herrschaft anstrebten. Wie bereits in den vorangegangenen *Karlistenkriegen* betraf die Erhebung des Jahres 1872 vor allem das Baskenland, Navarra, das Zentralgebiet Kataloniens und die kargen südaragonesischen Landschaften. Wenngleich zunächst Anfang Mai nach einem Sieg der Regierungstruppen im Baskenland die Erhebung auf Katalonien und Teile Aragoniens beschränkt blieb, erhielt sie im Februar des darauffolgenden Jahres neuen Auftrieb. So konnten die *Karlisten* die Kontrolle über weite Teile des katalanischen Hinterlandes gewinnen. Von dort aus unternahmen sie Angriffe gegen die von Republikanern dominierten Küstengegenden. Hier kam es gleichzeitig zu bewaffneten Erhebungen aus den Reihen des föderalen Republikanismus, der die Keimzelle des politischen Katalanismus bildete. Nachdem zu dieser Zeit die historische Tradition Kataloniens bereits recht stark in das Bewusstsein der Bevölkerung gerückt war, versuchten aber auch die *Karlisten* sich das erwachende katalanische Nationalbewusstsein zu eigen zu machen, um damit eine breitere Unterstützung zu erreichen: Der Thronprätendent Karl (VII.) versprach die Wiedereinführung der Rechte, die im Jahr 1716 abgeschafft worden waren.

Auch die Arbeiterschaft trat nun unter den sorgenvollen Blicken des besitzenden katalanischen Bürgertums verstärkt in Erscheinung, nachdem sie mit der im «Revolutionären Sexennium» (1868–1874) bestandenen Vereinigungsfreiheit einen verbesserten Aktionsrahmen erhalten hatte. Die in dieser Zeit wichtigste Interessenvertretung der Arbeiterschaft war die im Jahr 1869 gegründete Gewerkschaft *Les Tres Classes del Vapor,* die für die Arbeiter in der Textilindustrie (Weber, Spinner und Färber) eintrat. Diese Organisation, die zwar gemäßigt agierte, da sie das politische System nicht grundsätzlich in Frage stellte, sondern sich vor allem für eine Verbesserung der Arbeitsbedingungen einsetzte, wurde rasch zur größten Gewerkschaftsorganisation mit bis zu achttausendfünfhundert Mitgliedern in den vielen kleinen Zentren der Textilindustrie. Bald sollten allerdings Arbeiterorganisationen die Initiative übernehmen, die nicht nur Forderungen nach verbesserten Lebens- und Arbeitsbedingungen stellten, sondern im Angesicht eines Umfeldes, das sich sozialen Reformen verschloss, darüber hinaus radikal neue Gesellschaftsmodelle entwarfen. So trat Ende 1868 mit Giuseppe Fanelli als Beauftragtem Bakunins die Erste Internationale in Spanien erstmals in Erscheinung. Wenngleich diese Vorläufer der anarchistischen Bewegung alsbald in Konflikt mit den Ordnungskräften gerieten und mit Verboten belegt wurden, hatten sie Anfang 1873 spanienweit bereits etwa dreißigtausend Anhänger, wovon drei Viertel im Prinzipat lebten. Katalonien wurde ohnehin als wichtigste Industrieregion Spaniens rasch zum Hauptzentrum der spanischen Arbeiterbewegung, und bezeichnenderweise erfuhr hier gerade der Anarchismus und weniger der Sozialismus eine starke Verbreitung und Anhängerschaft. Er strebte nicht nur danach, auf revolutionärem Weg eine klassenlose Gesellschaft zu schaffen, sondern darüber hinaus den als Grundübel der sozialen Unterdrückung wahrgenommenen Staat zu zerschlagen.

Nachdem Amadeus von Savoyen, der es nicht vermocht hatte, einen Beitrag zur politischen Stabilisierung zu leisten, bereits im Februar 1873 wieder abgedankt hatte, gelang es den Föderalisten um Francisco Pi y Margall bei Wahlen im Mai diesen Jahres, erstmals eine überwältigende Parlamentsmehrheit zu erringen. Hierzu war ausschlaggebend gewesen, dass die bisherigen Regierungsparteien nach Korruptionsskandalen, Wahlmanipulationen und Günstlingswirtschaft einen gewaltigen Vertrauensverlust hatten hinnehmen müssen und zudem das Wahlalter auf einundzwanzig Jahre herabgesetzt worden war. Die neue Regierung machte sich nun umgehend an die Aufgabe, den Staat auf eine föderale Grundlage zu stellen. Die starke Präsenz von Katalanen in der Regierung führte allerdings dazu, dass die Föderalisierung des Staates als katalanisches Unternehmen verstanden wurde und sich damit die Gegnerschaft zum Föderalismus auch als kulturell bedingte Abgrenzung von den Katalanen manifestierte. Der Regierung unter Estanislao Figueras gelang es darüber hinaus nicht, den Umgestaltungsprozess in gelenkten Bahnen zu halten und vor allem die revolutionären antizentralistischen Kräfte zu bändigen, die eine sofortige Auflösung des Madrider Verwaltungsstaates anstrebten: Im März 1873 wurde in Barcelona ein katalanischer Staat (als Teil der spanischen Nation) ausgerufen, wenngleich auf Betreiben von Pi y Margall und Figueras und nicht zuletzt im Angesicht des weiter vordringenden *Karlismus* der Beschluss noch einmal widerrufen wurde. In Andalusien, Valencia und Murcia brachen zudem gewaltbegleitete Aufstände aus, die eine kleinräumige Kantonalisierung des Staates anstrebten. In deren Folge entstanden an einer Vielzahl von Orten lokale Kantone, und Ende Juli 1873 wurde in Cartagena sogar eine spanische Föderation auf kantonaler Grundlage ausgerufen. In einem in karlistischer, kantonalistischer, föderalistischer und anarchistischer Gewalt versinkenden Land konnte sich Pi y Margall schließlich nicht halten. Das Projekt einer föderalen Verfassung, die den vorgesehenen «spanischen Staaten» weitgehende legislative, exekutive und judikative Kompetenzen zusprach, kam damit nicht mehr zum Abschluss.

Mit der Verdrängung der Föderalisten wurde der gemäßigte Republikaner Emilio Castelar durch die *Cortes* mit Sondervollmachten ausgestattet, um alle Kräfte auf die Unterdrückung der Aufstandsbewegungen zu richten. Ein Staatsstreich Anfang 1874 unter General Manuel Pavía bereitete den republikanischen Experimenten schließlich ein Ende. Noch im Januar 1874 kapitulierte die kantonalistische Bewegung in Cartagena, und auch im *Karlistenkrieg* neigte sich mit der Stabilisierung der innenpolitischen Lage die Waagschale allmählich den Regierungstruppen zu. 1875 übernahm die Zentralmacht die Kontrolle über Katalonien und im Jahr darauf auch über das Baskenland und Navarra.

Restauration

Ende Dezember 1874 rief General Arsenio Martínez Campos den Prinzen Alfons von Borbón, den ältesten Sohn von Isabella II., zum König von Spanien aus. Dieser Ausrufung war ein Zusammenschluss konservativer und gemäßigt liberaler politischer Kräfte vorangegangen, die der Rückkehr zur Monarchie den Weg geebnet hatte. Parallel hierzu wurde unter Federführung von Antonio Cánovas del Castillo ein neues politisches System entworfen, mit dem ein Rückfall in die Instabilität der vorangegangenen Jahrzehnte verhindert werden sollte. Es wurde auch durch das besitzende Bürgertum Kataloniens unterstützt, da sich dieses von repressiven Maßnahmen gegen die organisierte Arbeiterschaft und den revolutionären Föderalismus Stabilität und Ordnung versprach. Mit der politischen Restauration erfolgte die Rückkehr zum strikten Zensuswahlrecht, zum Verbot von politischen Arbeiterorganisationen, zur Einschränkung der Pressefreiheit, zur Kontrolle über die Bürgermeisterämter und vor allem zum von Madrid aus diktierten Zentralismus. Wenngleich die soziopolitischen Probleme einer im Umbruch befindlichen Gesellschaft damit keinesfalls bewältigt wurden und unter der Oberfläche an Virulenz gewannen, trat Spanien in eine Phase politischer Stabilität ein.

Nach einer Zeit, in der die Partei von Cánovas weitgehend uneingeschränkt die Regierung gestellt hatte, entstand 1880 eine weitere politische Kraft um Práxedes Mateo Sagasta. Die Führer der nun zwei monarchistischen Honoratiorenparteien (die sich als *konservativ* bzw. *liberal* bezeichneten) schlossen allerdings ein Bündnis, um Parteienkämpfe zu vermeiden und die politische Stabilität zu gewährleisten: Ungeachtet möglicher Ergebnisse von Wahlen wurde ein Alternieren in der Machtausübung (*turnismo*) vereinbart. Um die im Vorfeld abgesprochenen Wahlergebnisse mit klaren Mehrheitsverhältnissen für die eine oder andere Partei zu erreichen, mussten wiederum die Wahlvorgänge massiv manipuliert werden. So wurden im Bedarfsfall nicht nur die Ergebnisse im Nachhinein verfälscht. Vielmehr lenkten die Machtträger vor Ort, etwa die Zivilgouverneure der Provinzen oder die *Kaziken* genannten ortsansässigen Potentaten, in ihrem jeweiligen Einflussbereich die Stimmabgabe zugunsten eines im Vorfeld vereinbarten bestimmten Kandidaten. Der Begriff *Kazike* geht auf die Bezeichnung von Stammeshäuptlingen der Gesellschaften in den Antillen zurück und bezieht sich auf jene Personen, die aufgrund ihres sozioökonomischen Status als Großgrundbesitzer oder Unternehmer eine unwidersprochene Autorität besaßen, zumal sie oftmals auch die wichtigsten Arbeitgeber in der Gegend waren.

In den meisten ländlichen Räumen Kataloniens, insbesondere im Bereich der Pyrenäenausläufer und in den westlichen Gegenden, wurden die zu wählenden «offiziellen» Kandidaten schlichtweg durch den Zivilgouverneur und somit durch die Regierung bestimmt. In anderen Wahlbezirken, die ebenfalls im Wesentlichen rural geprägt waren, wurde der jeweilige Kandidat durch den ortsansässigen *Kaziken* bestimmt, der dann die meist ökonomischen Interessen des Patrons in den *Cortes* vertrat. Nur in einzelnen Wahlbezirken Kataloniens existierte so etwas wie ein freies Spiel der politischen Kräfte. Hierbei handelte es sich vor allem um die große Metropole Barcelona, entstehende Industriezentren wie Manresa, Gegenden wie Figueres oder La Bisbal, in denen der Republikanismus und Föderalismus traditionell stark verankert waren, oder das Umland von Tarragona, wo der Republikanismus als Sachwalter der Interessen der kleinen Weinbauern auftrat. Natürlich versuchte die Regierung auch hier ihre Interessen durch vielfältige Mittel wie die Nichtzulassung von Kandidaten, Stimmenkauf oder Wahlmanipulation durchzusetzen, allerdings nicht immer mit dem gewünschten Erfolg.

Wie in anderen Staaten Europas kam es durch einen Prozess der Nobilitierung von Unternehmern, Politikern, Militärs und Staatsdienern zusätzlich zu einer Systemstabilisierung, wobei die Verinnerlichung von Verhaltensweisen der traditionellen Eliten durch die aufsteigenden Schichten als retardierendes Moment auf dem Weg zur Modernisierung der Gesellschaft bewertet wird. Die sozialen Eliten des Landes sicherten sich damit jedenfalls unter Ausschluss unterer Bevölkerungsschichten eine stabile und berechenbare politische Situation. Republikanische, föderalistische und sozialistische Bewegungen hatten damit keinerlei Chance, an die Macht zu gelangen. Dennoch konnte das politische System der Restauration nicht verhindern, dass sich in den historischen Regionen und allen voran in Katalonien ein regionales Nationalbewusstsein entwickelte. Auch die Herausbildung von Organisationen, die die Interessen der Arbeiterschaft mit zunehmendem Selbstbewusstsein vertraten, konnte damit nicht unterbunden werden. Somit war es lediglich eine Frage der Zeit, bis das künstlich zusammengehaltene politische System, das die machtvoll wachsenden neuen Kräfte nicht integrierte, aus den Fugen geraten sollte.

Die Epoche der *Restauration* war aber auch (obwohl eine neuerliche Spekulationswelle 1882 zu einem dramatischen Kurssturz an der Börse von Barcelona und zu einer schweren zweiten Bankenkrise führte) die Zeit eines starken Wirtschaftswachstums in Katalonien. 1875 begann die Elektrifizierung Barcelonas, und

1877 wurde zwischen Barcelona und Girona die erste Telefonverbindung Spaniens hergestellt. Doch auch wenn 1883 in Katalonien die erste Lokomotive hergestellt wurde, hinkte die Entwicklung in der Schwerindustrie und im Maschinenbau unverändert der in der Textilbranche hinterher. Maschinen wurden (bei niedrigen Importzöllen) weiterhin vor allem aus dem Ausland eingeführt. Mit der fortschreitenden Industrialisierung wurde auch der Urbanisierungsprozess weiter beschleunigt. Aus kleinen Landgemeinden entwickelten sich insbesondere im Umland von Barcelona rasch wuchernde Städte: Während zu Beginn des 19. Jahrhunderts lediglich etwa fünfzehn Prozent der Bevölkerung in den vier urbanen Zentren Kataloniens mit jeweils mehr als zehntausend Einwohnern (Barcelona, Tortosa, Reus und Lleida) gelebt hatten, war die Zahl der Städte mit mindestens zehntausend Einwohnern bis Ende des Jahrhunderts auf sechzehn gestiegen. Hier lebten nun über vierzig Prozent der Bevölkerung. Der Urbanisierungsprozess bewegte sich währenddessen im restlichen Spanien (bis auf das Baskenland, das sich zu einem Zentrum der Schwerindustrie entwickeln sollte) weiterhin auf niedrigem Niveau. Nun konnte der Bedarf an Arbeitskräften in Katalonien auch nicht mehr allein durch den Zuzug von Landarbeitern aus der näheren Umgebung befriedigt werden. So kam es in der zweiten Hälfte des 19. Jahrhunderts zu einer sich verstärkenden Zuwanderungsbewegung aus anderen Gegenden Spaniens, vor allem aus den angrenzenden Regionen Aragonien und Valencia.

Mit der im Jahr 1854 erfolgten Erlaubnis zum Abbruch der Stadtmauern von Barcelona wurde der Anstoß zur dringend notwendigen Stadterweiterung gegeben. Im Jahr 1859 entwarf der Ingenieur Ildefonso Cerdà eine großzügige Neustadtanlage mit ihren für die Zeit typischen rechtwinklig zueinander verlaufenden Straßenzügen. Cerdà vertrat dabei unter dem Motto «urbanisiert das Land und verländlicht die Städte» ein überaus modernes Urbanisierungskonzept. In den offen gehaltenen Innenhöfen der Carrés sollten gemeinschaftliche Grünanlagen entstehen und breite Chausseen eine Bepflanzung ermöglichen. Allerdings wurde

Ende des 19. Jahrhunderts aufgrund des hohen Siedlungsdrucks eine Überarbeitung der Pläne mit einer größeren baulichen Verdichtung notwendig, die folglich zulasten der Grünanlagen ging. Die Stadterweiterung kam zunächst allerdings – gemessen an den Plänen – recht langsam voran. 1887 hatte Barcelona 272 481 Einwohner und damit deutlich weniger als das an Industrieanlagen arme Madrid (allerdings berücksichtigt dieser Zahlenvergleich nicht die vielen industriellen Zentren in der Nähe Barcelonas wie Badalona, Sabadell oder Terrassa). 1888 fühlte sich die selbstbewusste Stadt jedoch bereits in der Lage, eine Weltausstellung auszurichten. Ende des 19. Jahrhunderts kam es schließlich förmlich zu einer Bevölkerungsexplosion, und mit der Eingemeindung von Arbeitervorstädten wie Sants, Gràcia, Sant Andreu de Palomar oder Sant Martí de Provençals wurde die Grundlage für die heutige Metropole gelegt. Bis zur Jahrhundertwende verdoppelte sich nahezu die Zahl der Einwohner Barcelonas (auf etwa 533 000). Nun lebte bereits jeder vierte Einwohner Kataloniens in dieser Stadt, und im Großraum von Barcelona siedelten drei Viertel aller Industriearbeiter des Prinzipats. Andere Städte wie Girona, Lleida oder Tarragona zogen bei der Umsetzung von Urbanisierungsplänen zeitverzögert nach. Hier kam es auch erst nach dem Ende des dritten *Karlistenkrieges* im Jahr 1876 zur Erlaubnis zum Abbruch der Stadtmauern. Ohnehin war der Siedlungsdruck geringer, und das Bevölkerungswachstum ging in besonderer Weise auf die wachsende Bedeutung dieser Städte als Verwaltungszentren zurück.

Bei allen sozialen Problemen bot das Entstehen von Industriezentren in Zeiten einer expandierenden Wirtschaft aber immerhin Arbeitsmöglichkeiten für eine verarmende Landbevölkerung, zumal die Landwirtschaft zunächst keinen besonderen Modernisierungsschub erfuhr. Aufgrund einer durch die Industrialisierung bedingten Sogwirkung nahm zwischen 1860 und 1910 der Anteil der in Katalonien in der Landwirtschaft tätigen Personen von etwa zwei Drittel auf weniger als die Hälfte ab, während im spanienweiten Durchschnitt nach wie vor noch etwa siebzig Prozent der Bevölkerung von der Landwirtschaft lebten. Allein jene Gegenden, in denen durch Bewässerungssysteme ein intensiver Anbau betrieben werden konnte oder die wie das Penedès von dem lukrativen exportorientierten Wein- und Weinbrandgeschäft profitierten, waren nicht von der Landflucht betroffen. Die Spezialisierung auf gut vermarktbare Kulturen, zu denen auch der Obstanbau gehörte, machten Investitionen in diesem Sektor zu einer renditeträchtigen Kapitalanlage, so dass hier auch eine verstärkte Technisierung einsetzte. Der extensive Weizenanbau erfuhr indes lange Zeit kaum Neuerungen. Erst mit der Schaffung von landwirtschaftlichen Genossenschaften im letzten Viertel des 19. Jahrhunderts entstanden schließlich die Rahmenbedingungen, um eine allmähliche flächendeckende Modernisierung der Landwirtschaft in Gang zu bringen.

Eine unerwartete Krise erfasste allerdings ab 1879 den erfolgsverwöhnten Weinbau, als sich die aus Südamerika eingeschleppte Reblaus bis Ende des Jahrhunderts nach und nach über Katalonien ausbreitete und zur Vernichtung fast des gesamten Rebenbestandes führte. Nicht nur waren damit langjährige Ernteausfälle verbunden. Hinzu kam, dass viele Weinbauern vor zusätzlichen Problemen standen, die sich aus den speziellen Pachtverträgen ergaben. In Katalonien richtete sich üblicherweise die Dauer der Pachtverträge nach der Lebensdauer der Rebstöcke (*rabassa morta*). Die Folgen der Plage führten somit zu einer schwierigen Situation, als die Grundeigentümer auf die Aushandlung neuer und für die Pächter meist ungünstigerer Verträge pochten. Insgesamt konnte nun aber auf Missernten flexibler reagiert werden, da mit einem verbesserten Verbindungswegenetz vor allem schneller auf Nahrungsmittelimporte aus anderen Gegenden und Ländern ausgewichen werden konnte. Die letzte Missernte, die einen schlagartigen Anstieg der Brotpreise zur Folge hatte, ereignete sich 1867. Zum anderen boten der medizinische Fortschritt und das wachsende Verständnis für die Bedeutung von Hygiene (auch durch den Bau von Abwasseranlagen) die Grundlagen für eine längere Lebenserwartung. Obwohl die Bevölkerung zwar nach wie vor den periodisch auftretenden Epidemien meist hilflos gegenüberstand – so forderten zwei Choleraepidemien (1833–1835 sowie 1853–1856) etwa dreihundertfünfzigtausend Opfer –, wuchs sie insbesondere seit der Mitte des 19. Jahrhunderts rapide und verdoppelte sich im Verlauf des Jahrhunderts. 1897 wies eine Volkszählung 1 945 307 Einwohner in Katalonien aus. Die Hebung des allgemeinen Lebensstandards spiegelte sich wiederum auch im Bildungsniveau. Während Ende des 19. Jahrhunderts spanienweit die Analphabetenquote bei etwa zwei Drittel der Bevölkerung lag, betrug sie in Katalonien nur noch etwa vierzig Prozent (allerdings war sie im Nachbarland Frankreich zu diesem Zeitpunkt bereits auf unter ein Fünftel gesunken).

Die Zulassung von Vereinigungen im Jahr 1887 durch die Regierung Sagasta und die Wiedereinführung des allgemeinen Wahlrechts im Jahr 1890, womit ansatzweise auf den sozialen Wandel reagiert wurde, führten dazu, dass sich der politische Republikanismus wieder öffentlich zu organisieren begann und als politische Alternative auftreten konnte. Neben Barcelona (mit einer Vielzahl von Zentren) entstanden an vielen Orten republikanische Sammlungsbewegungen. Vor allem erhielten aber aufgrund der hohen Arbeitslosigkeit und einer bis zur Jahrhundertwende fehlenden Sozialgesetzgebung zum Schutz der Arbeiter und zur Verbesserung der Arbeitsbedingungen die anarchistischen Arbeiterorganisationen Auftrieb. Zwischen 1893 und 1896 erlebte Barcelona eine erste Welle anarchistischer Gewalt, die das Ziel verfolgte, das politische System zu destabilisieren und die soziale Revolution zu entfachen: Ein Attentat auf den ehemaligen Ministerpräsidenten General Arsenio Martínez Campos (der allerdings nur leicht verletzt wurde), die Bombenexplosion in einem Opernhaus in Barcelona mit zwei Dutzend Toten sowie das Attentat auf den Fronleichnamszug des Jahres 1896 mit ebenfalls vielen Toten führten zu einer brutalen Reaktion seitens der Exekutive, die in den Prozessen von Montjuïc gipfelte, als auf der Suche nach den Attentätern Hunderte unschuldig Verdächtigter verhaftet und grausam gefoltert wurden. 1897 wiederum kam es als Antwort auf die Vorgänge in Montjuïc zur Ermordung des spanischen Ministerpräsidenten Cánovas del Castillo durch einen italienischen Anarchisten. Barcelona führte in dieser Zeit den traurigen Beinamen «Stadt der Bomben». Es waren damals ohnehin Jahre der anarchistischen Gewalt in Europa, der auch der französische Ministerpräsident Sadi Carnot, die österreichische Kaiserin Elisabeth, der italienische König Umberto I. und sogar der amerikanische Präsident McKinley zum Opfer fielen. Aber abgesehen von dieser Welle des Terrors prägten Streiks und revolutionäre Aufstände, die wieder eine massive Repression durch die Staatsorgane nach sich zogen, den Alltag der Städte. Auch die Arbeitgeber schlossen sich zusammen und machten Front gegen die organisierte Arbeiterschaft, indem sie Arbeiterführern und Anarchisten den Zugang zu den Arbeitsplätzen zu verwehren versuchten.

Die Geburt des Katalanismus

Während sich die Arbeiterschaft in Katalonien machtvoll zu organisieren begann, wandten sich die bürgerlichen Schichten im letzten Drittel des 19. Jahrhunderts dem aus dem Geist des kulturellen Wiedererwachens entstehenden politischen *Katalanismus* zu. Im Jahr 1871 erschien erstmals *La Renaixença*, eine Zeitschrift zur Verbreitung der katalanischen Sprache und Kultur, deren Name zum programmatischen Schlagwort für die gesamte Bewegung wurde. Mit Valentí Almirall, der 1880 einen ersten katalanistischen Kongress veranstaltete, und seinem 1882 gegründeten *Centre Catalá* entstand wiederum eine Vereinigung, die sich dezidiert gegen den politischen Zentralismus wandte und die Forderung nach Autonomierechten für Katalonien vertrat. Damit trat der Katalanismus von einer rein kulturellen Ebene auf die politische Bühne. Almirall strebte an, eine nationale katalanische Bewegung ins Leben zu rufen, in der alle politischen und ideologischen Strömungen eine Heimstatt haben sollten. Entsprechend wurde das 1885 an König Alfons XII. übergebene Schreiben zur Verteidigung der geistigen und materiellen Interessen Kataloniens (*Memorial de Greuges*) von den unterschiedlichsten Kräften des Katalanismus getragen. Wenig später formierte sich eine breite

Bewegung gegen das geplante, für ganz Spanien einheitliche bürgerliche Gesetzbuch, das das katalanische *Dret Civil* als letzten Rest einer eigenständigen Jurisdiktion ablösen sollte.

Renaixença

Renaixença ist die Bezeichnung für eine Bewegung, die sich ab dem ersten Drittel des 19. Jahrhunderts im Zuge der europäischen Romantik für die Wiedergewinnung und Verbreitung der katalanischen Kultur und Sprache und gegen den im vorangegangenen Jahrhundert erfolgten Verlust katalanischer Traditionen einsetzte. Ihre wichtigsten literarischen Vertreter sind Joan Maragall, Jacint Verdaguer und Carles Aribau. Letztgenannter verfasste im Jahr 1833 die Ode *La Pàtria*, die als erster Ausdruck des modernen katalanischen Nationalbewusstseins gilt. Die Wiederbelebung der mittelalterlichen Dichterwettbewerbe *Jocs Florals* ab 1859 wiederum bot den Rahmen für eine wachsende öffentliche Präsenz. Der Name der Bewegung geht auf die Kulturzeitschrift *La Renaixença* zurück, die ab 1871 zunächst wöchentlich und später als Tageszeitung erschien und zu einem der zentralen Bezugspunkte des literarischen Lebens in Katalonien wurde. Diese Kulturbewegung bildete wiederum die Grundlage für den Ende des 19. Jahrhunderts aufkommenden politischen *Katalanismus*.

Dieser Weg nach den Vorstellungen Almiralls sollte sich allerdings als nicht gangbar erweisen. Der gemeinsame Nenner einer patriotischen katalanischen Grundhaltung reichte nicht aus, um die unterschiedlichen politischen Richtungen (die vom Monarchismus über den Föderalismus bis hin zum Antiklerikalismus reichten) zusammenzuhalten. Während sich Almirall selbst als Republikaner verstand, war ein großer Teil der durch das katalanische Bürgertum getragenen Bewegung vor allem konservativ ausgerichtet. Dieser konservative Katalanismus, der die politische Bewegung zunächst dominierte, trat kennzeichnenderweise für die normierende und damit gesellschaftsstabilisierende Rolle der Kirche ein und betrachtete deren Lehre (analog zum polnischen und irischen Nationalismus) als unverzichtbares identitätsstiftendes Element.

Auf diese Weise wurden die Wiederherstellung der säkularisierten und weitgehend zerstörten Klosteranlage von Ripoll (1893) sowie die Erweiterung der Klosteranlage von Montserrat (1881) mit Eifer betrieben. Gerade Montserrat sollte sich zum Inbegriff des national-katalanischen religiösen Empfindens entwickeln. Diese katholisch geprägte katalanische Nationalbewegung musste sich allerdings gleichzeitig gegen den von Madrid aus propagierten nationalen Katholizismus sowie das theokratische Herrschaftsverständnis der *Karlisten* behaupten.

Mit der Gründung der *Unió Catalanista* (1891), deren wichtigster Exponent Enric Prat de la Riba war, fand der konservative Katalanismus eine weitere Konkretisierung: Diese Bewegung griff die politische Mobilisierung der vorangegangenen Jahre auf und übernahm die Koordination einer Vielzahl von über ganz Katalonien verteilten politischen Zentren. Die *Unió* traf sich alljährlich wechselweise in unterschiedlichen Städten zu Tagungen und Beschlussfassungen, und im Jahr 1892 verabschiedete die in Manresa tagende Versammlung eine Erklärung (*Bases de Manresa*), die als politisches Programm des konservativen Katalanismus gilt. Hierin wurde das Katalanische als einzige offizielle Sprache postuliert und in Anknüpfung an frühere föderalistische Verfassungsentwürfe eine Aufteilung der Kompetenzen zwischen dem spanischen Staat und einer autonomen Regierung Kataloniens gefordert. So sollte der spanische Staat im Wesentlichen für die politische und wirtschaftliche Vertretung nach außen und für die Streitkräfte zuständig sein. Seine Rolle im Binnenverhältnis sollte auf eine bloße Vermittlungstätigkeit zwischen den verschiedenen spanischen Bundesstaaten reduziert werden. Demgegenüber sollte Katalonien ohne Einschränkung in legislativer, judikativer und exekutiver Hinsicht agieren können, die Steuerhoheit besitzen, über eine eigene Währung verfügen und für die öffentliche Sicherheit und Ordnung zuständig sein. Der Staatsdienst in Katalonien sollte katalanischen Staatsbürgern vorbehalten bleiben. Bezeichnenderweise sollte zudem bei katalanischen Parlamentswahlen kein allgemeines Wahlrecht gelten. Dieses sollte allein den Familienvorständen zustehen. Zudem wurde auch der Parteienparlamentarismus abgelehnt; die Gesellschaft sollte vielmehr in ein ständisches Korsett gezwängt werden, um die bestehende soziale Ordnung in einer Zeit des gesellschaftlichen Umbruchs zu sichern. Wenngleich die *Unió Catalanista* einen dezidierten Nationalismus vertrat und Katalonien als eine die Zeiten überdauernde Volks- und Schicksalsgemeinschaft verstand, verfolgte sie keinen politischen Separatismus und verstand Katalonien als integralen Bestandteil des spanischen Staatsverbandes. Allerdings wurde Katalonien als Nation definiert und damit im Endeffekt das Tor zum Separatismus aufgestoßen.

Dem Aktivismus von Organisationen wie der *Unió Catalanista* gelang es, das Bewusstsein eines katalanischen Partikularismus in weite Teile der Bevölkerung hineinzutragen. In ganz Katalonien erschienen in diesen Jahren Periodika unterschiedlichster Ausrichtung, die von der Welle des Katalanismus getragen wurden und der Bewegung eine weitere Dynamik verliehen. Während in den europäischen Industrienationen der spanische Nationalcharakter als rückständig und afrikanisch galt, strich der Katalanismus wiederum die Andersartigkeit des katalanischen Wesens heraus. Unter Hinweis auf die erreichte Industrialisierung und Modernisierung wurde der Volkscharakter Kataloniens als fortschrittlich, europäisch und vor allem von Spanien abgewandt beschrieben. Der Katalanismus des ausgehenden 19. Jahrhunderts umfasste damit deutlich mehr als die nostalgische Verklärung einer glorreichen Vergangenheit. Wenngleich diese die Wurzel des eigenen Nationsverständnisses bildete, verstand sich der Katalanismus als eine fortschrittliche Bewegung, die auf dem sich aus der katalanischen Modernität ableitenden Selbstbewusstsein in Abgrenzung zu dem als rückständig wahrgenommenen kastilisch dominierten Zentralstaat gründete.

Auch in der Architektur und in der Kunst spiegelte sich, dass in Katalonien ein selbstbewusstes Bürgertum entstanden war, das in einer Aufbruchsstimmung lebte. Hier nahmen die in ganz Europa sich verbreitenden Strömungen des Jugendstils und Art nouveau eine ausgeprägte eigenständige Entwicklung. In der Architektur setzte sich damit die Vorstellung durch, dass in einem den modernen Zeiten angemessenen Baustil die Raumvorstellung und nicht die einengende axialsymmetrische Gestaltung von Fassaden das bestimmende Ausgangsmoment bei der Errichtung von Gebäuden sein müsse. Die katalanische Spielart dieser künstlerischen Ausdrucksform wird *Modernisme* genannt, und das darin zum Ausdruck kommende neue Lebensgefühl ergriff Katalonien weitaus stärker als andere Regionen Spaniens. Das katalanische Bürgertum suchte damals bewusst den kulturellen und künstlerischen Anschluss an Europa, wovon auch der Kult um Richard Wagner oder die Verbreitung des Sports zeugen. Der Wohlstand des katalanischen Bürgertums erlaubte zudem die Ausbildung eines Mäzenatentums, das sich der als patriotisch verstandenen Aufgabe der Kulturförderung verschrieb. So fand der bekannteste Repräsentant des *Modernisme*, Antoni Gaudí, in Eusebi Güell einen starken Partner, durch dessen finanzielle Hilfe eine Vielzahl von Gebäuden entstanden, die heute teilweise zum Weltkulturerbe der UNESCO gehören. An der *Sagrada Familia* wird seit 1882 gebaut, und der Auftrieb, den die Bauarbeiten in den letzten zwanzig Jahren erfahren haben, zeigt deutlich, dass mit der Vollendung dieser «Kathedrale» noch immer ein nationales Ziel verfolgt wird. Die Verbindung zwischen modernistischer Architektur und katalanischem Nationalismus erklärt auch, weshalb im reichen Œuvre Gaudís lediglich einzelne Gebäude außerhalb Kataloniens entstanden sind. Katalonien hat aber auch viele andere herausragende Baumeister des *Modernisme* hervorgebracht. So gehören die von Lluís Domènech i Montaner erbauten Hospital de Sant Pau und der Palau de la Música Catalana, der überdies als das herausragendste Beispiel modernistischer Architektur gilt, inzwischen ebenfalls zum Weltkulturerbe. Zu den großen Namen gehört auch Josep Puig i Cadafalch, der seinen Baustil aus der Neugotik entwickelte. Die Verbreitung des *Modernisme* fiel mit der großen Expansion der Städte Kataloniens und vor allem Barcelonas (hier insbesondere das Stadtviertel *L'Eixample*) zusammen, so dass sich damit die beste Gelegenheit bot, eine große Anzahl an Gebäuden im neuen Baustil zu verwirklichen. Barcelona ist ohne Zweifel einer der herausragenden Orte der Jugendstilarchitektur.

Zu Beginn des neuen Jahrhunderts entwickelte sich in Katalonien ein weiterer Baustil, der sich bewusst vom *Modernisme* absetzte und diesen auch ablöste. Im strengen Stil eines Neoklassizismus entstand der *Noucentisme*, der sich gegen die als dekadent empfundene Gestaltungswillkür im *Modernisme* richtete. Ordnung, Klarheit und Rationalität prägten nun eine Architektur, die zu glatten und schlicht gestalteten Fassaden sowie zu symmetrischen Proportionen zurückkehrte. Der *Noucentisme* beinhaltete insbesondere in seinen literarischen Ausdrucksformen aber zugleich eine dezidiert katalanistische Dimension und bildete damit die kulturellen Grundlagen des beginnenden politischen Nationalismus.

Regeneration

Im Jahr 1898 wurde das System der *Restauration* heftig erschüttert. Nach einem langen Unabhängigkeitskampf kubanischer Aufständischer und vor allem nachdem die von eigenen Interessen geleiteten Vereinigten Staaten von Amerika militärisch in den Konflikt eingegriffen hatten, war das Schicksal der letzten Reste des spanischen Kolonialimperiums besiegelt. Im Frieden von Paris musste Spanien den gesamten überseeischen Kolonialbesitz abtreten. Damit war die Illusion, in der bis dahin die spanische Nation gelebt hatte, nämlich noch zu den respektablen Kolonialmächten zu gehören, zerplatzt. Insbesondere die Art und Weise des Untergangs traumatisierte das kollektive Bewusstsein der spanischen Gesellschaft. Die öffentliche Meinung lastete das «Desaster von 1898» dem politischen System und den Regierungsparteien an, die durch ihre starre auf den Erhalt des Status quo gerichtete Haltung eine dynamische Entfaltung der Kräfte verhindert und das Land stattdessen in den politischen Stillstand geführt hätten. *Regeneracionismo* (Regeneration) wurde zum neuen Leitbegriff, der gerade in Katalonien und im Baskenland einen besonderen

Auftrieb erhielt. Nach anfänglichen für die katalanistischen Kräfte hoffnungsvollen Zeichen unter der neuen Regierung von Francisco Silvela, als Katalanisten zu Bürgermeistern in einer Reihe von Rathäusern, so auch in Barcelona, ernannt wurden, folgte bald die Ernüchterung. Das durch Klientelismus geprägte System der *Restauration* schien nicht reformfähig zu sein, und am Madrider Zentralismus war nicht zu rütteln. Als schließlich zur Deckung der Schulden aus dem Kolonialkrieg zusätzliche Abgaben erhoben wurden, reagierten die Gewerbetreibenden in Barcelona mit Zahlungsverweigerung. Wenngleich dieser Akt des zivilen Ungehorsams durch behördliches Einschreiten unterbunden wurde, kam damit deutlich zum Ausdruck, wie weit sich die katalanischen Mittelschichten inzwischen von dem System der *Restauration* entfremdet hatten. Dies wurde wiederum als große Chance für den Katalanismus empfunden. Führende Köpfe aus dem Umfeld der *Unió Catalanista* schritten zur Gründung einer regulären politischen Partei: 1901 entstand die *Lliga Regionalista*, die unter der Führung von Francesc Cambó und Prat de la Riba neben der Umsetzung katalanistisch-nationalistischer Ziele auch für Reformen im Sinne des Bürgertums und der katalanischen Industrie stand.

Der Erfolgszug der *Lliga* begann mit den Parlamentswahlen von 1901, als sie in Barcelona auf Anhieb vier von insgesamt sieben Mandaten errang. Vor allem in den wohlhabenden Vierteln Barcelonas wie L'Eixample erreichte die *Lliga* außerdem einen sehr hohen Organisationsgrad und entfaltete dank einer aktiven Gefolgschaft ein intensives politisches Leben. Sie wurde damit zu einem zentralen Faktor in der Parteienlandschaft Kataloniens, und das selbstbewusste konservative katalanische Bürgertum hatte nun ein eigenes politisches Sprachrohr, das weiter dazu beitrug, Katalonien politisch von Madrid wegzumanövrieren. Die *Lliga* entwickelte sich auch zum politischen Gegengewicht der zunehmend bedeutenden Arbeiterbewegung. Darüber hinaus entstanden eine Vielzahl patriotischer Vereinigungen, die das katalanische Nationalbewusstsein immer stärker verfestigten. Am

11. September 1901 fand auch das erste öffentliche Gedenken an die Verteidiger der Unabhängigkeit Kataloniens im Jahr 1714 statt, woraus sich der katalanische Nationalfeiertag entwickelte. Damals lebte auch ein altes Kampflied aus dem Unabhängigkeitskrieg von 1640 wieder auf, das später sogar zur katalanischen Nationalhymne avancierte.

Diada

Am 11. September 1714 ergab sich Barcelona den Truppen Philipps V. als Schlusspunkt des Spanischen Erbfolgekrieges nach einer vierzehnmonatigen Belagerung. Dieser Tag (*Diada*) steht symbolisch für den zwei Jahre später im Rahmen der *Decretos de Nueva Planta* erfolgten Verlust sämtlicher traditioneller Institutionen und Rechte der katalanischen Stände. Im Zuge der Entstehung des politischen *Katalanismus* im 19. Jahrhundert wurde die *Diada* damit zum Symbol für den Widerstand gegen die Unterdrückung durch den staatlichen Zentralismus sowie für den Kampf um die Wiederherstellung der «katalanischen Freiheiten». Im Zuge des politischen Übergangsprozesses nach dem Tod des Diktators Franco versammelten sich am 11. September 1977 bis zu eine Million Menschen, um für Autonomierechte zu demonstrieren, und verliehen damit dem Reformprozess einen entscheidenden Impuls. 1980 wurde dieses Datum mit dem ersten durch das katalanische Parlament verabschiedeten Gesetz zum offiziellen katalanischen Nationalfeiertag erklärt. An diesem Tag legen die politischen Repräsentanten Kataloniens Blumen an den Ehrenmälern für Rafael Casanova und Josep Moragues, die Verteidiger von Barcelona im Jahr 1714, nieder.

Wenngleich Francesc Cambó zu einer herausragenden politischen Persönlichkeit der *Lliga* auf nationaler Ebene wurde, sollte es ihm allerdings nicht gelingen, die Forderungen hinsichtlich einer Übertragung von Kompetenzen an eine zu schaffende Regionalregierung durchzusetzen. Der politische Siegeszug der Katalanisten hatte wiederum vielmehr eine Stärkung zentralistischer Kräfte in Madrid ausgelöst. Vor allem wuchsen im Offizierskorps die Vorbehalte gegen den als separatistisch wahrgenommenen Katalanismus. Die Stimmung war explosiv, wie sich symptomatisch zeigte, als Offiziere der Garnison in Barcelona im Jahr 1905 einen von Madrider Behörden geduldeten Überfall auf zwei katalanische Zeitungen verübten, nachdem das Magazin *Cu-cut* das Militär in einem ironischen Beitrag ins Lächerliche gezogen hatte. Insbesondere ist in diesem Zusammenhang auf ein Gesetz aus dem Jahr 1906 verwiesen worden, das der Militärgerichtsbarkeit die Zuständigkeit nicht nur für Delikte übertrug, die das Militär betrafen, sondern auch für solche, die sich gegen die Ehre der Streitkräfte und darüber hinaus der spanischen Nation richteten, wodurch ein militärisches Eingreifen zur «Errettung des Vaterlandes» in einer Zeit grundlegender sozialer Veränderungen lediglich eine Frage der Zeit war und Katalanisten damit stets bedroht waren, vor ein Militärtribunal gestellt zu werden.

In Katalonien war aber auch der Republikanismus weiterhin überproportional vertreten. Er hatte in der *Unión Republicana* unter der Führung von Alejandro Lerroux sein politisches Sprachrohr. Diese Gruppierung, die von der *Lliga* als Konkurrenz bekämpft wurde, verstand sich zwar als klassenübergreifende Bewegung, doch wurde sie vor allem aufgrund ihres Eintretens für die sozialen und politischen Belange der Arbeiterschaft sowie ihres sozialen Engagements vor Ort von der Arbeiterschaft gewählt. Auch der Antiklerikalismus war ein wichtiges Element innerhalb der republikanischen Bewegung, die die Kirche als eine fortschrittshemmende Kraft betrachtete. Die spanische Kirche hatte sich in den Jahren der *Restauration* dank der Patronage durch die Regierungsparteien zudem neu formiert und mit radikalen antiliberalen Positionen wieder an Einfluss innerhalb der Gesellschaft gewonnen. Insgesamt sprach die *Unión Republicana* jene Wählerschichten an, die sich durch die sozialistische Bewegung und konkret durch den *Partido Socialista Obrero Español* (PSOE) als Partei, die mit dem Madrider Zentralismus assoziiert wurde, in Katalonien nicht angesprochen fühlten. Lerroux verstand es, die *Unión Republicana* als moderne Massenpartei zu führen, und so konnte sie in Katalonien zunächst sogar eine politische Führungsrolle übernehmen. 1903 errangen die Republikaner bei Parlamentswahlen über dreißig Prozent der Stimmen. Die Vorherrschaft der Parteien der Monarchie kam auf diese Weise in Katalonien zu einem Ende.

Angesichts des mehrheitlich als spanisch und nicht katalanistisch verstandenen Republikanismus von Lerroux und einer sich radikalisierenden antikatalanistischen Haltung der Madrider Parteien schlossen sich unterschiedlichste katalanistische Parteien 1907 zu dem ideologisch breit gefächerten Wahlbündnis *Solidaritat Catalana* zusammen. Dieses zielte bei aller ideologischer Disparität als Zweckbündnis darauf ab, alle katalanistischen Kräfte zu sammeln, um auf diese Weise wirkungsvoll gegen den Madrider Zentralismus auftreten zu können. Teile der *Unión Republicana* waren ebenfalls beteiligt, während Lerroux den *Partido Republicano Radical* als neue Partei gründete, die in Katalonien all jene republikanischen Kräfte (insbesondere innerhalb des großen Bevölkerungsanteils der zugezogenen Spanier) zusammenzufassen versuchte, die den Katalanismus ablehnten. *Solidaritat Catalana* errang 1907 mit einundvierzig der vierundvierzig in Katalonien zur Disposition stehenden Abgeordnetenmandate einen überwältigenden Sieg. Die Heterogenität der Kräfte innerhalb des Wahlbündnisses führte allerdings in der praktischen Arbeit alsbald zu Rissen, insbesondere aufgrund der antiklerikalen Haltung der Republikaner. Diesem katalanistischen Republikanismus gelang es nach Auflösung des Wahlbündnisses zwei Jahre später allerdings nicht, die Partei von Lerroux zu verdrängen. Wenngleich die *Radikalen* nach Verwicklungen in Korruptionsskandalen an Prestige verloren, blieben sie die bestimmende politische Partei der Arbeiterschaft. Hieran konnten auch die Sozialisten nichts ändern. Die *Lliga* wiederum blieb die stärkste Kraft innerhalb des politischen Katalanismus. Allerdings befand sie sich in dem Dilemma, eine konservative Partei zu sein und damit zu den Parteien der Monarchie in Konkurrenz zu treten, gleichzeitig aber für eine radikale, wenngleich pragmatische Veränderung des Systems der

Restauration einzutreten. Allein in jenen ländlich geprägten Gebieten des katalanischen Hinterlandes, in denen die Großgrundbesitzer die sozialen Strukturen beherrschten und damit die Wahlergebnisse bestimmten, gelang es dem Katalanismus zunächst kaum, an Terrain zu gewinnen. Hier blieben die monarchistischen Parteien die dominierenden politischen Kräfte. Insgesamt stellten die Wahlergebnisse in Katalonien weiterhin eine Besonderheit dar: Der Republikanismus und der Föderalismus waren hier so stark wie nirgendwo sonst in Spanien. Außerhalb Kataloniens hatten wiederum die Parteien der Monarchie das politische System weiter im Griff und wechselten sich unverändert in der Regierungsausübung ab.

Katalonien wurde ab 1904 wieder von einer anarchistischen Gewaltwelle erfasst, die das politische Klima weiter radikalisierte und vergiftete. Ende Juli 1909 erreichte die Gewalt einen Höhepunkt. Den Auslöser bildete ein von Republikanern, Sozialisten und Anarchisten unterstützter Generalstreik in Barcelona als Reaktion auf die Verschiffung von Soldaten zum Einsatz im in Marokko beginnenden Kolonialkrieg. Aus dem zunächst friedlichen Protest gegen einen Krieg, mit dem sich die Arbeiterschaft nicht identifizierte, entwickelte sich im Hass auf die Obrigkeit spontan ein antiklerikaler Aufstand in Barcelona und Sabadell, der rasch außer Kontrolle geriet. Dutzende Klöster, Kirchen sowie kirchliche Lehranstalten wurden in Brand gesteckt. Dabei kamen drei Geistliche ums Leben. Als die Sicherheitskräfte eingriffen, entbrannten tagelang heftige Straßenkämpfe. Die Bilanz der Gewalt in der *Semana Trágica* war erschreckend: Neun tote und einhundertfünfundzwanzig verwundete Soldaten sowie hundertvier tote und zweihundertsechzehn verwundete Zivilisten. Die sozialen Spannungen hatten sich damit auf grausame Weise Luft verschafft. Die folgende Repression traf wiederum alle republikanischen Organisationen und Arbeitervereine. Nach Militärgerichtsurteilen wurden fünf Todesurteile vollstreckt. Unter den Hingerichteten war auch Francisco Ferrer y Guardia, der Gründer der libertären Schuleinrichtung *Escuela Moderna,* der mit starken anarchistischen Neigungen und als heftiger Kritiker des politischen Systems zum Sündenbock gemacht und als geistiger Brandstifter betrachtet wurde. Die repressiven Maßnahmen konnten allerdings nicht verhindern, dass 1910 aus einer überparteilichen Gewerkschaftsbewegung die anarchosyndikalistische *Confederación Nacional del Trabajo* (CNT) entstand. Diese trat für die Umwälzung der Gesellschaft auf revolutionärem Weg und die Abschaffung des Privateigentums an Produktionsmitteln ein. Ihr gelang es zur mit Abstand stärksten Gewerkschaftskraft in Katalonien zu werden. Aufgrund eines hohen Organisierungsgrades war sie auch in der Lage, große Streikbewegungen auszulösen, die nicht nur das öffentliche Leben stark beeinträchtigten, sondern auch revolutionären Charakter annehmen konnten.

Während die Arbeiterbewegung mit repressiven Mitteln unterdrückt wurde, konnte die Madrider Zentralmacht kaum ebenso gegen den durch die *Lliga* vertretenen Katalanismus vorgehen und die Dezentralisierungsforderungen auf Dauer ignorieren. 1914 schließlich erreichte der Katalanismus eine erste schmale politische Aktionsbasis: Die vier katalanischen Provinzen schlossen sich zur *Mancomunitat de Catalunya* zusammen, nachdem die Madrider Regierung den rechtlichen Rahmen zur Bildung regionaler Zusammenschlüsse auf Verwaltungsebene geschaffen hatte. Dieser Zusammenschluss brachte allerdings keine Übertragung von Kompetenzen durch Madrid und auch keine Bereitstellung von zusätzlichen Finanzmitteln mit sich. Die *Mancomunitat* erhielt lediglich solche Befugnisse, die ihr von den Provinzialregierungen übertragen wurden, damit sie auf regionaler Ebene besser koordiniert werden konnten. Dabei ging es vor allem um die zu dieser Zeit vordringlichen Angelegenheiten der Infrastruktur wie den Straßenbau oder den Ausbau des Telefonnetzes. Zudem wurden beträchtliche Mittel in den Aufbau eines öffentlichen Bibliothekswesens investiert. Die *Mancomunitat* brachte aber auch die Normierung der katalanischen Sprache voran, als Grundvoraussetzung zu deren Vermittlung an Schulen und Verwendung als Verwaltungssprache. Wenngleich dieser Prozess unweigerlich auf

Kosten der Vielfalt der lokalen Dialekte ging, bedingte die dezidierte Sprachpolitik mit, dass das Katalanische auch immer stärker als Schriftsprache übernommen wurde. 1923 erschienen bereits sieben Tageszeitungen auf Katalanisch. Trotz aller Beschränkungen erhielt Katalonien mit der *Mancomunitat* immerhin eine eigenständige Verwaltungseinheit, und nachdem sich im übrigen Spanien keine weiteren Zusammenschlüsse dieser Art bildeten, kam darin das katalanische Streben nach einem Sonderweg deutlich zum Ausdruck.

Das Ringen um eine Dezentralisierung des Staates war damit freilich nicht zu Ende. 1917 bildete sich in den *Cortes* ein Minderheitenbündnis aus Katalanisten, Republikanern sowie dem damals einzigen Abgeordneten des PSOE, das eine grundlegende Reform und eine Dezentralisierung des politischen Systems anstrebte, um die inzwischen endemische Krise des Systems der *Restauration* zu überwinden. So sollten die Kompetenzen auf nationaler, regionaler und lokaler Ebene neu verteilt, die Gewaltenteilung gestärkt und der politische Klientelismus beendet werden. In Barcelona versammelten sich Mitte des Jahres eine Gruppe von *Cortes*-Abgeordneten, um auf dieser Grundlage eine Verfassungsreform auszuarbeiten. Das federführend von Katalanen angestoßene Reformvorhaben sah sich wiederum schnell dem Vorwurf ausgesetzt, Spanien den katalanischen Interessen unterordnen zu wollen. Das politische Klima radikalisierte sich wiederum, nachdem das Reformvorhaben mit den Forderungen der organisierten Arbeiterschaft nach stärkerer politischer Partizipation und sozialen Reformen zusammenfiel. Als es nun die außerhalb Kataloniens stark vertretene sozialistische UGT und die anarchosyndikalistische CNT im wirtschaftlich ohnehin turbulenten Jahr 1917 durch Ausrufung eines Generalstreiks auf eine Kraftprobe ankommen ließen, zeigte sich allerdings, dass die Besitzenden nicht bereit waren, den Forderungen der Arbeiterschaft nachzugeben: Aus Angst um die Besitzstände bei einer weiteren Destabilisierung des Systems zog sich die *Lliga* aus dem Bündnis mit Republikanern und Sozialisten zurück, übernahm im November im Rahmen eines Kabinetts der «nationalen Einheit» erstmals Regierungsverantwortung in Madrid und machte damit gemeinsame Sache mit den monarchistischen Parteien. Die folgende blutige Niederschlagung der Aufstände – allein in Barcelona und Sabadell starben im August 1917 siebenunddreißig Menschen infolge der Zusammenstöße – unterdrückte zwar die Protestbewegung der Arbeiterschaft. Das politische System war aber noch immer nicht in der Lage, eine adäquate Antwort auf die drängenden sozialen Probleme zu geben. Vielmehr vertieften sich Ressentiment und Hass seitens der Arbeiterschaft.

Das Ende des Ersten Weltkrieges bedingte darüber hinaus eine neuerliche Erschütterung. Der Krieg hatte nämlich für die Industrieregionen im neutralen Spanien eine Zeit eines außerordentlichen Wirtschaftswachstums bedeutet, da die kriegführenden Nationen einen erhöhten Bedarf an Waren aller Art gehabt hatten. Auf das Kriegsende folgte nun unweigerlich das Ende der außergewöhnlichen Konjunktur. Die Folge waren Massenentlassungen und Lohnkürzungen. Streiks wurden wiederum mit Aussperrungen und Gewalt beantwortet, so dass sich die städtische Arbeiterschaft weiter radikalisierte. Insbesondere Barcelona erlebte in diesen Jahren eine gewaltige Welle der Gewalt, denn trotz einer massiven Repression gelang es der CNT Ende Februar 1919 – durch die Ereignisse der Russischen Revolution beflügelt –, den Anstoß zu langandauernden und schweren Arbeitskonflikten zu geben, die mit dem Zusammenbruch des gesamten Stromnetzes in Barcelona und den Folgen eines Generalstreiks alles bis dahin Dagewesene übertrafen. Mord, Überfälle, Bomben und Bandenkrieg wurden auf den Straßen Barcelonas zu einer alltäglichen Erscheinung. Der gefürchtete spätere Innenminister und Chef der Geheimpolizei General Severiano Martínez Anido griff in dieser Zeit als Zivilgouverneur von Barcelona unnachgiebig durch, um vor allem die Macht des katalanischen Anarchismus zu brechen. Militär, Arbeitgeber und Bürgertum machten dabei gemeinsam Front und reagierten unerbittlich und grausam auf die revolutionäre Gewalt.

Vor dieser Gewaltkulisse gerieten wiederum die Autonomieforderungen der *Lliga* in den Hintergrund. Das politische System erwies sich allerdings als unfähig, die Krisen (zu denen noch der nicht endende Kolonialkrieg in Marokko hinzukam) zu lösen; allein zwischen April 1917 und September 1923 lösten vierzehn Regierungen einander ab. Aufgrund der Kooperation mit den Parteien der Monarchie und in Ermangelung von Fortschritten bei der Dezentralisierung des Staates geriet aber auch die *Lliga* in eine schwere Krise. 1922 spaltete sich schließlich die *Acció Catalana* ab, die mit einem radikaleren Auftreten offensiv für das Ziel der Föderalisierung Spaniens eintrat. Der konservative politische Katalanismus war nun in sich tief gespalten und geschwächt. Die verschiedenen katalanistischen Parteien, die in dieser Zeit wiederum im linken politischen Spektrum entstanden, waren aber ebenfalls noch weit davon entfernt, ein politisches Gewicht oder gar eine politische Einheit darzustellen. Unter der Führung von Francesc Macià entstand 1922 mit *Estat Català* allerdings eine republikanische Bewegung, die erstmals den Separatismus und den bewaffneten Kampf nach irischem Vorbild propagierte.

Die Diktatur von General Primo de Rivera

Der oberkommandierende General für die Militärregion Katalonien, Miguel Primo de Rivera, übernahm im September 1923 angesichts der innenpolitischen Krisen und der Gewalt auf den Straßen mittels eines von König Alfons XIII. tolerierten Staatsstreichs die Macht. Mit der Ablösung des parlamentarischen Systems trat nun ein Diktator an die Spitze der Regierung, der sich als Speerspitze einer «nationalen und patriotischen Revolution von oben» und als Erneuerer Spaniens verstand. Spanien wurde damit von einer Militärdiktatur beherrscht, wie sie auch kennzeichnend für viele ost- und südosteuropäische Staaten der Zwischenkriegszeit war.

Mit Ausnahme der Anarchisten, die unverändert die Zerstörung von Staat und Kapitalismus anstrebten, sowie der kleinen kommunistischen Partei erhofften sich anfangs alle politischen und sozialen Gruppierungen positive Impulse. So wurden zwar die anarchistischen Organisationen verboten, stattdessen aber wurde die sozialistische Gewerkschaft UGT in das System integriert und übernahm die Vertretung der Interessen der Arbeiterschaft. Die Sozialisten erhofften sich durch diese pragmatische Haltung eine spürbare Verbesserung der Lage der Arbeiterschaft. In der Tat erreichte Primo de Rivera die Lösung einiger brennender Probleme. Aufgrund der Kooperationsbereitschaft der Sozialisten nahmen die sozialen Auseinandersetzungen deutlich ab. Ein breit angelegtes Infrastrukturprogramm verfolgte die Aufgabe, strukturelle Defizite zu beseitigen. Die Wirtschaftsleistung und das Volkseinkommen wiederum stiegen, und der Industrialisierungsprozess in Katalonien schritt damit weiter voran. Daran hatte die Elektrifizierung Kataloniens im ersten Drittel des 20. Jahrhunderts einen entscheidenden Anteil, als die in den Pyrenäentälern mit dem Bau von Stauseen hydraulisch gewonnene Energie über weite Strecken in die Industriezentren geleitet wurde. Der Einsatz von elektrisch betriebenen Motoren beflügelte die Industrie, da dieser Energieträger nicht nur günstiger als die Importkohle war, sondern auch die Möglichkeit eröffnete, die engen Räume, in denen die Nutzung der Wasserkraft zum direkten Antrieb von Maschinen möglich war, zu verlassen. Die industrielle Expansion erfasste vor allem das weitere Umland von Barcelona, so dass in dieser Verwaltungsprovinz 1930 bereits die Hälfte aller katalanischen Industriearbeiter wohnte. Nun stellte sich auch eine stärkere Diversifizierung der industriellen Produktion ein, womit die Textilindustrie ihre hegemoniale Position verlor. Vielmehr erhielten jetzt die metallverarbeitende Industrie und der Maschinenbau einen starken Aufwind. Die chemische Industrie expandierte ebenfalls vor allem als Reaktion auf die gestiegene Nachfrage nach Dünger durch die Landwirtschaft. Auch die Zementherstellung erlebte einen starken Aufschwung aufgrund eines gewaltigen Bedarfs im Bausektor. Selbst die Konsumgüter- und Nahrungsmittelindustrie fand in einer in Expansion befindlichen bürgerlichen Gesellschaft gute Absatzmärkte. Allerdings war der nationale

Bankensektor nicht in der Lage, ausreichend Kapital bereitzustellen, um die notwendigen Investitionen zu tätigen. Somit drangen vor allem ausländische Unternehmen wie Siemens, Pirelli, Olivetti, Hoechst, Bayer, BASF oder AEG in den katalanischen Markt und übernahmen eine führende Rolle in der industriellen Produktion. Ausländisches Kapital hatte auch maßgeblichen Anteil an der Elektrifizierung Kataloniens. Auf diese Weise profitierte die katalanische Industrie von einer sich international erholenden Wirtschaft.

Wenngleich 1926 eine militärische Großoffensive schließlich sogar die Zerschlagung des Widerstandes in Nordmarokko und damit die Befriedung der Region bewirkte, traten innerhalb der verkrusteten Gesellschaftsstrukturen bald Probleme auf, die sich für Primo de Rivera als unüberwindbare Hindernisse erweisen sollten. Da der Diktator die Einführung paritätisch besetzter Tarifparteien zur Regelung von Fragen der Entlohnung und Arbeitsbedingungen anstrebte, brachte er Großgrundbesitzer und Industrielle gegen sich auf. Auch andere Bereiche des öffentlichen Lebens, die er neu zu regeln versuchte (etwa eine Neuordnung des Laufbahn- und Beförderungssystems beim Militär), führten zu Konflikten mit den Eliten des Landes. Hinzu kamen weitere Herausforderungen, die sich aus dem beschleunigten sozialen Wandel ergaben. Gerade die Bevölkerung in der Provinz Barcelona wuchs im ersten Drittel des 20. Jahrhunderts unaufhaltsam weiter: Die Zahl der Einwohner verdoppelte sich hier nahezu, und die große Metropole überwand 1930 die Millionengrenze. Der Bau von Schulen, Wohnungen, öffentlichen Verkehrsmitteln sowie der Kanalisation konnte nicht nur nicht mit dieser Entwicklung Schritt halten, sondern stellte eine kaum zu bewältigende finanzielle Belastung für die städtischen Kassen dar. Das katalanische Bürgertum wiederum stieß sich an der Ablehnung der Autonomieforderungen durch den Diktator. Ganz im Gegenteil wurde der Zentralismus gestärkt, und die Regierung ging gegen den Katalanismus vor. Dutzende katalanistischer Vereinigungen wurden auf behördliche Weisung hin geschlossen und die Verwaltungsposten auf

Provinz- und kommunaler Ebene neu besetzt. Auch die *Mancomunitat* war unter die Kontrolle von Parteigängern von Primo de Rivera gekommen, bevor sie im Juli 1925 aufgelöst wurde. Zudem wurde die Verwendung von katalanischen Symbolen sowie der katalanischen Sprache in öffentlichen Einrichtungen verboten. Der Klerus wiederum wurde angehalten, die Predigten auf Kastilisch zu halten. Die Spannungen zwischen der Zentralregierung und Katalanisten bestanden damit nicht nur fort, sondern erhielten neuen Auftrieb, wie jener Zwischenfall zeigt, als im Juni 1925 bei einem Fußballspiel die königliche Hymne mit Pfiffen und Buhrufen bedacht und daraufhin das Stadion auf Befehl des Zivilgouverneurs, General Joaquín Milans del Bosch, für sechs Monate geschlossen wurde.

Nachdem Katalanisten bereits nach Ende des Ersten Weltkrieges vergeblich gehofft hatten, auf internationaler Ebene im Rahmen des damals propagierten Selbstbestimmungsrechtes der Völker Verbündete zu finden, versuchte eine Reihe von ihnen im Jahr 1926 in diesem Klima der Repression – freilich wieder ohne Erfolg – die kulturelle Unterdrückung in Katalonien vor dem Völkerbund in Genf zur Sprache zu bringen, der sich erklärtermaßen für die Rechte von nationalen Minderheiten einsetzte. Bald gediehen aber auch radikale Pläne zur Durchsetzung von politischen Forderungen. Francesc Macià, der im Pariser Exil lebte, begann, eine bewaffnete Erhebung vorzubereiten, die, so die Erwartungen, unweigerlich in einen Volksaufstand übergehen würde. Hierzu suchte Macià Mitstreiter, etwa unter den Anarchisten, und er reiste sogar nach Moskau, um – allerdings erfolglos – die Hilfe der Komintern zu erbitten, da sich auch diese das Selbstbestimmungsrecht der Völker auf die Fahnen geschrieben hatte. Der schließlich im November 1926 erfolgte Versuch, die Revolution nach Katalonien hineinzutragen, scheiterte jedoch bereits an der französischen Grenze, als die Milizionäre von französischen Gendarmen gestellt und entwaffnet wurden. Auch andere Verschwörungspläne kamen nicht zur Ausführung oder wurden vorzeitig entdeckt.

Mit der Zunahme der Finanz- und Wirtschaftsprobleme infolge der internationalen Finanzkrise im Jahr 1929 geriet die Diktatur in schwere Turbulenzen. Schließlich scheiterte in diesem Jahr auch der Versuch der Institutionalisierung eines autoritären korporativen Staates, wie er sich in Portugal oder Österreich entwickeln sollte, als der durch Primo de Rivera vorgelegte Verfassungsentwurf von den traditionellen Machteliten abgelehnt wurde. Diese sahen im Diktator nicht mehr den Vertreter ihrer Interessen. Angesichts des Verlustes an Rückhalt – auch innerhalb des Militärs – trat Primo de Rivera im Januar 1930 zurück und ging ins französische Exil. Die durch den König eingesetzte Regierung unter General Dámaso Berenguer versuchte nun, die Lage unter Kontrolle zu bringen und eine Rückkehr zum System der *Restauration* zu bewerkstelligen. In Katalonien wurden die meisten Mandatsträger aus der Zeit vor 1923 wieder in ihre Ämter eingesetzt und andere politisch motivierte Maßnahmen wie die Entlassung von Lehrern und Verwaltungsbeamten oder die Auflösung katalanistischer Vereinigungen rückgängig gemacht. Auch die *Lliga* ging auf die Regierung zu und trat im Februar 1931 in eine Regierung unter Admiral Juan Bautista Aznar ein. Gleichzeitig formierte sich allerdings von Seiten der republikanischen Katalanisten der Widerstand gegen diese rückwärtsgewandte Entwicklung. Zudem brachen wieder die alten sozialen Konflikte auf, und es radikalisierten sich erneut die politischen Auseinandersetzungen. In San Sebastián entstand im Sommer 1930 eine ernstzunehmende republikanische Front, an der auch republikanische Katalanisten teilnahmen. Hier wurde unter anderem beschlossen, den nationalen Bewegungen in den historischen Regionen in einer künftigen Republik Rechnung zu tragen. Nachdem Ende 1930 ein republikanischer Erhebungsversuch scheiterte, bot sich die Gelegenheit, im Rahmen der Kommunalwahlen die Kräfte zu messen.

Während die *Lliga* dabei hoffte, dank der Zersplitterung der republikanischen Kräfte wieder die Führungsrolle im Katalanismus zu übernehmen, entstand kurz vor den Wahlen eine neue republikanisch-katalanistische Sammlungsbewegung: die *Esquerra*

Republicana de Catalunya (ERC), der sich auch Francesc Macià anschloss. Infolge der Kommunalwahlen vom 12. April 1931, die von den Wählern als Plebiszit über das politische System verstanden wurden, kam es schließlich zum Kollaps des Systems. Zwar hatten auf dem Land aufgrund der dort noch weitgehend funktionierenden althergebrachten Sozialstrukturen die besitzenden Schichten einen Wahlsieg errungen, die Sozialisten und das republikanische Bürgertum waren indes in den meisten Städten als stärkste Gruppierung hervorgegangen. In Katalonien setzte sich überraschenderweise die ERC gegenüber allen anderen katalanistischen Parteien durch und erreichte sogar eine absolute Mehrheit im Stadtparlament von Barcelona. Lluís Companys wurde zum Bürgermeister der Stadt gewählt. Damit übernahm erstmals eine republikanische Partei die Führungsrolle im politischen Katalanismus. Selbst der spanische Republikanismus der *Radikalen* hatte schwere Einbußen hinnehmen müssen. Angesichts einer allgemeinen Orientierungslosigkeit und aus Angst vor einer weiteren politischen Eskalation sowie einer Machtübernahme radikaler Arbeiterorganisationen entzogen das Establishment und vor allem die Streitkräfte dem König das Vertrauen. Alfons XIII. ging am 14. April 1931 ins Exil.

IV. Autonome Gemeinschaft und Nation (1931–2006)

Mit dem Ende der Monarchie trat die Geschichte Kataloniens in eine neue Phase. Am 14. April 1931 erschien um die Mittagszeit Lluís Companys am Balkon des Rathauses von Barcelona und rief die spanische Republik aus. Damit kam er Francesc Macià zuvor, der wenig später von dem alten Sitz der *Generalitat* aus den katalanischen Staat als Bestandteil einer Föderation iberischer Republiken proklamierte. Noch am gleichen Tag ging Macià daran, eine vorläufige Regierung für Katalonien zu bilden und die wichtigsten zivilen und militärischen Posten neu zu besetzen. Auch wurden die Provinzialregierungen abgeschafft und in die Regierung Kataloniens eingegliedert. Auf diese Weise sollte die in etwa zeitgleich sich bildende republikanische Regierung in Madrid vor vollendete Tatsachen gestellt werden. Die *Lliga* war nicht mit von der Partie. Allerdings gelang es der provisorischen Regierung in Madrid unter Niceto Alcalá Zamora, den Gang der Ereignisse in Barcelona aufzuhalten. Die katalanische Regierung willigte ein, gemäß der Vereinbarung von San Sebastián in Zusammenarbeit mit den Madrider *Cortes* zu einer Autonomieregelung zu gelangen. Die Zentralregierung stand allerdings neben der Regelung der Autonomiefrage vor weiteren gewaltigen Aufgaben zur Schaffung einer parlamentarisch-demokratischen Ordnung. Hierzu gehörten eine Militärreform zur Professionalisierung und Entpolitisierung der Streitkräfte, eine historisch erstmalige strikte Trennung der Einflussbereiche von Kirche und Staat, eine grundlegende Agrarreform, um die dramatische Lage der Landarbeiterschaft zu verbessern, sowie der Neuaufbau des Schulwesens zur Senkung der nach wie vor sehr hohen Analphabetenquote. Der Börsenkrach von New York und die wirtschaftliche Depression der folgenden Jahre in den Industrieländern hatten darüber hinaus auch die spanische Wirtschaft erfasst und bildeten eine zusätzliche schwere Hypothek für die spanische Republik.

Das Statut von Núria

Bei den Wahlen zu den verfassunggebenden Madrider *Cortes* Ende Juni 1931, die in Katalonien mit einer Rekordwahlbeteiligung von fast siebzig Prozent stattfanden, baute die ERC im Bündnis mit ihrem Juniorpartner, der *Unió Socialista de Catalunya* (USC), ihre Führungsrolle weiter aus und stellte dank eines Wahlsystems, das die stimmenstärkste Partei deutlich begünstigte, eine deutliche Mehrheit aller katalanischen Abgeordneten. Eine Delegiertenversammlung ging wiederum in Katalonien daran, ein Autonomiestatut zu erarbeiten, das Anfang August 1931 durch ein Plebiszit mit beeindruckender Mehrheit bestätigt wurde (*Estatut de Núria*). Damit behielt Katalonien im Autonomieprozess die Initiative. Der Weg zur Autonomie blieb allerdings nicht unwidersprochen. Die sich ankündigende Autonomieregelung für Katalonien wurde zusammen mit einem Agrarreformprojekt Anfang August 1932 sogar zum Auslöser des ersten gegen die republikanische Ordnung gerichteten Putschversuchs. Für die nationalspanisch denkende Rechte war die Nation unauflösbar und jegliche Form einer Autonomieregelung, die als Akt des Separatismus verstanden wurde, nicht hinnehmbar. Die Erhebung unter General José Sanjurjo scheiterte jedoch und bewirkte letztlich das Gegenteil des Beabsichtigten. Der parlamentarische Prüfungsprozess wurde beschleunigt und das ausgehandelte Statut bereits im September 1932 durch die Madrider *Cortes* bestätigt. Katalonien war damit die erste und einzige historische Region, die noch vor Beginn des Bürgerkrieges den Status einer autonomen Region errang. Einige der ursprünglichen politischen Forderungen waren allerdings auf der Strecke geblieben. So wurde Katalonien nicht, wie zunächst formuliert, als «autonomer Staat innerhalb der spanischen Republik» definiert, sondern als «autonome Region innerhalb des spanischen Staates». Auch die vorgesehene Einführung des Katalanischen als einziger offizieller Sprache war für die

Madrider *Cortes*-Abgeordneten nicht hinnehmbar. Fortan hatten sowohl Kastilisch als auch Katalanisch einen offiziellen Status. Auch die Forderung nach einer Verfügungsgewalt über alle in Katalonien anfallenden Einnahmen aus den direkten Steuern wurde während der Beratungen zu Fall gebracht. Katalonien musste sich mit deutlich geringeren Finanzmitteln zufriedengeben. Die übertragenen Kompetenzen waren dennoch beträchtlich. Die *Generalitat* übernahm die Zuständigkeit in den Bereichen der öffentlichen Ordnung, des öffentlichen Bauwesens, des katalanischen Zivilrechts, der Gemeindeverwaltung und des Verwaltungsrechts. Andere Bereiche wie die Sozialgesetzgebung oder das Erziehungswesen blieben allerdings in den Händen der Zentralgewalt. Die neu eingerichtete *Generalitat* bestand nun aus einem Parlament, einem Präsidenten sowie einem Exekutivkomitee als Regierung. Die ersten Wahlen zum Regionalparlament im November 1932 erbrachten als Zeichen der Zufriedenheit mit dem Erreichten erneut einen klaren Sieg der *Esquerra*, die die absolute Mehrheit der Abgeordnetenmandate errang. Francesc Macià, der zum Präsidenten der katalanischen Regierung gewählt wurde, verzichtete auf eine Koalitionsbildung und setzte seine Regierungsmannschaft ausschließlich aus eigenen Gefolgsleuten zusammen. Lluis Companys wurde zunächst Präsident des katalanischen Parlamentes und rückte ein Jahr später nach dem Tod von Macià an die Spitze der *Generalitat*.

Nun begann eine (kurze) Phase der Umgestaltung Kataloniens in dem durch das Statut vorgegebenen Rahmen. Die in weiteren Verhandlungen zwischen Madrid und Barcelona vorzunehmende praktische Umsetzung der Kompetenzübertragung zog sich allerdings in die Länge. So ging die Zuständigkeit für die Justiz und die öffentliche Ordnung (mit Übertragung des Kommandos über die Guardia civil und die Polizei) erst im Herbst 1933 an die katalanischen Behörden über. Andere Bereiche folgten sukzessive, so dass die *Generalitat* auf der neuen Grundlage auch eine Gebietsreform und eine Reform der kommunalen Selbstverwaltung durchführen konnte. Anfang 1934 fanden erstmals in Eigenregie auch Wahlen auf Gemeindeebene statt. Die *Generalitat* wurde aber insbesondere im Bereich der intensiven Förderung der katalanischen Sprache aktiv, wenngleich sich Madrid dagegen gesperrt hatte, die Zuständigkeit über das Erziehungswesen (und damit auch über die Unterrichtssprache) aus den Händen zu geben. Katalanischkenntnisse blieben damit für die Lehrkräfte an den staatlichen Schulen nicht verpflichtend, und das Angebot von Katalanischunterricht war nur ein Zusatzangebot. Allein im Universitätsbereich gelang es der *Generalitat* ein Mitsprache- und Gestaltungsrecht zu bekommen. Aber auch in anderen Bereichen wie dem Rundfunk- und Verlagswesen kam die Katalanisierung voran. Als kurioses Detail sei dabei angemerkt, dass der «Welttag des Buches» auf einen katalanischen Brauch zurückgeht. So werden am 23. April, dem Namenstag des katalanischen Schutzpatrons Sant Jordi, die Menschen, die man schätzt, traditionell mit einer Rose und einem Buch beschenkt.

Trotz der absoluten Mehrheit der *Esquerra* führten innerparteiliche Spannungen in dieser noch nicht gefestigten Partei zu instabilen Regierungsverhältnissen. Die Umgestaltung Kataloniens wurde aber auch durch soziale Konflikte erschüttert. Die Anarchisten, die bei den Parlamentswahlen von 1931 noch eine Wahlempfehlung zugunsten der linksrepublikanischen Parteien abgegeben hatten, zeigten sich von der «bürgerlichen Politik» enttäuscht, und die Bewegung radikalisierte sich neuerlich. 1932 und 1933 fanden in Katalonien und an anderen Orten Spaniens gewaltbegleitete revolutionäre Aufstandsversuche statt, die blutig niedergeschlagen wurden und zu einer Spirale der Gewalt führten.

Im November 1933 übernahm eine konservativ-reaktionäre Koalition nach Parlamentswahlen die Regierungsgewalt in Madrid. Auch in Katalonien hatten konservative Kräfte an Stärke gewonnen, wenngleich die katalanistische Linke immer noch eine größere Anzahl von Abgeordneten nach Madrid entsenden konnte als die unter dem Namen *Lliga Catalana* reorganisierte katalanistische Rechte. Diese Machtübernahme führte zu einem vorläufigen Ende des durch die linksrepublikanische Regierung betriebenen Reformprozesses, und in Katalonien folgte reflexartig ein Kräftezusammenschluss der linken katalanistischen Kräfte unter Lluís Companys als Präsident der *Generalitat*. Die *Lliga* wiederum zog sich aus dem katalanischen Parlament zurück, und bald brachen auch Konflikte zwischen Madrid und Barcelona aus. Sie bewegten sich zunächst innerhalb des von der Verfassung vorgegebenen Rahmens. So betrieb die Regierung in Madrid erfolgreich eine Verfassungsklage gegen ein von der *Generalitat* Mitte April 1934 erlassenes Gesetz, das aufgrund des politischen Drucks der einflussreichen Gewerkschaft der Weinbauern (*Unió de Rabassaires*) zustande gekommen war. Das Gesetz bedeutete nämlich nicht nur eine Einschränkung der Eigentumsrechte bei Pachtverträgen, sondern darüber hinaus eine weitreichende Reform der Agrarverfassung, da die Pächter die rechtlich garantierte Option erhielten, das Eigentum an den gepachteten Feldern zu günstigen Bedingungen zu erwerben. Die Konflikte, die um dieses Gesetz entbrannten, waren allerdings auch grundsätzlicher Natur: Während vor allem die *Esquerra Republicana* davon überzeugt war, dass die Madrider Regierung das Autonomiestatut aushebeln wollte, wurden der *Generalitat* nicht nur Kompetenzüberschreitung, sondern auch separatistische Absichten angelastet. Mitten in diesem eskalierenden Konflikt rief die sozialistische Gewerkschaft UGT Anfang Oktober als Reaktion auf die als faschistische Machtübernahme wahrgenommene Regierungsbeteiligung von José María Gil Robles, dem Führer der rechten Sammlungsbewegung CEDA, einen spanienweiten Generalstreik aus. Companys ergriff in diesem Klima des allgemeinen Aufruhrs die Gelegenheit (wohl in der Hoffnung auf eine Analogie zu den Ereignissen vom April 1931, als die Monarchie kampflos das Feld geräumt hatte), um den «Staat Katalonien innerhalb der föderalen Republik Spanien» auszurufen. Während in Asturien die «spanische Oktoberrevolution» nur mit dem Einsatz militärischer Gewalt langsam und grausam niedergerungen werden konnte, wurde der Generalstreik andernorts durch das rasche Vorgehen der Ordnungskräfte unterbunden. Auch in Katalonien scheiterte der Aufstand nach nur zehn Stunden (nicht zuletzt auch aufgrund der Passivität der CNT als einziger Massengewerkschaft).

Diese «Oktoberrevolution» hat nicht nur das gesamte politische System Spaniens zutiefst erschüttert und den Boden für eine weitere Radikalisierung der politischen Lager bereitet. Die Niederschlagung des Aufstandes brachte auch die Suspension der katalanischen Institutionen mit sich sowie die Verhaftung der gesamten Regierung (bis auf den katalanischen Innenminister, dem es gelungen war, nach Frankreich zu fliehen). Wenig später wurde auch noch per Gesetz das Autonomiestatut außer Kraft gesetzt und darüber hinaus eine Vielzahl an kommunalen Amtsinhabern ihrer Ämter enthoben. Die *Generalitat* bestand zwar nominell fort, ihre Zusammensetzung wurde allerdings durch die Regierung in Madrid bestimmt. Die abgesetzten Regierungsmitglieder wurden wiederum zu langjährigen Haftstrafen verurteilt, und erst ein halbes Jahr nach den Ereignissen wurde der aus Anlass des Aufstandes verhängte Ausnahmezustand aufgehoben. In Katalonien übernahm nun die *Lliga* die politischen Schlüsselpositionen und machte im Rahmen des Wahlbündnisses *Front Català d'Ordre* gemeinsame Sache mit *Radikalen*, CEDA und sogar katalanischen *Karlisten*. Auf der Linken wiederum verbanden sich die politischen Kräfte (analog zum «Volksfrontbündnis» auf nationaler Ebene) im *Front d'Esquerres de Catalunya*. Die Wahlen zum Madrider Parlament vom Februar 1936 brachten in der Folge wieder einmal eine politische Wende, als das Linksbündnis eine Mehrheit der Abgeordneten errang. Während aber auf nationaler Ebene konservative und linksrepublikanische Kräfte im Grunde nahezu gleichauf gelegen hatten und lediglich das Wahlsystem die enorme Mehrheit an Abgeordneten der Linken ermöglicht hatte, konnte in Katalonien der *Front d'Esquerres* mit beinahe sechzig Prozent der Stimmen einen klaren Sieg über den *Front Català d'Ordre* erringen.

Nach dem Sieg des Linksbündnisses wurden die nach den Oktoberereignissen von 1934 getroffenen Maßnahmen rückgängig gemacht: Das Autonomiestatut wurde wieder in Kraft gesetzt, Companys und seine Regierungsmannschaft wurden amnestiert und übernahmen nahezu vollzählig erneut die politische Führung innerhalb der *Generalitat*. Auch wurden die ihren Ämtern enthobenen Kommunalpolitiker wieder eingesetzt und die politisch motivierte Entlassungswelle rückgängig gemacht. Landesweit folgte nun allerdings eine Phase der politischen Eskalation, von der Katalonien jedoch nicht ganz so stark betroffen war. Alsbald traten auch wieder Teile des Militärs auf den Plan, die schließlich nach der Ermordung des Monarchistenführers José Calvo Sotelo den bewaffneten Aufstand wagten.

Kollektivierung und revolutionäre Gewalt

Der Putschversuch, der am 17. Juli 1936 im marokkanischen Protektorat seinen Ausgang nahm, brachte kein klares Ergebnis. Der Erhebung schlossen sich bei weitem nicht alle Garnisonsstädte und Militärkommandanturen an, und dort, wo sie es taten, trat dem Aufstand oftmals erbitterter Widerstand entgegen. Dies war auch in Katalonien der Fall. Die Aufständischen verließen zwar am Morgen des 19. Juli die Kasernen Barcelonas und suchten die Entscheidung auf der Straße. Sie wurden aber durch die Polizeikräfte und die Guardia civil, die der Zivilgewalt treu geblieben waren, und, obwohl sich die *Generalitat* geweigert hatte, die Arbeiterschaft zu bewaffnen, mit Unterstützung der mächtigen und gut organisierten anarchosyndikalistischen Verbände (sowie weiterer Arbeiterorganisationen) nach heftigen Schusswechseln zurückgeworfen. General Manuel Goded, der als Militärbefehlshaber die Erhebung auf der Insel Mallorca herbeigeführt hatte, traf am Nachmittag im Hauptquartier in Barcelona ein und versuchte vergeblich, dort den Aufstand doch noch zu einem Erfolg zu führen. Am Folgetag wurde die Erhebung in Barcelona und auch in anderen Garnisonsstädten Kataloniens, die sich wie Lleida dem Putsch ebenfalls angeschlossen hatten, jedoch vollständig niedergeworfen. Die Anarchisten, die im Rahmen der Kämpfe ein bedeutendes Waffenlager gestürmt und große Mengen an Kriegsmaterial erbeutet hatten, wurden zum zentralen Machtfaktor in Katalonien. Zeitgleich entstand als Gegengewicht der *Partit Socia-*

lista Unificat de Catalunya (PSUC) als sozialistische Einheitspartei, der auch die katalanische Sektion des PSOE und der stalinistische PCE angehörten. Die neue Partei schloss sich der von Moskau aus gelenkten Komintern an und verstand sich als Vorbote der Vereinigung aller sozialistischen Kräfte im Sinne der Beschlüsse der Komintern.

Wenige Tage nach Beginn des Putschversuches war schließlich klar, dass weder die Regierung noch die Aufständischen die Kontrolle über Spanien hatten. Je nach Erfolg oder Misserfolg der Erhebung dominierte eines der beiden Lager. In der Folge entstand ein Frontverlauf, der die Ausgangssituation für den nun beginnenden Bürgerkrieg bildete, der auch zum Tummelplatz und Experimentierfeld der europäischen Mächte werden sollte. Die Aufständischen kontrollierten zunächst lediglich ein Drittel des Staatsgebietes. Dabei verfügten sie jedoch über große Teile der landwirtschaftlichen Nutzfläche, was die Versorgung der ohnehin eher schwach besiedelten Gebiete unter ihrer Kontrolle erleichterte. Die relevanten Industriezentren, insbesondere in Katalonien und im Baskenland, waren in den Händen der Republik geblieben. Allein im Großraum Barcelona waren am Vorabend des Bürgerkrieges etwa vierzig Prozent der spanischen Industriekapazität angesiedelt. Dort, wo der Putsch niedergeworfen worden war, kamen wiederum auf lokaler Ebene revolutionäre Prozesse unmittelbar in Gang, denen die Zentralregierung ohnmächtig gegenüberstand. Die Regierung in Madrid verlor vollständig die Kontrolle über ihren eigenen Machtbereich. Damit begannen die Monate einer flächendeckenden sozialen Revolution, die zu einer in der europäischen Geschichte einzigartigen Umwälzung der Gesellschaftsordnung führen sollte. In Katalonien wiederum blieb zwar die Regierung der *Generalitat* unter Companys im Amt, doch verlor sie ebenfalls zunächst die politische Kontrolle. Die Macht war an die CNT übergegangen, und ein *Zentralkomitee der Antifaschistischen Milizen*, dem die unterschiedlichen linksrepublikanischen Kräfte unter Ausschluss des PSUC angehörten, trat als revolutionäres Organ in Konkurrenz zur autonomen Regierung, wenngleich sein Einfluss aufgrund der revolutionären Vorgänge wohl nicht über die Stadtgrenzen hinausreichte. Eine der Hauptaufgaben dieses Komitees war nach Auflösung der Kommandostrukturen der Streitkräfte und der Polizei die Zusammenstellung von Arbeitermilizen für den Kampf an der Front in Aragonien. Am 23. Juli zogen die ersten bewaffneten Einheiten von Barcelona aus, um Zaragoza zu erobern, doch kamen sie nicht näher als zwanzig Kilometer an die Stadt heran. Hier sollte sich der Frontverlauf zunächst stabilisieren. Von hier aus konnten die Milizionäre nachts die Lichter der Stadt sehen, die nur wenige Tage zuvor eine Hochburg des Anarchismus gewesen war.

Die Anarchisten gingen nun auch daran, das öffentliche Leben unter ihre Kontrolle zu bringen. In Barcelona und andernorts in Katalonien entstanden zahllose autonome Komitees, die das politische und wirtschaftliche Leben in die Hand nahmen und alle Arten von landwirtschaftlichen Produktionsstätten, Industrieanlagen und Handelshäusern übernahmen, deren Eigentümer in der Regel geflohen oder erschossen worden waren. Selbst kleine Werkstätten und Dienstleistungsbetriebe wurden in das neue Wirtschaftssystem eingebunden. Barcelona war zweifellos die Stadt, in der der Eifer zur Umsetzung der sozialen Revolution am größten war. Die Kollektivierungsmaßnahmen verliefen allerdings nicht immer konfliktfrei, und so kam es wiederholt zu bewaffneten Auseinandersetzungen. Eine weitere Folge der spontanen sozialen Revolution war allerdings, dass Verwirrung, organisatorisches Durcheinander und Improvisation zu Determinanten im atomisierten republikanischen Herrschaftsgebiet wurden. Die Formen der Kollektivierungen variierten zudem von Gegend zu Gegend beträchtlich, zumal in den Vorstellungen über die Umsetzung und den Inhalt der sozialen Revolution große Differenzen existierten. Nichtkollektivierte Betriebe – hierzu gehörten vor allem auch ausländische Industriebeteiligungen – wurden wiederum von Kontrollkomitees überwacht und durch Regulierungsmaßnahmen in den Produktions- und Wirtschaftsprozess eingepasst. Die Kleinbauern, die in Katalonien ebenfalls von den Maßnahmen ausgenommen wurden, mussten allerdings nicht nur die Konkurrenz der großen Produktionsgenossenschaften fürchten, sondern auch die Benachteiligung durch übergeordnete sozialrevolutionäre Koordinationsinstanzen. Diese Ungleichbehandlung sowie die Angst vor einer späteren, womöglich auch sanktionsbegleiteten Zwangsenteignung haben dazu beigetragen, dass Grundeigentümer oftmals «freiwillig» den Kollektiven beitraten. Ähnlich problematisch erwies sich in den Städten das Verhältnis zwischen den kleinen Betrieben und den großen Industrieunternehmen.

Gleichzeitig setzte sich bei den Anarchisten die Überzeugung durch, dass der Übergang vom Kapitalismus zur klassen- und herrschaftsfreien Gesellschaft nicht auf Anhieb durchzusetzen sei. Damit war wiederum nicht nur der Weg zur Akzeptierung staatlicher Macht beschritten, sondern Ende September 1936 letztlich auch zu einer aktiven Teilhabe an dieser Macht, nachdem sich eine Fortsetzung der traditionell vertretenen Ablehnung jeglicher Herrschaftsausübung als kontraproduktiv erwiesen hätte. Auf diese Weise entstand recht bald eine Regierung, in der Anarchisten, die ERC, der antistalinistische *Partido Obrero de Unificación Marxista* (POUM) und sogar der PSUC vertreten waren. Auch auf lokaler Ebene wurden die Komitees Mitte Oktober 1936 angewiesen, das innerhalb der *Generalitat* gebildete Kräfteverhältnis unabhängig von den bestehenden lokalen Machtverhältnissen zu übernehmen. Dies stellte allerdings auch den ersten Schritt dar, die lokalen und autonom agierenden Komitees allmählich zu entmachten. Darüber hinaus ging bedingt durch die Kriegsökonomie auch die Aufgabe der Lenkung und Koordination der Wirtschaft an einen von der *Generalitat* eingerichteten Wirtschaftsrat über. Ende Oktober 1936 verabschiedete die *Generalitat* aber auch ein Dekret, wonach die entstandene Situation nach den Kollektivierungen legalisiert, gleichzeitig jedoch auf Druck von ERC und Sozialisten die kleinen Eigentümer und Unternehmer geschützt wurden, um auf diese Weise deren Unterstützung für die Kriegsanstrengung zu sichern. Somit wurde die von den Anarchisten angestrebte vollständige Syndikalisierung der Wirtschaft beschränkt.

Diese Heterogenität der politischen Kräfte und deren divergierende Vorstellungen über die Organisation und Verteilung der Macht verursachten in der Praxis unweigerlich Reibungen und Koordinationsprobleme, die einer effizienten Verwaltung und Kriegführung hinderlich waren. Die Kollektivierungen auf lokaler Ebene führten zudem in der Regel dazu, dass die Vermarktungskanäle gerade zu einem Zeitpunkt unterbrochen wurden, in dem kriegsbedingt die Versorgung der Bevölkerung und der Truppen eine ohnehin gewaltige Herausforderung darstellte. Damit erwies sich, dass die Durchsetzung der sozialen Revolution auf lokaler Ebene außerordentlich problematisch war, wenn gleichzeitig gewaltige Kriegslasten getragen werden mussten. Auf diese Weise standen die lokalen Räte vor dem Dilemma, Lenkungsmaßnahmen zulassen zu müssen, die dem anarchistischen Prinzip widersprachen. Versuche, die lokalen Organisationen zu koordinieren, scheiterten aber immer wieder am Widerstand vor Ort. Die Versorgungsprobleme führten wiederum zum Fortbestand freier Vermarktungskanäle, zur Entstehung einer Schattenwirtschaft und eines florierenden Schwarzmarktes. Trotz der kriegsbedingten Kräftemobilisierung sank damit die Industrieproduktion beträchtlich. Im Februar 1937 war die Wirtschaftsleistung Kataloniens im Vergleich zu Anfang 1936 auf siebzig Prozent und bis April 1938 sogar auf etwa fünfzig Prozent gefallen. Eine gewaltige Inflationsrate (die zu einer Vervierfachung der Preise im Kriegszeitraum führte) sowie Lebensmittelknappheit, die durch den Zuzug Hunderttausender von Flüchtlingen auch noch verschärft wurde, kamen belastend hinzu.

Die paradox wirkende Allianz linksrepublikanischer, kommunistischer und anarchistischer Kräfte ist damit erklärt worden, dass in Katalonien entgegen oder neben der üblichen Unterscheidung nach sozialen Klassen ein breiter identitätsstiftender katalanischer «Populismus» existiert und dies schichtenübergreifend gegen den Madrider Zentralismus gewirkt habe. Die Revolution in Katalonien sei demnach nicht allein durch die «Arbeiterklasse» vorangetrieben worden, sondern habe auch einen katalanischen nationalistischen Hintergrund gehabt. *Generalitat* und katalanische Arbeiterorganisationen jedenfalls arbeiteten zunächst in völliger Unabhängigkeit von der Zentralregierung, nachdem der anfängliche schlagartige Kontrollverlust Madrids unverhofft völlige Handlungsfreiheit ermöglicht hatte. So wurde innerhalb der *Generalitat* nun auch ein Verteidigungsstab gegründet, die katalanische Regierung riss die Finanz- und Steuerhoheit an sich und übernahm auch die Dependancen der spanischen Staatsbank, um auf diese Weise in Eigenregie die Kriegsausgaben bestreiten zu können.

Politisch motivierte Repression und Gräuel waren in den ersten Kriegsmonaten ebenfalls ein kennzeichnendes Erscheinungsbild im republikanischen Gebiet. Schnell gebildete revolutionäre Verteidigungskomitees «reinigten» ihren Herrschaftsbereich von all jenen Kräften, die wie Kleriker, Traditionalisten, Großgrundbesitzer oder die spanischen Faschisten innerhalb der *Falange* für die überkommene bürgerliche Gesellschaftsordnung standen und darüber hinaus bezichtigt wurden, gemeinsame Sache mit den Aufständischen zu machen. In Katalonien richtete sich die Welle der Gewalt auch gegen Mitglieder der *Lliga*, die nicht nur alle ihre öffentlichen Ämter verloren; fast vierhundert fielen den Gewaltexzessen zum Opfer. Aus Angst um ihr Leben flohen wiederum Tausende in ausländische diplomatische Vertretungen, versteckten sich in den Wohnungen unverdächtiger Freunde oder verließen auf Schleichwegen das republikanische Herrschaftsgebiet. Cambó und die Mehrheit der Anhänger der *Lliga*, die aus Katalonien entkommen konnten, schlossen sich den Aufständischen an. Da die Gewaltausbrüche in den Anfangsmonaten unkontrollierbar waren und es der *Generalitat* nicht gelang, ihrer Herr zu werden, gab Companys in den ersten Wochen des Krieges einer Vielzahl von Selbstjustiz bedrohter Personen die Gelegenheit, Katalonien zu verlassen.

Die Entfesselung der Gewalt war vor allem als Folge des Machtvakuums nach dem Zusammenbruch jeglicher staatlicher Ordnung möglich geworden. Nachdem sie nach den ersten Bürgerkriegsmonaten abgeflaut war, brach sie ab Sommer 1938, als die Kriegsfront über Katalonien hinwegzog, aber erneut aus und nahm dramatische Ausmaße an. Den «Säuberungen» fielen in der gesamten republikanischen Zone Schätzungen zufolge insgesamt etwa fünfzigtausend Menschen zum Opfer. In Katalonien wird die Zahl auf achttausendfünfhundert geschätzt. Nur wenige Hundert waren nach Gerichtsurteilen exekutiert worden; die überwiegende Mehrheit fiel der «revolutionären Gewalt» zum Opfer. Diese richtete sich in besonderem Maße gegen die Kirche und die Mitglieder des Klerus: Im republikanischen Herrschaftsgebiet (bis auf das Baskenland) wurden Gottesdienste verboten sowie Kirchen und Klöster in Brand gesteckt. Nach Angaben von Antonio Montero wurden in Spanien darüber hinaus insgesamt 6832 Kleriker und Ordensmitglieder (jeder fünfte Weltgeistliche und jeder siebte Ordensgeistliche) umgebracht. Zudem wurden dreizehn Bischöfe ermordet. In Katalonien war die gegen die Mitglieder des Klerus gerichtete Gewalt dabei besonders blutrünstig. In der Diözese Lleida wurden zwei Drittel und in Tortosa über sechzig Prozent des Weltklerus umgebracht. Die Bischöfe von Lleida und Barcelona sowie der Weihbischof von Tarragona fielen der Gewalt ebenfalls zum Opfer. So wundert nicht, dass sich die spanische Kirche nahezu geschlossen hinter die Aufständischen stellte und zu einer der wichtigsten ideologischen Stützen des entstehenden Regimes von General Franco wurde. Als Ausnahmeerscheinung weigerte sich der Erzbischof von Tarragona, Francesc Vidal i Barraquer, der mit Hilfe der *Generalitat* hatte fliehen können, sich der «Nationalen Bewegung» Francos dienstbar zu machen. Er starb 1943 im Exil, da ihm Franco die Erlaubnis verweigerte, nach dem Krieg auf seinen Metropolitensitz zurückzukehren.

Zentralisierter Abwehrkampf

Nach den Monaten der Ohnmacht und der Zersplitterung der Herrschaft aufgrund der flächendeckenden Ausbreitung der sozialen Revolution versuchte die Zentralregierung, wieder die politische Kontrolle über das Land zu erlangen. Als ersten Schritt hierzu gelang es, Anfang September 1936 eine breite Regierungsfront zu schaffen, die aus Sozialisten, republikanischen Linksparteien unter Beteiligung der *Esquerra* und Kommunisten bestand. Sie setzte sich aber nicht nur aus den «klassischen» Volksfrontparteien zusammen. In ihr waren auch die konservativ-katholische nationalistische Partei des Baskenlandes (PNV) und zwei Monate später sogar die anarchosyndikalistische CNT vertreten. Diese Bündelung der Kräfte sollte eine schlagkräftige Organisation des Abwehrkampfes ermöglichen. Hierfür setzten sich in besonderer Weise die dem Kreml hörigen spanischen Kommunisten des PCE ein, die dank der überlebenswichtigen sowjetischen Waffenlieferungen eine Schlüsselrolle im Machtgefüge der Republik übernahmen. Im Kern ging es innerhalb der radikalen Linken um die Frage, ob Revolution und Kriegführung parallel zueinander verfolgt werden könnten. Die Kommunisten vertraten die Haltung, dass zunächst der Krieg gewonnen werden müsse, bevor über eine neue Gesellschaftsordnung nachgedacht werden könne. Darüber hinaus sei ein Sieg ausschließlich mittels einer disziplinierten Organisation des Kampfes möglich. Für die Anarchisten, die von Moskau unabhängigen Kommunisten des POUM sowie für die radikale Linke innerhalb des PSOE um Francisco Largo Caballero waren wiederum der Sieg der Revolution und der daraus resultierende Enthusiasmus der Massen eine Vorbedingung für den Sieg über den «Faschismus». Anders ausgedrückt, lediglich der Erfolg der Revolution konnte ihrer Auffassung nach die notwendigen Kräfte freisetzen, um den Kampf erfolgreich zu führen. Aus dieser Grundsatzdebatte entwickelte sich in der Folge eine paradox wirkende Interessengemeinschaft zwischen Stalinisten und bürgerlich-republikanischen Kräften.

In Katalonien führte das gegenseitige Misstrauen schließlich zu einer Radikalisierung der Lage. Hier machte der Präsident der *Generalitat*, Lluís Companys, mit der kommunistisch dominierten sozialistischen Einheitspartei Kataloniens (PSUC) gemeinsam Front gegen die Anarchisten und den POUM, die nicht weiter bereit waren, die von den Stalinisten geforderten Opfer zugunsten einer «bürgerlichen Republik» mitzutragen. Ende 1936 erzwang der PSUC unter dem Vorwurf, der POUM (der zudem die stalinistischen «Säuberungsmaßnahmen» geißelte) behindere die Regierungsarbeit, seinen Ausschluss aus der katalanischen Regierung. Im März 1937 eskalierte die Situation, als die *Generalitat* den Sicherheitsapparat durch die Schaffung einer einzigen Organisation unter ihre Kontrolle zu bekommen versuchte und hierzu die unzähligen selbständig agierenden Kontrollpatrouillen entwaffnen wollte. Dagegen wehrten sich sowohl der POUM als auch die Anarchisten, die darin einen existentiellen Machtverlust erkannten. Die Konfrontation brach offen aus, als in diesem Zusammenhang erste Morde geschahen. Nach einer Reihe von Zwischenfällen überschlugen sich Anfang Mai 1937 in den Straßen Barcelonas die Ereignisse. Den Anfang machte der auf Geheiß der *Generalitat* erfolgte Überfall auf die Telefonzentrale Barcelonas, die sich unter der Kontrolle der CNT befand. Im Anschluss daran lieferten sich Anarchisten und Anhänger des POUM über Tage Straßenkämpfe mit den kommunistisch kontrollierten Einheiten. Schließlich gab die Führung der CNT den Kampf auf, um auf diese Weise ein Blutbad zu vermeiden, das lediglich den Nationalisten in die Hände gespielt hätte.

Die Verlierer des Machtkampfes waren natürlich vor allem die sozialrevolutionären Kräfte innerhalb des PSOE, die Anarchisten sowie der POUM. Die Anarchisten schieden aus der Zentralregierung und der *Generalitat* aus. Die Mitglieder des POUM traf es als antistalinistische Kommunisten besonders hart, indem der Führungsriege ein Prozess wegen Hochverrats gemacht und sie zu hohen Haftstrafen verurteilt wurde. Die herausragende Führungspersönlichkeit des POUM, Andreu Nin, wurde wiederum durch den russischen Geheimdienst ermordet. Die Kommunisten setzten in dem nun auf unterer Ebene mit aller Schärfe geführten Machtkampf alle Kräfte daran, die Sozialrevolutionäre als Saboteure und Feinde des Volkes zu verleumden, und gingen schließlich aus den Kämpfen als Sieger hervor. Die Revolution wurde auf diese Weise erstickt, und die kollektivierten Betriebe wurden in das

Korsett einer zentral gelenkten Wirtschaftsordnung eingezwängt und als Instrumente des staatlichen Verteilungsapparates eingesetzt. Spontane Kollektivierungsmaßnahmen oder unabgestimmtes Handeln wurden fortan repressiv unterbunden. Damit fand aber auch der ursprüngliche Enthusiasmus und Elan der Massen, der in George Orwells *Mein Katalonien* eindrucksvoll geschildert wird, ein jähes Ende. Nach dem Wegfall einer «positiven» sozialrevolutionären Zielsetzung blieb allein der Sieg über den Faschismus als «negatives» Argument übrig.

Aber auch die *Generalitat* hatte mit dem Schulterschluss zwischen Kommunisten und Zentralregierung das Nachsehen. Anfang Mai dekretierte diese mit Unterstützung durch den PSUC die Übernahme der Kompetenzen des Verteidigungsrates der *Generalitat* und übernahm auch die Zuständigkeit über die bislang autonomen katalanischen Militäreinheiten und Sicherheitskräfte. Companys konnte die Entmachtung nicht verhindern. Zudem verlegte der spanische Regierungschef Juan Negrín Ende Oktober 1937 den Regierungssitz von Valencia in die katalanische Hauptstadt. Die Zentralregierung übte nun von hier aus auch die Kontrolle über die *Generalitat*, die *Volksarmee* sowie die kriegswirtschaftliche Produktion aus. Die kommunistisch dominierten Sicherheitsorgane übernahmen wiederum die Polizei- und Geheimdienstaufgaben. Die Militarisierung von Sondergerichten und die Beschlagnahme der Kriegsindustrie im August 1938 entmachtete die Regierung Kataloniens weiter. Companys musste diesem Treiben ohnmächtig zusehen, und der einzige Minister der ERC innerhalb der republikanischen Regierung trat zurück.

Katalonien war zunächst von den Kampfhandlungen nicht direkt betroffen gewesen. Während anfangs ein Versuch, von hier aus die Balearen zurückzugewinnen, fehlgeschlagen war und allein die Insel Menorca bis Kriegsende unter republikanischer Kontrolle war, blieb die Lage an der Front in Aragonien zunächst relativ ruhig. Die Abwehrkämpfe der Republik betrafen vielmehr zunächst eine breite Schneise vom Süden Andalusiens her über die Extremadura nach Norden. Dann folgten Kämpfe um Madrid und um das kriegswirtschaftlich wichtige Baskenland und Asturien. Erst nach Abschluss dieser Operationen richtete sich das Augenmerk Francos auf die Front in Aragonien, nachdem es der *Volksarmee* Anfang 1938 zunächst gelungen war, Teruel zu erobern. Nach der Rückeroberung der Stadt begann im März 1938 eine Großoffensive an dieser Front, unter der auch unmittelbar Barcelona zu leiden hatte, da nun die Luftangriffe auf die Stadt verstärkt wurden. Aufgrund von Materialmangel und Demoralisierungserscheinungen innerhalb der republikanischen Truppen gelang den Einheiten Francos ein rasches Vordringen. Anfang April 1938 wurde Lleida eingenommen, und Mitte des Monats standen die Truppen am Mittelmeerstrand bei Vinaroz. Das republikanische Gebiet war damit in zwei Teile gerissen. Für Katalonien begann eine besonders schwere Zeit des Leidens, als sich die Flüchtlinge auf einen immer engeren Raum konzentrierten und die Lebensmittelknappheit katastrophale Folgen zeitigte. Allem Defätismus zum Trotz setzte der republikanische Regierungschef Negrín aber weiter auf eiserne Disziplin und auf die sowjetischen Waffenlieferungen, die vor allem über die französisch-katalanische Grenze eintrafen. Im Frühsommer 1938 schien sich für die Republik in der Tat ein Hoffnungsschimmer aufzutun, nachdem noch einmal große Mengen an Waffen in das republikanische Gebiet gelangt waren, die eine Reorganisierung der Verteidigung ermöglichten und den Vormarsch der Nationalisten ins Stocken brachten. Negrín hoffte, den Krieg unter Mobilisierung sämtlicher zur Verfügung stehenden Ressourcen noch so lange hinauszögern zu können, bis der angesichts der wachsenden Spannungen zwischen den europäischen Großmächten erwartete Ausbruch eines Krieges in Mitteleuropa eine Umkehr der Kräfteverhältnisse möglich machen würde. Er setzte darauf, dass mit dem Ausbruch einer von Hitler und Mussolini ausgelösten militärischen Konfrontation auf europäischer Ebene die westlichen Demokratien in den «antifaschistischen Kampf» eingreifen und die spanische Republik schließlich unterstützen würden. Seine Losung lautete: «Widerstehen können heißt siegen.»

Ende Juli 1938 versuchte die Republik einen Befreiungsschlag. Die neu ausgerüstete *Volksarmee* lancierte von Katalonien aus einen Angriff nach Süden entlang der Mittelmeerküste, um die Verbindung zwischen beiden Machtbereichen wiederherzustellen. Die Republikaner kamen in einem der Frontabschnitte bis zu vierzig Kilometer voran, doch die Zusammenziehung großer Gegenkräfte bei massiver deutscher und italienischer Unterstützung hielt den Vormarsch auf. Mitte November hatte Franco im Rahmen der aufwändigsten Schlacht des Krieges schließlich den ursprünglichen Zustand wiederhergestellt. Die republikanischen Einheiten hatten dabei unersetzbares Material und Tausende von Kämpfern verloren. Das für die Republikaner niederschmetternde Ergebnis des Münchner Abkommens Ende September, das den erwarteten europäischen Krieg aufzuhalten schien, trug nun auch entscheidend dazu bei, dass die Verteidigungsbereitschaft der *Volksarmee* einbrach. Zaghafte Waffenstillstandsversuche seitens moderater Kräfte innerhalb der republikanischen Regierung, in die Staatspräsident Azaña sowie Companys involviert waren, scheiterten aber an der weiterhin unnachgiebigen Haltung von Ministerpräsident Negrín und vor allem Francos. Mitte Dezember 1938 begann schließlich mit einer erdrückenden militärischen Überlegenheit die abschließende Offensive Francos in Katalonien. Als sich nach einer monatelangen Unterbrechung im Januar 1939 die Grenze zu Frankreich noch ein letztes Mal öffnete und auf diesem Weg noch einmal große Mengen an sowjetischem Kriegsmaterial in Katalonien eintrafen, war es längst zu spät. Die Waffen konnten zum Großteil nicht einmal mehr in Stellung gebracht werden. Am 26. Januar 1939 fiel Barcelona in die Hände der Nationalisten. Nur wenige Tage später überschritten die Regierungsmitglieder der Zentralregierung und der *Generalitat* wie Hunderttausende republikanische Kämpfer und Flüchtlinge die Grenze nach Frankreich. Am 11. Februar war ganz Katalonien an die Nationalisten gefallen, und die Republik versank im Chaos.

Für General Franco und seine Parteigänger stand fest, dass jene Ideen und Entwicklungen, die seit der Aufklärung und vor allem mit dem Liberalismus in Spanien Einzug gehalten hatten, ein Ausdruck zersetzender Dekadenz waren. Die Demokratie wurde als gescheiterter und vor allem als unspanischer politischer Irrweg verurteilt. Das allgemeine und gleiche Wahlrecht widerspreche den Ordnungsvorstellungen Gottes und habe die Massen korrumpiert. Das Aufleben historischer Nationalismen habe wiederum zu einem nicht hinnehmbaren Prozess des Separatismus geführt. Für die Nationalisten wesentlich war jedoch die Rückbesinnung auf die imperiale Zeit, die nach Abschluss der *reconquista* mit der Herrschaft der Katholischen Könige ihren Anfang genommen hatte. Das Spanien Francos sollte erklärtermaßen zum Abbild Spaniens im 16. Jahrhundert werden, als vermeintlich Glaube, Herrschaft und Nation noch unauflösbar miteinander verbunden waren.

Während also die kleine Minderheit der traditionellen Machteliten die Rückkehr zu Herrschaftsverhältnissen feierte, die jenen des *Ancien Régime* glichen, waren Spanien und Katalonien nach Kriegsende ein ausgeblutetes Land. Die physischen Kräfte waren erschöpft, und wenngleich die Industrieanlagen vergleichsweise wenig betroffen waren, verhinderten eine stark beeinträchtigte Energieversorgung und der Mangel an Rohstoffen die Normalisierung der Produktion. Zudem bestanden aufgrund der weitreichenden Beschädigung des Verbindungswegenetzes und des gewaltigen Verlustes an Schienenfahrzeugen und Transportschiffen dramatische Probleme bei der Versorgung der Bevölkerung. Eine erschreckende Knappheit an Gütern des täglichen Bedarfs war die Folge. Hunger, Elend und Armut kennzeichneten die Situation in den Städten und Dörfern. Allein von den materiellen Schäden sollte sich die Nation lange nicht erholen. Hinzu kam, dass wegen des Ausbruchs des Zweiten Weltkriegs kurz nach dem Ende des Bürgerkrieges an den Wiederaufbau mit ausländischer Unterstützung nicht zu denken war. Ausländische Beobachter verglichen die katastrophale Versorgungslage in Spanien mit der in den von den Deutschen besetzten Gebieten. Der Verlust nahezu der gesamten Devisen- und Edelmetallreserven durch die Waffenkäufe der Republik sowie die gewaltigen Schulden aufgrund der Waffenlieferungen Italiens und Deutschlands banden zudem über viele Jahre die Handlungsfähigkeit der spanischen Wirtschaftspolitik.

In direkter Folge der Kampfhandlungen sollen in ganz Spanien etwa hundertfünfzigtausend Menschen ums Leben gekommen sein, was nicht nur unermessliches Leid für die betroffenen Familien bedeutete, sondern eine Rückkehr zur Normalität zusätzlich erschwerte, da es sich bei den Toten und Abertausenden Kriegsversehrten vor allem um ehemals arbeitsfähige Männer handelte. Leid und Elend sollten aber durch die von den Siegern ausgeübte und ideologisch motivierte Repression noch gesteigert werden. Spanien, so die Zielsetzung, sollte von «unspanischen» Kräften «gereinigt» werden. Diese «Reinigung» setzte nicht erst mit Kriegsende ein. Vielmehr wurden bereits unmittelbar mit dem Vorrücken der nationalistischen Einheiten im eroberten Gebiet die Dörfer und Städte nach «Roten» durchsucht, um sie zu liquidieren. Allein die Mitgliedschaft in einer Arbeiterorganisation führte während des Bürgerkrieges für gewöhnlich zur Exekution der Betroffenen. Nach der Eroberung Barcelonas Ende Januar 1939 kündigte sich auch hier der kommende Schrecken an, als Innenminister Ramón Serrano Súñer einem deutschen Journalisten eine zynische Diagnose zur Lage in der Stadt lieferte: Die Stadt sei durch und durch vom Bazillus des Bolschewismus infiziert und die spanische Seele erstickt worden. Die Bevölkerung sei in jeder Hinsicht krank, so dass man der Stadt die Pflege angedeihen lassen würde, die einem Kranken zustünde. Der «Tag des Sieges» am 1. April 1939 wurde damit keinesfalls zu einem Tag des Friedens oder gar einem Tag, von dem ein Signal der Versöhnung ausgehen sollte. Die «Kultur der Repression» wurde für die Diktatur konstituierend. Das Gesetz über politische Verantwortlichkeiten vom Februar 1939 richtete sich nicht nur gegen aktive Unterstützer der Republik im Bürgerkrieg. Politisch motivierte Taten, die Jahre zurücklagen, sollten hierbei ebenso geahndet werden wie die mutmaßliche Gesinnung der Betroffenen, denn die nationalistische Definition von Verbrechen schloss moralische wie ideologische Kategorien mit ein. Es handelte sich um ein systematisches politisches Projekt des Terrors zur «sittlichen Reinigung der Gesellschaft» nach ideologischen Kriterien. Es ging darum, für alle Zukunft jegliche Keime möglicher politischer Opposition zu beseitigen.

Für Ende 1939 weisen offizielle spanische Statistiken die Zahl von zweihundertundsiebzigtausend Inhaftierten in regulären Haftanstalten aus. Darüber hinaus wurden gewaltige Arbeitslager geschaffen. Die Insassen wurden unter menschenverachtenden Bedingungen vor allem im Straßenbau, in Bergwerken oder beim Wiederaufbau zerstörter Gebiete eingesetzt. Auch für die Errichtung des im Norden Madrids gelegenen gewaltigen Mausoleums für die Gefallenen der Nationalisten im «Valle de los Caídos» wurden Abertausende Strafgefangene herangezogen. Hunger, Entwürdigung, willkürliche Misshandlungen und Erschießungen kennzeichneten die Lager. In ganz Spanien fielen schätzungsweise einhundertundfünfzigtausend Personen der Repression der Nationalisten zum Opfer. In den fünf Jahren nach Bürgerkriegsende, in denen die Repression besonders grausam war, kam es allein in Katalonien zu etwa dreitausendvierhundert Erschießungen nach Kriegsgerichtsurteilen. Die meisten der Erschossenen waren Anarchisten und Mitglieder der ERC gewesen. Die Gesamtzahl der durch Krieg und Repression getöteten Katalanen wird auf etwa fünfundsiebzigtausend geschätzt.

Mit einer Haftentlassung war aber keineswegs der Weg zur sozialen Reintegration frei. So folgten ihr üblicherweise nicht nur strenge Auflagen. Auch die Vergabe von Arbeitsplätzen unterlag ideologischen Kriterien. Nach einem Gesetzesdekret vom August 1939 waren achtzig Prozent aller frei werdenden Stellen für Personen reserviert, die auf der Seite der Nationalisten gekämpft hatten oder im republikanischen Herrschaftsgebiet Repressalien ausgesetzt gewesen waren. Die vorgeschriebene politische Überprüfung aller Stelleninhaber im Staatsdienst sperrte die Betroffenen sogar vollständig von einem Arbeitsverhältnis im öffentlichen Dienst aus. Auch in der Privatwirtschaft wurde eine Überprüfung der Arbeitnehmer vorgenommen. Damit erfolgte eine bewusste Spaltung der Gesellschaft in Sieger und Besiegte, Besitzende und Marginalisierte. Die Familien von Republikanern, die zudem von ökonomischen Strafmaßnahmen betroffen waren, rutschten auf diese Weise häufig in Armut und Elend ab. In den ländlich geprägten Gegenden kamen die soziale Isolation und die institutionelle Kontrolle hinzu, die durch die örtlichen Pfarrer, die Delegierten der Einheitspartei *Falange* und die Gemeindeverwaltung ausgeübt wurde. Während Denkmäler, Friedhöfe, Kirchenmauern und Straßennamen die Erinnerung an die Opfer der Sieger allgegenwärtig machte, waren die Unterdrückten zum Schweigen verdammt. Angst, Einsamkeit, Verlust und Ungewissheit lagen wie ein bleierner Schatten über den Verlierern des Krieges.

Mit dem Sieg Francos war auch die kurze Etappe katalanischer Selbstbestimmung jäh zu einem Ende gekommen. Noch vor Ende des Bürgerkrieges war ein Dekret erlassen worden, das das Autonomiestatut für Katalonien aufhob. Und nicht nur das, die Diktatur setzte alles daran, jegliches regionale Nationalbewusstsein zu ersticken. Davon waren nicht nur die katalanischen Institutionen und Organisationen betroffen, sondern vor allem auch das Katalanische, das nicht nur den Status einer offiziellen Sprache verlor, sondern auch aus dem öffentlichen Leben Kataloniens verbannt wurde. Die Verwendung des Katalanischen im Staatsdienst konnte zur Entlassung von Verwaltungsangestellten und Lehrern führen. Tausende von Angestellten, vor allem im katalanischen Justiz- und Schuldienst sowie beim Universitätspersonal, verloren ihre Arbeitsplätze und wurden teilweise zu Haftstrafen verurteilt. Viele Lehrer wurden zudem zwangsversetzt und mussten außerhalb Kataloniens Dienst tun. In den Verwaltungsapparat rückten nun vor allem Mitglieder der Einheitspartei *Falange* nach. Auf diese Weise kam hier (wie auch im Baskenland) neben der politisch-ideologischen auch noch eine massive kulturelle Unterdrückung hinzu. Bis 1945 war die Publikation von Texten auf Katalanisch vollständig verboten und danach zunächst lediglich die Edition klassischer katalanischer Schriften gestattet. Erst ab 1951 wurde in eingeschränkter Weise erlaubt, wieder auf Katalanisch zu publizieren. Übertragungen von Texten ins Katalanische sowie dessen Verwendung als Wissenschaftssprache blieben jedoch verboten. Als schließlich Mitte der Dekade die diesbezüglichen Restriktionen doch noch aufgehoben wurden, blieb bis zum Ende der Franco-Diktatur die Produktion von Büchern auf Katalanisch trotz Bevölkerungswachstum, Minimierung der Analphabetenquote und wachsendem Wohlstand hinter den Zahlen zurück, die das Verlagswesen vor 1936 hatte vorweisen können. Auch die Kirche wurde in die Offensive gegen den Katalanismus eingebunden: Das Regime erreichte, dass die Mehrzahl der katalanischen Bischofssitze mit Kastiliern besetzt wurden, und das Katalanische wurde wieder einmal von den Kirchenkanzeln verbannt.

Wegen der Gefahr für Leib und Leben hatte 1939 eine massive Flucht über die katalanische Grenze nach Frankreich eingesetzt. Bis Ende Februar 1939 hatten an die vierhundertfünfzigtausend Personen die Grenze überschritten, von denen etwa vierzig Prozent Katalanen waren. In den Folgemonaten wagten zwar viele die Rückkehr, doch bis zu dreihunderttausend Spanier zogen es zunächst vor, im Exil zu bleiben. Schätzungsweise sechzigtausend davon stammten aus Katalonien. Wenngleich diese Zahlenangaben als nicht gesichert gelten, lässt sich feststellen, dass die Flucht derartiger Menschenmassen keine Parallele in der jüngeren spanischen Geschichte hat. Mit der Flucht verband sich wiederum nicht nur eine schmerzhafte Entwurzelung der Betroffenen, sondern auch das Bewusstsein über den Verlust einer Heimat, die mit dem Einzug der neuen Herrscher für immer zerstört schien. Für viele Exilierte ging darüber hinaus der «Kampf gegen den Faschismus» weiter. Sie schlossen sich im Zweiten Weltkrieg als *maquisards* der französischen *Résistance* an oder traten in die Befreiungsarmee im Krieg gegen die Achsenmächte ein. Vielen Flüchtlingen sollte aber noch ein weiterer Leidensweg bevorstehen. So wurden etwa fünfzehntausend Spanier in deutsche Konzentrationslager verschleppt, insbesondere nach Mauthausen, aber auch nach Dachau und Buchenwald, von denen etwa die Hälfte in der Gefangenschaft ihr Leben ließ. Auch wurden einige führende Republikaner in Frankreich aufgespürt, Franco überstellt und in Spanien hingerichtet. Dieses Schicksal ereilte Lluís Companys, der durch die Gestapo verhaftet und nach der Auslieferung Mitte Oktober 1940 in der Festung von Montjuïc erschossen wurde.

Wie andernorts in Spanien bildeten sich trotz aller Repressionsmaßnahmen auch in Katalonien Widerstandsgruppen, die insbesondere, als absehbar wurde, dass die Alliierten den Krieg gewinnen würden, durch bewaffnete Aktionen und Überfälle einen allgemeinen Aufstand gegen die Diktatur einleiten wollten. Sie hofften, dass das Franco-Regime aufgrund seiner engen Verbindung zu den Achsenmächten spätestens mit Kriegsende unweigerlich auch in den Strudel des Unterganges gezogen würde oder die Alliierten gegebenenfalls in Spanien einmarschieren und damit dem letzten der als faschistisch eingestuften Verbündeten Hitlers und Mussolinis den Garaus machen würden. In Südfrankreich sammelten sich daher die Widerstandsgruppen nach Räumung des Grenzgebietes durch die Wehrmacht im Sommer 1944. In der Tat kontrollierten spanische Widerstandskämpfer, deren Zahl auf vierzigtausend geschätzt wurde, große Teile dieses Gebietes. Sie waren gut organisiert und bewaffnet und bildeten im Grunde die einzige Ordnungsmacht in dieser Region. Entsprechend traf die spanische Regierung aber auch Vorkehrungen, um der drohenden Gefahr begegnen zu können. So wurden vor allem große Teile der Streitkräfte an die Pyrenäengrenze verlegt und die Grenzkontrollen massiv verstärkt. In der Tat kam es nicht nur zu einer Vielzahl von kleineren Zwischenfällen an der Südflanke der Pyrenäen. Im Oktober 1944 drang vielmehr eine große Anzahl bewaffneter Kämpfer in das Val d'Aran ein, um von dort aus einen allgemeinen Aufstand in Katalonien auszulösen. Den Truppen Francos gelang es allerdings – zumal es zu keinem revolutionären Flächenbrand kam –, den Überfall rasch abzuwehren und die Guerillakämpfer zurückzudrängen. Schließlich beruhigte sich die Lage, als reguläre französische Einheiten die Grenzregion besser unter Kontrolle bekamen. Die Hoffnung vieler Republikaner, dass im Zuge der Zerschlagung von Faschismus und Nationalsozialismus auch das Franco-Regime zu Fall kommen würde, erwies sich als Illusion. Allerdings blieb der Widerstand in Südfrankreich bis Ende der 1940er Jahre aktiv, und es kam von dort aus immer wieder zu kleineren bewaffneten Aktionen. Seit den 1950er Jahren verfolgten jedoch nur noch einzelne Aktivisten den bewaffneten Kampf gegen das Franco-Regime, indem sie Sabotageakte oder Attentate verübten. Die Anlässe des öffentlichen Protestes waren nun vielmehr sozialen Ursprungs. Ein Ereignis findet in diesem Zusammenhang stets eine besondere Erwähnung: Als im Jahr 1951 in Barcelona die Fahrpreise für die Straßenbahnen drastisch angehoben wurden, entstand ein allgemeiner Zorn über diese Maßnahme, zumal breite Bevölkerungsschichten davon betroffen waren, deren Lebensstandard nach wie vor sehr niedrig war. Der Protest kam durch eine spontane Mund-zu-Mund-Propaganda zustande, wonach auf die Benutzung dieses Transportmittels verzichtet werden sollte. Der Erfolg des so ausgelösten Trambahnboykotts, in dem indirekt auch eine grundsätzliche Ablehnung des Regimes zum Ausdruck kam, zwang die Behörden zu einer Rücknahme der Tariferhöhung.

Nach dem Ende des Zweiten Weltkriegs hatte Mexiko besonders viele Flüchtlinge aufgenommen. Hier fanden schließlich auch eine republikanische Exilregierung und ein Exilparlament eine dauerhafte Bleibe. Die Institutionen, die sich als die legitimen Repräsentanten Spaniens verstanden, lebten gleichsam in der Fiktion die Republik weiter. Über Jahrzehnte kam damit der ungebrochene Wille zum Ausdruck, dem Regime von General Franco Widerstand entgegenzusetzen, wenngleich die Wunden innerhalb des in sich tief verfeindeten republikanischen Lagers nicht verheilen sollten und das Exilparlament lediglich einen Teil der ehemals gemeinsamen Front vertrat. Auch Mitglieder der *Generalitat* sammelten sich im Exil, wobei die Gräben zwischen *Esquerra*, PSUC und anderen politischen Gruppierungen ebenfalls einen Neuanfang in der

Diaspora erschwerten. Hinzu kam, dass sogar innerhalb dieser Gruppen Spannungen auftraten, die zu weiteren Spaltungen und Neugründungen von Parteien im Exil führten. Trotz aller Widrigkeiten wurde aber auch eine Tradition in der Institution der *Generalitat* gewahrt: Nach der Hinrichtung von Companys übernahm der Präsident des katalanischen Parlaments, Josep Irla, die Funktionen des Präsidenten der *Generalitat* und bildete zunächst eine Exilregierung. Diese löste sich zwar 1948 vor dem Hintergrund einer politisch hoffnungslosen Situation und im Angesicht von inneren Spannungen auf, doch behielt Irla das Amt des Präsidenten, bis dieses im Rahmen einer von ehemaligen Mitgliedern des katalanischen Parlaments 1954 in Mexiko durchgeführten Wahl auf Josep Tarradellas überging. Dieser, der bereits während des Bürgerkrieges Präsident der *Generalitat* gewesen war, verzichtete allerdings darauf, eine Regierungsmannschaft zu bestimmen, und blieb in seinem französischen Exil. Der Katalanismus hatte innerhalb wie außerhalb Spaniens einen Tiefpunkt erreicht.

Wirtschaftsaufschwung und Widerstand

Erst Mitte der 1950er Jahre erreichten das Volkseinkommen und die Wirtschaftsleistung in Katalonien das Niveau aus der Zeit vor dem Bürgerkrieg. Die wirtschaftliche Erholung verlief in Spanien insgesamt viel langsamer als in anderen europäischen Staaten, die im Zweiten Weltkrieg zudem deutlich größere Zerstörungen hatten erleiden müssen. Dies lag darin begründet, dass die spanische Wirtschaft unter einem chronischen Kapitalmangel litt und aus ideologischen Vorbehalten heraus dem Regime Finanzhilfen aus dem Ausland, etwa im Rahmen des Marshallplans, versagt blieben. Hinzu kam, dass die Diktatur bis in die zweite Hälfte der 1950er Jahre hinein vehement ein autarkistisches Wirtschaftskonzept verfolgte, das auf Verstaatlichung von zentralen Bereichen der Industrie und auf staatliche Lenkung und Kontrolle setzte und damit die freie Entfaltung der Kräfte verhinderte. Für Katalonien kam erschwerend hinzu, dass sich ein besonderes Misstrauen der neuen Machthaber gegen die Katalanen richtete und daher die ohnehin spärlichen Wirtschaftsinvestitionen des Staates vor allem anderen Regionen zugutekamen.

Mit der Kabinettsumbildung des Jahres 1957 kündigte sich indes ein radikaler wirtschaftspolitischer Kurswechsel an, um einen Weg aus der desolaten Wirtschaftslage zu finden. Der *Plan de Estabilización* (1959) und vor allem die *Planes de Desarrollo* (1964–1975), die auf die Liberalisierung der Märkte, eine Förderung der Privatinitiative und vor allem auf eine kontrollierte Aufnahme von ausländischem Kapital zur Finanzierung von Investitionen abzielten, führten schließlich zu einer forcierten Industrialisierung Spaniens, von der vor allem wieder Katalonien profitieren sollte. Wie Pilze schossen in dieser Zeit die Industrieanlagen aus dem Boden. Innerhalb von fünfzehn Jahren verdreifachte sich der Wert der in Katalonien hergestellten Waren und Dienstleistungen. Die beträchtlichen Investitionen aus dem Ausland und aus anderen Teilen Spaniens führten wiederum dazu, dass Mitte der 1970er Jahre zwei Drittel aller Unternehmen in Katalonien Filialen von Konzernen waren, die ihren Verwaltungssitz außerhalb der Region hatten. Damit schritt die Internationalisierung der katalanischen Wirtschaft weiter voran, begleitet von einer weiteren Diversifizierung der Produktion. Die eisenverarbeitende Industrie, die Baubranche und die Chemie wuchsen dabei überproportional, womit die Textilindustrie weiter an Dominanz verlor. Auch die Landwirtschaft erlebte einen Aufschwung, und wenngleich der Bevölkerungsanteil, der in diesem Sektor beschäftigt war, weiter zurückging, nahm die Produktivität durch Mechanisierung und den Einsatz von Kunstdünger deutlich zu.

Zum Wirtschaftsaufschwung und zur massiven Schaffung von Arbeitsplätzen in den Industrieregionen gesellte sich nun auch der zielstrebig verfolgte Ausbau der Tourismusindustrie. Aus kleinen idyllischen Dörfern entlang der Mittelmeerküste, die bis dahin ihren bescheidenen Lebensunterhalt durch Landwirtschaft und Fischfang bestritten hatten, wurde nun nach und nach eine nicht endende Abfolge von Trabantenstädten, die sich krebsartig von den Stränden aus in die Landschaft fraßen. Auch Katalonien blieb dieses Schicksal nicht erspart, wenngleich die Industrieansiedlung in Küstennähe bei Barcelona oder der Aufbau von petrochemischen Anlagen bei Tarragona in Konkurrenz zur Entwicklung von touristischen Erholungszentren trat. Die Steilküste an der Costa Brava wiederum bot dem ungebremsten Wachstum der Touristenburgen eine natürliche Sperre, die nur schwer und mit großem Aufwand zu überwinden war. Nachdem aber bereits 1960 etwa drei Millionen Touristen Katalonien besucht hatten, stieg die Zahl der Gäste bis 1970 sogar auf zehn Millionen.

Noch vor dem Beginn der eigentlichen Industrialisierung Spaniens in den 1960er Jahren hatte in Katalonien bereits eine Zuwanderungsbewegung nicht qualifizierter Arbeitskräfte eingesetzt, die alle bisherigen Einwanderungswellen bei weitem übersteigen sollte. Zusammen mit einer erhöhten Geburtenrate, die nicht zuletzt auch auf den Zuzug von meist jungen Einwanderern zurückzuführen war, wuchs die Zahl der Einwohner Kataloniens zwischen 1950 und 1975 von 3,2 Millionen auf 5,6 Millionen. Katalonien erlebte zusammen mit Madrid den mit Abstand größten Bevölkerungsschub in Spanien. Im Jahr 1970 waren etwa vierzig Prozent aller Einwohner Kataloniens nicht in dieser Region geboren worden. Jeder sechste stammte aus Andalusien. Diese massive Migrationswelle, die sich auch in das Ausland richtete, war durch die eklatante Armut und die fehlenden Arbeitsmöglichkeiten in ländlich geprägten Gegenden bei einer gleichzeitig wachsenden Bevölkerung bedingt – ein Trend, der sich auch innerhalb Kataloniens nachvollziehen lässt: Während in der Westhälfte und im Pyrenäengebiet die Abwanderungsquote teilweise über vierzig Prozent der Bevölkerung ausmachte, nahm im Küstengebiet die Bevölkerung dramatisch zu und verdoppelte sich sogar in den Industriegegenden Barcelonas. Die unzähligen Backstein-Hochhäuser der Vororte von Barcelona, Sabadell, Hospitalet und vielen anderen Städten sind die sichtbaren Zeugnisse einer explodierenden Bevölkerung, die binnen kürzester Zeit in den Ballungszentren integriert werden musste. 1975 lebten im Großraum Barcelona etwa die Hälfte aller Einwohner Kataloniens.

Der wirtschaftliche Aufschwung und die insbesondere durch die Migration bedingte allmähliche Auflösung der bestehenden Sozialstrukturen brachten die gesamte spanische Gesellschaft in Bewegung. Soziale Konflikte blieben damit auch nicht aus. Sie ergaben sich aus der Integration der Arbeitermassen in ihre neue Umgebung, nachdem die Schaffung der notwendigen Infrastruktur, etwa im Schulwesen oder im Gesundheitssektor, deutlich hinter den Bedürfnissen hinterherhinkte. In einer sich dynamisch verändernden Gesellschaft entstanden aber auch Freiräume, in denen sich eine politisch motivierte Opposition gegen das starre politische System entwickelte. Diese wachsende Oppositionsbewegung war vielfältig. So entstanden in Katalonien in der zweiten Hälfte der 1950er Jahre politische Gruppierungen unterschiedlicher Couleur, in denen vor allem eine Generation zusammenfand, die nicht mehr unmittelbar mit den Ereignissen des Bürgerkrieges in Verbindung stand und sich auch nicht durch die gebrandmarkten Oppositionsorganisationen im Exil vereinnahmen lassen wollte. Auf der einen Seite bildete sich eine katalanistische Bewegung christdemokratischer Prägung, aus der der spätere Präsident der *Generalitat*, Jordi Pujol, stammte. Nachdem Pujol 1960 im Zusammenhang mit einer katalanistischen Aktion im Rahmen eines Besuchs von Franco in Barcelona zu einer Haftstrafe verurteilt worden war, arbeitete er nach seiner Freilassung innerhalb der durch den *Franquismus* vorgegebenen Legalität als Herausgeber von Periodika weiterhin für die Stärkung der katalanischen Identität. Sozialistische katalanistische Kräfte sammelten sich wiederum im *Front Obrer de Catalunya* (FOC), in dem Pasqual Maragall, der Nachfolger von Pujol als Präsident der *Generalitat*, seine politischen Wurzeln hat. Ein weiterer Strang der Oppositionsbewegung trat das Erbe der Gewerkschaftsorganisationen an. Diese wurden zunächst legal gegründet und setzten sich für die Verbesserung der sozialen Lage der Arbeiterschaft ein. Eine zentrale Stellung sollte dabei die 1964 in einem Pfarrgebäude in Barcelona aus der Taufe gehobenen ersten Organisation der *Comisiones Obreras* (CC.OO.) einnehmen, hinter denen insbesondere die sich wieder formierende sozialistische Einheitspartei PSUC stand und die damit neben einer engagierten Beteiligung aktiver Christen vor allem kommunistisch dominiert waren. Schließlich wurde die Opposition gegen den *Franquismus* auch maßgeblich von den Universitätsstudenten Barcelonas (und Madrids) getragen, von denen vor allem der Ruf nach größeren politischen Freiheiten ausging. Bereits im November 1956 sah sich der Zivilgouverneur von Barcelona nach Unruhen veranlasst, die Universität zu schließen, doch gehörten Unterrichtsboykott und Kundgebungen insbesondere zum Universitätsalltag der letzten Jahre des Regimes.

In den historischen Regionen Spaniens trat aber auch eine kulturelle Dimension der Opposition gegen das Regime hinzu, die insbesondere in Katalonien breite Schichten der Bevölkerung ergriff und für die nationale katalanische Identität eintrat. Zunächst apolitische kulturelle Vereinigungen gerieten auf diese Weise in ein politisches Fahrwasser. Eine besondere Bedeutung hatte in diesem Zusammenhang das von einem Industriellenzirkel zunächst im legalen Rahmen gegründete katalanische Kulturzentrum *Òmnium Cultural*. 1959 entstand die erste Kulturzeitschrift, die auf Katalanisch erschien. Auch an der Universität von Barcelona erlebte ab Anfang der 1960er Jahre die Vermittlung und Pflege der katalanischen Sprache und Literatur erste zaghafte Neuanfänge. Dies galt auch für die Folklore, Künstler- und Literatenzirkel sowie für die traditionelle und die zeitgenössische katalanische Musik (*Nova Cançó*). Im Verlauf der 1960er Jahre erwachte das katalanische kulturelle Leben. Das staatlich kontrollierte Schulwesen sperrte sich allerdings weiterhin gegen den Gebrauch des Katalanischen und schob damit der Entfaltung der Sprache einen Riegel vor. Erst ab 1970 war im Rahmen einer umfassenden Reform des Erziehungswesens die Vermittlung der katalanischen Sprache an öffentlichen Schulen möglich, wenngleich der Unterricht außerhalb des regulären Lehrplans zu erfolgen hatte. Die Verankerung der katalanischen Sprache schritt dennoch unaufhaltsam voran, und die Verwendung des Katalanischen wurde im Rahmen der Opposition gegen das Franco-Regime zu einem

Synonym für Freiheit. Das katalanische Selbstbewusstsein drang wieder machtvoll in den öffentlichen Raum. Dies wurde auch beim Auftritt des reformbereiten Informations- und Tourismusministers Pío Cabanillas im April 1974 deutlich, der zum Entsetzen vieler seiner Kabinettskollegen auf einer öffentlichen Versammlung in Barcelona mit der *barretina*, der traditionellen katalanischen Kopfbedeckung, auftrat.

Unterstützung für die sozialen, politischen und nationalkulturellen Forderungen kam paradoxerweise auch von Seiten des Klerus. Die katholische Kirche war zwar eine der zentralen Stützen des Franco-Regimes gewesen, doch die Dynamik der neuen theologischen Strömungen in Europa und vor allem die Ergebnisse des Zweiten Vatikanischen Konzils (1962–1965) führten zu einer radikalen Abkehr, vor allem des jüngeren Klerus, von dieser Identifikation von Staat und Kirche. Die Kirchenbasis entwickelte sich damit zum Sprachrohr der Opposition gegen das Regime, und selbst die Kirchenführung geriet mit der Ernennung von als progressiv geltenden Bischöfen in Bewegung. Die katholische Kirche vollzog in diesen Jahren einen inneren Übergangsprozess, der dazu führte, dass sie nicht mehr unweigerlich mit dem *Franquismus* identifiziert werden konnte. In Katalonien war das Benediktinerkloster Montserrat, Mittelpunkt der katalanischen Marienverehrung und Symbol der katalanischen Tradition, der Ausgangspunkt kirchlicher Opposition gegen das Regime in Madrid. Im November 1963 lancierte Aureli Escarré, der betagte Abt des Klosters, anlässlich der Vorbereitungen zur Fünfundzwanzig-Jahr-Feier zum Sieg Francos im Spanischen Bürgerkrieg einen Angriff gegen das Regime in der französischen Tageszeitung *Le Monde*. Dies war der erste Affront aus den Reihen der Kirchenobrigkeit. Der Abt wurde zwar in den Ruhestand versetzt, doch konnte damit letztlich lediglich ein Symptom bekämpft, nicht aber die an Macht gewinnende Oppositionsbewegung aufgehalten werden. Kirchen und Klöster waren Treffpunkte für Regimegegner, und Kleriker schlossen sich offen der politischen Opposition an.

Die wachsende und in eine Vielzahl kleiner Gruppen aufgesplitterte Opposition führte in den letzten Jahren der Diktatur allerdings zu einer repressiven und harten Reaktion seitens des franquistischen Staatsapparates, der der Lage kaum mehr Herr wurde. Die Repression machte auch nicht halt vor den Türen der Gotteshäuser. Studentenorganisationen und CC.OO. wurden 1967 verboten. Mit dieser Illegalisierung erlebten die betroffenen Organisationen einen tiefen Einbruch, da sie nicht mehr als Massenbewegungen agieren konnten. In Katalonien kam die durch spanisch-nationalistische Gruppierungen ausgeübte Gewalt gegen kulturelle katalanische Einrichtungen wie Buchhandlungen, Zeitschriften und Verlage hinzu. Die hoffnungsvoll gedeuteten Zeichen der Öffnung und Toleranz verschwanden in einem Regime, das sich einer tatsächlichen Liberalisierung verschloss. Zur Bündelung der Kräfte und Koordination der Oppositionsarbeit fanden sich 1969 in Katalonien eine Vielzahl von Oppositionsparteien zusammen, die sich bis dahin teilweise sogar ideologisch bekämpft hatten (*Comissió Coordinadora de Forces Polítiques de Catalunya*). Zwei Jahre später fand darüber hinaus ein Zusammenschluss von Dutzenden von christlichen Basisgemeinden, Nachbarschaftsvereinen, unabhängigen Berufsverbänden sowie verbotenen Gewerkschaftsorganisationen und Parteien statt (*Assemblea de Catalunya*), um die Forderungen nach einer Liberalisierung des Regimes, wozu auch die Autonomiefrage gehörte, zu bündeln. Diese breite soziale Bewegung wuchs auf weit über einhundert Gruppierungen an und wurde damit zu einem mächtigen Sprachrohr der katalanischen Opposition. Deren gemeinsamer Nenner lautete: politische Freiheiten, Amnestie, Wiederherstellung des Autonomiestatutes von 1932 und spanienweite Koordination der Kräfte gegen die Diktatur. Der katalanische Nationalismus erhielt damit eine progressive und demokratische Konnotation im Gegensatz zum spanischen Nationalismus, der für lange Zeit unauflösbar mit dem *Franquismus* verbunden blieb.

Das für alle Beobachter sichtbar nahende physische Ende des Diktators und vor allem der Tod von Admiral Luis Carrero

Blanco, der als Garant für das politische Erbe Francos stand, bei einem spektakulären Bombenattentat der baskischen Terrororganisation ETA im Dezember 1973 beflügelten die Opposition weiter. Für den katalanischen Bestsellerautor Manuel Vázquez Montalbán wurden der Niedergang der Diktatur und der Anfang der Freiheit indes mit dem historischen Sieg des *FC Barcelona* über *Real Madrid* im Februar 1974 eingeläutet: «1:0 für Barcelona – 2:0 für Katalonien – 3:0 für Sant Jordi – 4:0 für die Demokratie – 5:0 gegen Madrid». Allerdings setzten die Repressionsmaßnahmen des Staates der Opposition bis zum Ende der Diktatur stark zu.

Das Statut von Sau

Mit dem Tod von General Franco am 20. November 1975 begann eine Phase, die als *transición* bezeichnet wird und den politischen Übergangsprozess von der Diktatur zu einem demokratisch-parlamentarischen System markierte. Dieser heikle Prozess, der von einer überwältigenden Mehrheit der spanischen Bevölkerung grundsätzlich unterstützt wurde und große Menschenmassen mobilisierte, war zunächst von großer sozialer und politischer Instabilität begleitet. Spanien und das industrialisierte Katalonien waren von einer schweren Wirtschaftskrise betroffen, die mit dem Ölschock des Jahres 1973 ihren Anfang genommen hatte und aufgrund der starken Abhängigkeit der spanischen Wirtschaft von Energieeinfuhren das Land besonders nachhaltig traf. In Anbetracht der labilen politischen Lage gingen damals zudem nicht nur die ausländischen Investitionen zurück, sondern es setzte darüber hinaus eine gewaltige Kapitalflucht ein, die die Ressourcen des Landes zusätzlich schwächte. Ein drastischer Rückgang des Wirtschaftswachstums, eine dramatisch zunehmende Arbeitslosigkeit, eine gewaltige Inflationsrate, die 1977 etwa dreißig Prozent erreichte, sowie ausufernde Arbeitskämpfe und Streikbewegungen erschütterten vor allem die Industrieregionen. Nachdem die politischen Kräfte zunächst vollauf damit befasst gewesen waren, das politische System in den Griff zu bekommen, einigten sie sich im

Oktober 1977 auf ein Programm (*Pactos de la Moncloa*), um die destabilisierende Wirkung der Wirtschaftskrise auf den politischen Übergangsprozess zu beheben. Dieses Programm brachte zwar vorübergehend eine Entlastung, doch befand sich die spanische Wirtschaft damals erst am Anfang einer grundlegenden Umstrukturierung, die sich vor allem aus den neuen Anforderungen einer freien Marktwirtschaft ergab. So stand das Umland von Barcelona aufgrund der international geringen Wettbewerbsfähigkeit einiger Schlüsselbranchen der katalanischen Industrie wie der Textil- und Metallverarbeitung vor Anpassungsproblemen, die eine langwierige und schmerzhafte Strukturumwandlung nach sich zogen.

Die *Assemblea de Catalunya* führte zwar nach dem Tod Francos noch einige große Massenversammlungen durch, doch verlor sie nun rasch an Bedeutung. Auch die vielen Bürgerinitiativen, die zunächst eine aktive Rolle im Übergangsprozess spielten, verloren an Vitalität und verschwanden allmählich von der Bildfläche. Die Initiative ging an die (zunächst noch illegalen) politischen Parteien über, die sich während der Agonie der Diktatur zu formieren begonnen hatten, was wiederum auch zu einer Konzentration der zersplitterten Kräfte führte. Auf der politischen Linken übernahm der PSUC, der nun eine eurokommunistische Linie vertrat (indem er die Umgestaltung der Gesellschaft bei gleichzeitiger Beibehaltung des parlamentarisch-demokratischen Systems anstrebte), zunächst eine Vorreiterrolle. Im Juli 1974 gründeten wiederum ehemalige Mitglieder des FOC und des im Exil entstandenen *Moviment Socialista de Catalunya* (MSC) die *Convergència Socialista de Catalunya*, die sich im Mai 1976 schließlich zum *Partit Socialista de Catalunya* (PSC) weiterentwickelte. Im gegenüberliegenden politischen Spektrum fanden im November 1974 in der *Convergència Democràtica de Catalunya* (CDC) verschiedene liberale, sozialdemokratische und christdemokratische Richtungen zusammen. Im März 1976 entwickelte sich hieraus wiederum die von Jordi Pujol und Miquel Roca angeführte gleichnamige Partei.

Senyera

Die katalanische Fahne (*senyera*) besteht aus vier waagrechten roten Streifen auf gelbem oder goldenem Hintergrund. Ihr Ursprung ist umstritten. In Katalonien wird mehrheitlich eine Legende vertreten, wonach die Farben auf Graf Wilfred (878–897) zurückgehen. Demnach soll dieser auf dem Sterbebett mit den in eigenes Blut getauchten vier Fingern seiner Hand über den gelben Grund seines Schildes gestrichen haben. Andere Theorien sehen einen aragonesischen Ursprung und einen Bezug zu den päpstlichen Farben im 11. Jahrhundert. Die ältesten heraldischen Nachweise bilden die Siegel von Ramón Berenguer IV. aus dem Jahr 1150 und vor allem von Alfons II. ab 1163. Als weltweit älteste Fahne hat sich der *Pendón de la Conquista* erhalten, der auf die Zeit der Eroberung Valencias im Jahr 1238 datiert wird. Seit der frühen Neuzeit standen die auch *Barras de Aragón* genannten Farben für das gesamte Herrschaftsgebiet der Könige Aragoniens. Während der *Renaixença* wiederum wurden sie zum Symbol für die katalanische Tradition und zum Banner des *Katalanismus*. Das öffentliche Hissen der *senyera* war während der Diktatur Francos verboten. Nicht zuletzt aus diesem Grund wurde die *senyera* in Katalonien zu einem Symbol der politischen Opposition gegen das Regime. 1979 wurde sie schließlich im Text des Autonomiestatuts zur offiziellen Fahne Kataloniens erklärt. Die Farben finden sich allerdings auch in den offiziellen Flaggen der Autonomen Gemeinschaften der Balearen, Aragoniens sowie Valencias und werden auch im Roussillon verwendet.

Auf der politischen Agenda in Katalonien stand an oberster Stelle die Ausarbeitung und Verabschiedung eines Autonomiestatuts. Erste zaghafte von der Madrider Regierung unter Carlos Arias Navarro unternommene Schritte zielten indes zunächst auf die Schaffung einer Art *Mancomunitat*. Erst im Anschluss an erste Parlamentswahlen sollte unter Einbeziehung der gewählten katalanischen Abgeordneten ein Rat gebildet werden, der mit der Ausarbeitung eines Autonomiestatuts betraut werden sollte. Dieses Angebot, das auf eine Abbremsung der Autonomiebewegung abzielte, wurde von den politischen Kräften in Katalonien geradeheraus zurückgewiesen. Nachdem selbst derartige zaghafte Reformansätze darüber hinaus auf den Widerstand unnachgiebiger Kräfte innerhalb des postfranquistischen Regimes stießen, setzten spanienweite Massenmobilisierungen die Regierung unter hohen Druck und erzwangen einen Richtungswechsel, so dass schließlich mit dem von König Juan Carlos im Juli 1976 ernannten Ministerpräsidenten Adolfo Suárez der Reformprozess nachhaltig in Gang kam: Nachdem zunächst Versammlungs- und Demonstrationsverbote aufgehoben, Parteien wieder zugelassen und ein Amnestiegesetz verabschiedet worden waren, gelang es Suárez im November 1976 sogar, die franquistischen *Cortes* dazu zu bringen, den politischen Wandel mit der Verabschiedung eines Reformgesetzes einzuleiten und damit den Weg zu einer freiheitlichen und demokratischen Grundordnung zu ebnen. Allerdings wurde dabei entgegen den Forderungen der politischen Opposition kein Bruch mit der Vergangenheit vollzogen, sondern der politische Neuanfang aus den Institutionen des Regimes heraus entwickelt. Bei aller grundsätzlichen Zustimmung zur begonnenen Demokratisierung stieß dieses Vorgehen insbesondere in den historischen Regionen auf Misstrauen. Der Mitte Dezember 1976 als Plebiszit zur Abstimmung vorgelegte Demokratisierungsplan wurde zwar in ganz Spanien mit weit über neunzig Prozent der abgegebenen Stimmen angenommen, doch lagen Katalonien (und vor allem das Baskenland) deutlich unter dem Landesdurchschnitt. Die Oppositionskräfte sperrten sich trotz der anfänglichen Skepsis aber nicht grundsätzlich gegen den politischen Reformprozess und wurden in diesen eingebunden. Zunächst nahm dabei Jordi Pujol mit Billigung durch den (nach wie vor illegalen) PSUC die Interessen des politischen Katalanismus wahr, wenngleich alsbald Josep Tarradellas als Präsident der *Generalitat* vom Exil aus seinen Anspruch anmeldete, die Verhandlungen mit der Regierung zu führen. Die Initiative ging damit zunächst an einen von Tarradellas im französischen Roussillon einberufenen Konsultativrat unter seiner Führung über. Anders als die Entwicklung des Reformprozesses auf nationalspanischer Ebene, der sich aus den Institutionen der Franco-Diktatur heraus entwickelte und das republikanische Exil völlig überging, knüpfte der katalanische Nationalismus damit an die Tradition der Institutionen an, die mit dem Autonomiestatut von 1932 entstanden waren.

Innerhalb einer politisierten, befreiten und doch sorgenvoll beäugten spanischen Gesellschaft gingen die Reformen mit großen Schritten voran, und nachdem im April 1977 sogar die kommunistische Partei PCE und der PSUC legalisiert worden waren, fanden am 15. Juni die ersten demokratischen Parlamentswahlen statt. In Katalonien entstanden bei einer unüberschaubaren Anzahl an politischen Parteien wie andernorts Wahlbündnisse zur Verbesserung der Erfolgsaussichten. So verbanden sich der PSC und der PSOE, während sich die Partei von Jordi Pujol mit einer liberalen und einer sozialdemokratischen Gruppierung zusammenschloss. Obwohl auf nationaler Ebene bei diesen Wahlen das Parteienbündnis *Unión de Centro Democrático* (UCD) um Ministerpräsident Suárez mit fünfunddreißig Prozent der Stimmen zum Wahlsieger wurde und sich der PSOE mit neunundzwanzig Prozent als zweite politische Kraft etablieren konnte, wichen die Wahlergebnisse in Katalonien hiervon deutlich ab. Hier gingen jene Parteien gestärkt aus den Wahlen, die die Autonomieforderungen mit Nachdruck betrieben, während die UCD lediglich auf knapp siebzehn Prozent der Stimmen kam. Auch nach diesen ersten demokratischen Wahlen blieb der achtundsiebzigjährige Tarradellas (anders als das republikanische Exilparlament und die Exilregierung in Mexiko, die nun ihre Auflösung bekannt gaben) bei seinem Anspruch, den Autonomieprozess in Katalonien zu lenken. Er setzte sich dabei gegen Joan Raventós durch, den Führer der katalanischen Sozialisten als meistgewählter Partei. Überdies zog es auch Suárez vor, mit dem noch im Exil weilenden und zugänglichen Tarradellas zu verhandeln, anstatt die ideologisch heterogenen gewählten katalanischen Parlamentarier und vor allem die Sozialisten und Kommunisten in den Autonomieprozess einzubinden, die zudem teilweise radikale Positionen vertraten.

Auch war es zu Rivalitäten zwischen den stärksten politischen Kräften in Katalonien gekommen, die letztlich Tarradellas als Kompromisslösung zugutekamen. Nachdem aber der Regionalisierungsprozess angesichts einer zögerlichen Haltung von Ministerpräsident Suárez dennoch nicht so recht voranschritt, ging die massive politische Mobilisierung weiter: Während am Namenstag des heiligen Georg Ende April 1977 bereits hunderttausend Personen in Barcelona auf die Straße gegangen waren, um für politische Autonomie zu demonstrieren, feierten am 11. September bis zu einer Million den katalanischen Nationalfeiertag und unterstrichen damit eindrucksvoll die politischen Forderungen. Dieser deutlich zum Ausdruck gebrachte politische Wille beflügelte schließlich auch die politischen Gespräche. Gleichzeitig radikalisierte sich aber auch der Katalanismus. So kam es in Katalonien zu Akten terroristischer Gewalt. Im Mai 1977 wurde ein Unternehmer und im Jahr darauf der ehemalige Bürgermeister von Barcelona, Josep Viola, ermordet. Beide Taten wurden extremen Nationalisten zugeordnet. Anders als im Baskenland erfuhr der Terrorismus hier allerdings keine vergleichbare institutionelle Verstetigung.

Generalitat

Unter *Generalitat* versteht man heute die Gesamtheit der politischen Institutionen der Autonomen Gemeinschaft Katalonien: Regionalparlament, Präsidialamt und Exekutivrat als Regierung. Die Ursprünge gehen auf eine Übereinkunft der katalanischen Herrscher mit der katalanischen Ständevertretung aus dem späten 13. Jahrhundert zurück, um die Eintreibung von bewilligten Steuern an eine Kommission zu delegieren. Die *Diputació del General* als Ausführungsorgan der Beschlüsse der katalanischen *Cortes* institutionalisierte sich dauerhaft mit der Ständeversammlung von Cervera (1359). Aufgrund der ab dem 15. Jahrhundert und vor allem nach der Union der Kronen unter den Katholischen Königen nur noch seltenen Anwesenheit der Monarchen im Prinzipat übernahm die nun auch *Generalitat* genannte Institution eine zentrale Rolle im politischen Leben Kataloniens und wurde (zusammen mit der mächtigen Ratsversammlung von Barcelona) zum Gegenspieler der königlichen Macht. Nach dem Spanischen Erbfolgekrieg wurden die *Generalitat* sowie alle anderen katalanischen Institutionen im Jahr 1716 abgeschafft. Mit der Zweiten Republik wurde die *Generalitat* im Jahr 1931 wiederhergestellt. Einer während der Franco-Diktatur erfolgten erneuten Abschaffung und institutionellen Kontinuität im Exil folgte am 29. September 1977 die neuerliche Wiederherstellung, aus der im Rahmen des Autonomiestatutes von 1979 ihre heutige Gestalt entstand.

Am 29. September 1977 wurde schließlich die zunächst mit beschränkten Kompetenzen ausgestattete *Generalitat* provisorisch wiederhergestellt. Knapp einen Monat später kehrte dann Josep Tarradellas als Präsident der *Generalitat* triumphal nach Barcelona zurück. Am 23. Oktober 1977 rief er vom Balkon seines Amtssitzes vor dreihunderttausend versammelten Menschen die berühmt gewordenen Sätze aus, die das Ende der seit dem Bürgerkrieg bestandenen politischen Entrechtung signalisierten: «*Ciutadans de Catalunya! Ja sóc aquí!*» («Bürger Kataloniens! Hier bin ich wieder!»). Anders als in der Zweiten Republik wurde das Autonomiestatut allerdings erst nach der Verabschiedung der spanischen Verfassung fertiggestellt. Zunächst, so der politische Wille Madrids, sollte die Verfassung den Handlungsrahmen vorgeben, innerhalb dessen sich die Autonomie bewegen müsse. An der Ausarbeitung des Verfassungstextes beteiligten sich auch zwei Katalanisten: Miquel Roca für CDC und Jordi Solé für den PSUC. Während der katalanische Nationalist Roca dabei für möglichst umfangreiche Autonomierechte für die drei «historischen Regionen» (Katalonien, Baskenland und Galicien) eintrat, machte sich auf der entgegengesetzten Seite des politischen Spektrums Manuel Fraga Iribarne als Vertreter der postfranquistischen Rechten für eine lediglich «maßvolle» Dezentralisierung der Verwaltung stark. Im Rahmen der schließlich vorgesehenen Regionalisierung des gesamten Staatsgebietes wurden in der Verfassung in langen Katalogen jene Bereiche aufgelistet, in denen der Staat die ausschließliche

Kompetenz behielt, sowie jene, die im Rahmen eines Statutes von künftigen Autonomen Gemeinschaften übernommen werden könnten. Der ausgehandelte Verfassungskompromiss enthielt aber als Minimalkonsens zwischen den verschiedenen politischen Kräften eine Vielzahl von Widersprüchen und offenen Fragen. Diese sollten später, als es darum ging, die Verfassungsbestimmungen in die Praxis umzusetzen, unweigerlich zu heftigen Auseinandersetzungen führen. Zwar wurde Spanien in der Verfassung, die nach einer Volksabstimmung am 29. Dezember 1978 in Kraft trat, verbal als unteilbare Nation definiert, gleichzeitig aber im Hinblick auf die Regionen ebenfalls der Begriff Nationalitäten verwendet. Auch blieb das Projekt der Schaffung einer mit Kompetenzen versehenen zweiten Kammer in Analogie zum deutschen Bundesrat als Vertretung der Regionen auf der Strecke. Zur Bildung Autonomer Gemeinschaften sah die Verfassung wiederum zunächst zwei unterschiedliche Wege vor. Dabei hatten die Verfassungsväter den «historischen» Regionen Katalonien, Baskenland und Galicien zunächst einen vereinfachten Weg vorgezeichnet, um die Autonomie zu erreichen (nachdem diese Regionen bereits in der Zweiten Republik ihren Autonomiewillen kundgetan hatten). Der Regionalisierungsprozess blieb allerdings keinesfalls auf diese «historischen Regionen» beschränkt. Auch bis dahin nicht durch eine eigene regionale Identität hervorgetretene Zusammenschlüsse von Provinzen schlugen rasch den Weg zur Autonomie ein. In der Praxis sollten in der Folge siebzehn Autonome Gemeinschaften entstehen, was gleichzeitig allerdings auf Unbehagen in Katalonien und im Baskenland stieß, da die «historischen Regionen» damit ihre Sonderstellung verloren. Die verschiedenen Autonomen Gemeinschaften erhielten allerdings nicht automatisch die in der Verfassung vorgesehenen Kompetenzen zugewiesen. Vielmehr musste in Verhandlungen zwischen der Zentralregierung und den regionalen politischen Kräften der Umfang der Übertragung von Befugnissen im Rahmen eines Autonomiestatutes festgelegt werden.

Im September 1978 war schließlich im nordkatalanischen Sau der Entwurf eines Autonomiestatutes für Katalonien fertiggestellt worden. Es wurde Ende Dezember den Madrider *Cortes* zugeleitet, wo es in einem zähen Ringen zwischen den politischen Kräften die endgültige Gestalt erhielt: Die katalanische Regierung bekam innerhalb des in der Verfassung vorgegebenen Rahmens die Zuständigkeit für das Gesundheitswesen und das Erziehungssystem, darüber hinaus ein weites Mitspracherecht bei öffentlichen Baumaßnahmen sowie in Fragen der Landwirtschaft, der Industrieansiedlung, des Binnenhandels, der Justiz, der territorialen Verwaltungsgliederung sowie der Kultur. Die Regionalregierung erhielt aber auch die Möglichkeit zugesprochen, eigene Polizeikräfte aufzustellen. Im Hinblick auf das Arrangement in finanziellen Angelegenheiten blieb die Regionalregierung allerdings auf Mittel aus den Steuereinnahmen des Staates angewiesen. Die *Generalitat* bestand nun aus einem Parlament, das für die Verabschiedung des katalanischen Haushaltes zuständig war und Gesetzgebungsbefugnisse hatte. Der Präsident der *Generalitat* sowie ein aus den verschiedenen Verwaltungsressorts zusammengesetzter Exekutivrat stellten die Regierung im engeren Sinne dar. Die Autonomieregelung für Katalonien fiel allerdings insgesamt hinter die Erwartungen vieler Katalanisten zurück und erreichte in einigen Bereichen nicht das Kompetenzniveau des Jahres 1932, als die *Generalitat* die alleinige Zuständigkeit für die Sicherheitsorgane und die Justiz gehabt hatte. Auch blieben die von Madrid abhängigen Provinzialverwaltungen bestehen, was mit der Einführung von Provinzialdelegierten der katalanischen Regierung zu einem Kompetenzwirrwarr führen sollte. Lediglich im Bereich des Erziehungswesens gingen die Befugnisse über die des Jahres 1932 hinaus. Das neue Statut wurde (bei einer niedrigen Wahlbeteiligung von unter sechzig Prozent) im Rahmen eines Volksentscheides am 25. Oktober 1979 angenommen.

Im März 1980 fanden wiederum die ersten Wahlen zum katalanischen Regionalparlament statt, die mit knapp achtundzwanzig Prozent der Stimmen eine relative Mehrheit für die bürgerlichen Nationalisten unter Jordi Pujol brachten, der nun die Parteienvereinigung *Convergència i Unió* (CiU) anführte. Die Sozialisten la-

Gemarkungseinteilung Kataloniens (1988)
FRANKREICH
ANDORRA
ARAGONIEN
REGION VALENCIA
Mittelmeer
VAL D'ARAN
Vielha
PALLARS SOBIRÀ
Sort
ALTS RIBAGORCA
el Pont de Suert
la Seu d'Urgell
ALT URGELL
Puigcerdà
CERDANYA
RIPOLLÈS
Ripoll
ALT EMPORDÀ
Figueres
GARROTXA
Olot
PLA DE L'ESTANY
Banyoles
PALLARS JUSSÀ
Tremp
BERGUEDÀ
Berga
SOLSONÈS
Solsona
OSONA
Vic
Girona
GIRONÈS
BAIX EMPORDÀ
la Bisbal d'Empord
SELVA
Sta. Coloma de Farners
NOGUERA
Balaguer
SEGARRA
BAGES
Manresa
VALLÈS ORIENTAL
Granollers
MARESME
Mataró
PLA D'URGELL
Tarrega
Cervera
Lleida
Mollerussa
URGELL
ANOIA
Igualada
VALLÈS OCCIDENTAL
Sabadell
les Borges Blanques
CONCA DE BARBERA
SEGRIÀ
GARRIGUES
Montblanc
ALT CAMP
ALT PENEDÈS
Vilafranca del Penedès
BARCELONÈS
Barcelona
Sant Feliu de Llobregat
BAIX LLOBREGAT
Valls
BAIX PENEDÈS
GARRAF
RIBERA D'EBRE
PRIORAT
Falset
Reus
el Vendrell
Vilanova i la Geltrú
Tarragona
TERRA ALTA
Gandesa
Móra d'Ebre
BAIX CAMP
TARRAGONÈS
BAIX EBRE
Tortosa
Amposta
MONTSIÀ
0
N
50 km
Staatsgrenze
Grenzen der Autonomen Gemeinschaften
Verwaltungssitze in den Gemarkungen

gen etwa sechs und die Kommunisten neun Prozentpunkte dahinter, während die UCD von Adolfo Suárez auf etwa zehn Prozent der Stimmen kam und sich die ERC mit neun Prozentpunkten begnügen musste. Insgesamt wurde damit deutlich, dass katalanistische Parteien in der Wählergunst weit vorn lagen. Während der Stimmenanteil der Katalanisten (unter Einschluss der Sozialisten im PSC-PSOE) 1980 bei etwa achtundsiebzig Prozent lag, stieg er in den folgenden Wahlen sogar auf über neunzig Prozent. Wie sich ab den Regionalwahlen von 1984 zeigen sollte, kam dabei der CiU unter Jordi Pujol darüber hinaus eine unbestrittene Führungsrolle zu. Zwischen 1984 und 1995 konnte sie sogar die absolute Mehrheit der Abgeordneten stellen. Parteien, die für den Madrider Zentralismus standen, blieben in Katalonien indes eine Randerscheinung: Nach der Auflösung von UCD ging die zentralistisch orientierte Wählerschaft vor allem zu der in der Tradition des Franquismus stehenden *Alianza Popular* unter Manuel Fraga Iribarne über, die sich wiederum im Jahr 1989 in *Partido Popular* (PP) umbenannte. Aber selbst in den Zeiten von absoluten Parlamentsmehrheiten für die Partei unter Ministerpräsident José María Aznar konnte der PP bei Regionalwahlen in Katalonien nie viel mehr als zehn Prozent der Stimmen für sich verbuchen. Bei Wahlen zu den Madrider *Cortes* traten wiederum die spezifischen Regionalparteien stärker in den Hintergrund. In Katalonien erhielten dabei die katalanischen Sozialisten stets die meisten Stimmen. Insgesamt zeigt sich auch, dass die konservativen Katalanisten überwiegend im Hinterland und in den ländlichen Regionen, in denen zudem die Einwanderung aus anderen Gegenden Spaniens nicht so sehr zum Tragen kam, die stärkste politische Kraft darstellten, während in den großen Städten und industrialisierten Gegenden wiederum die Sozialisten mehrheitlich gewählt wurden. So konnte die CiU bei Kommunalwahlen nie das Rathaus von Barcelona erobern. Für gut zwanzig Jahre bildete sich damit ein politisches Spektrum heraus, in dem CiU und PSC innerhalb einer breiten Parteienlandschaft tonangebend waren.

Den Regierungen unter Jordi Pujol kam nun die Aufgabe zu, das Autonomiestatut mit Leben zu füllen. Dabei ging es darum, die katalanischen Verwaltungsorgane aufzubauen und in Verhandlungen mit der Zentralregierung die Übertragung der vereinbarten Kompetenzen zu regeln. Die komplizierte Mehrheitsarithmetik führte in den Anfangsjahren zunächst allerdings noch zu einem heterogenen Kräftezusammenschluss, der die Minderheitsregierung der CiU unterstützte. Wenngleich sich die katalanischen Sozialisten (vor allem aus Gründen der zu dieser Zeit bestehenden innerparteilichen Instabilität und der Konkurrenz mit den noch mächtigen Kommunisten) damals einer Koalitionsbildung verschlossen, kam es in der politischen Praxis jedoch zu keiner besonderen Konfrontation, denn eine deutliche Opposition gegen die katalanische Regierungsarbeit wäre auch als Angriff auf die katalanischen Institutionen gewertet worden und hätte damit unweigerlich zu Sympathieeinbußen innerhalb der jeweiligen Wählerschaft geführt. Jordi Pujol gelang es auch, sich auf gesamtspanischer Ebene in eigener Sache Gehör zu verschaffen. CiU und UCD hatten Anfang der 1980er Jahre zunächst ein gegenseitiges Interesse an einem konstruktiven Umgang miteinander, da Ministerpräsident Suárez, der ebenfalls über keine stabilen Mehrheitsverhältnisse verfügte, auf die Mitwirkung der Katalanen angewiesen war.

Der Putschversuch vom 23. Februar 1981, bei dem die Fernsehzuschauer live miterleben konnten, wie eine Einheit der Guardia civil das Parlamentsplenum stürmte und dieses samt der Regierung in Geiselhaft nahm, markierte wiederum eine tiefe Zäsur im gesamten politischen Übergangsprozess. Hiervon war in besonderer Weise die Regionalisierung des Staates als ein politisch außerordentlich sensibler Bereich betroffen: Die Zentralgewalt gelangte nun (auch aus Gründen der als gefährdet wahrgenommenen politischen Stabilität des Landes) zu der Überzeugung, dem Regionalisierungsprozess engere Zügel anlegen zu müssen. Vor diesem Hintergrund verabschiedete die regierende UCD zusammen mit dem PSOE das «Gesetz zur Harmonisierung des Autonomieprozesses» (LOAPA), das darauf abzielte, die gesetzgebende Gewalt der *Cortes* gegenüber den Parlamenten in den Autonomen Gemeinschaften zu stärken, und dabei auch massiv in bereits bestehende Autonomiestatute eingriff. Selbstredend führte die Verabschiedung des Gesetzes zu heftigem Widerstand in Katalonien. Dabei gerieten die katalanischen Sozialisten allerdings in einen Loyalitätskonflikt gegenüber dem PSOE. Da der PSC schließlich nicht eindeutig Position für den Katalanismus bezog, geriet die Partei bei den Regionalwahlen von 1984 unter Druck. Jordi Pujol avancierte wiederum zum unumstrittenen Bannerträger des politischen Katalanismus. Die LOAPA wurde zwar 1983 durch das spanische Verfassungsgericht in zentralen Punkten verworfen. Dennoch blieb den Madrider *Cortes* weiterhin die Möglichkeit, mittels der für verschiedene Bereiche geltenden Kompetenz in der Rahmengesetzgebung den Regionalisierungsprozess zu zügeln. Damit verlagerte sich wiederum die Auseinandersetzung an die Gerichte: Der Verfassungsgerichtshof musste in der Folge über eine Vielzahl an Kompetenzstreitigkeiten entscheiden.

In Zeiten stabiler absoluter Mehrheiten in den *Cortes*, etwa ab 1982 mit einer starken Regierung des PSOE, blies zudem ein rauer politischer Wind aus Madrid. Dann wurden offene Fragen wie im Zusammenhang mit der Verteilung der Staatseinnahmen oder bei Streitfällen in Kulturangelegenheiten meist zu hoffnungslos umstrittenen Zankäpfeln. Als die Sozialisten 1993 die absolute Mehrheit verloren, gelang es Jordi Pujol wiederum, der Zentralregierung erneut Zugeständnisse abzuringen, so im Hinblick auf die finanzielle Ausstattung oder die Einrichtung der katalanischen Polizeikräfte (*mossos d'esquadra*). Auch der *Partido Popular* sah sich unter José María Aznar zunächst gezwungen, mit den katalanischen Nationalisten Kompromisse einzugehen, nachdem er bei den *Cortes*-Wahlen von 1996 keine absolute Mehrheit erreicht hatte und somit auf die Unterstützung durch die Abgeordneten der CiU als Mehrheitsbeschaffer angewiesen war. Als jedoch im Jahr 2000 der PP die absolute Mehrheit der *Cortes*-Abgeordneten erreichte und zudem die CiU auf katalanischer Ebene auf die Zusammenarbeit mit der konservativen Volkspartei angewiesen war, vollzog Ministerpräsident Aznar eine radikale politische Wende, die von Beobachtern als eine Rückkehr zum überwunden geglaubten spanischen Nationalismus gewertet wurde. Entsprechend folgte nun wieder eine Frontstellung zwischen den Regierungen in Madrid und in Barcelona.

Katalanisierung

Eines der Hauptanliegen der katalanischen Regierung als wesentlicher Bestandteil des nationalen Selbstverständnisses von Katalonien war die Durchsetzung der katalanischen Sprache als Amts- und als Verkehrssprache. Die Verfassung von 1978 garantierte, dass sie neben dem Kastilischen den Rang einer Amtssprache erhalten könne. Dies wurde natürlich auch im Autonomiestatut festgeschrieben. Eine besondere Herausforderung stellte aber die Durchsetzung des Katalanischen im allgemeinen Sprachgebrauch dar.

Unmittelbar mit Beginn des Demokratisierungsprozesses und der Artikulation der Autonomieforderungen war zunächst eine überwältigende Bewegung zur Verbreitung der katalanischen Sprache im öffentlichen Leben in Gang gekommen. Dennoch stellte die tatsächliche Einführung des Katalanischen als allgemeine Verkehrssprache ein gewaltiges Vorhaben dar. Dies ergab sich nicht nur aus der Marginalisierung, die das Katalanische während der Diktatur erlebt und die zu einem Rückgang der Sprachkenntnisse geführt hatte, sondern vor allem aus der großen Zahl an Immigranten, die seit den 1950er Jahren in Katalonien heimisch geworden waren. Anfang der 1980er Jahre gaben etwa zwanzig Prozent der in Katalonien lebenden Menschen an, Katalanisch nicht einmal zu verstehen; in Barcelona lag dieser Anteil sogar noch deutlich darüber. Hier setzte das Gesetz zur sprachlichen Normierung aus dem Jahr 1983 (*Llei de Normalització Lingüística*) an, in dessen Folge eine gewaltige Bildungs- und Werbeoffensive in Gang kam, die vom Unterricht auf Katalanisch in der Primarstufe an den Schulen über die Förderung aller Arten von Sprachmedien wie Rundfunk- und Fernsehsendungen sowie Periodika bis hin zur Übertragung von Büchern ins Katalanische reichte. Mit der *Llei de Política Lingüística* aus dem Jahr 1997 versuchte die katalanische Regierung, die Verwendung des Katalanischen mit Nachdruck weiter voranzubringen und nun vor allem in Bereiche wie die in Katalonien angesiedelte Verwaltung des spanischen Staates, die Rechtsprechung oder die Fernseh- und Kinoproduktion vorzudringen, in denen die Verwendung des Kastilischen unverändert dominierte.

Während in der Vergangenheit stets Klagen über die Zwangskastilisierung Kataloniens zu hören gewesen waren, scheint sich das Bild inzwischen ins Gegenteil verkehrt zu haben. Nun sind Klagelieder aus Madrid (und anderen kastilischsprachigen Gegenden) zu vernehmen, die wiederum den Katalanen Sprach- und Kulturimperialismus zur Last legen. Bereits 1981 unterschrieben zweitausenddreihundert in Katalonien lebende Intellektuelle und spanische Beamte eine Erklärung, die sich gegen die Katalanisierung der Gesellschaft wandte. Der Vorwurf lautete vor allem, dass die Regionalregierung in Barcelona die kastilische Bevölkerung durch ihre Sprachpolitik diskriminiere. So ist in Katalonien inzwischen ein Universitätsstudium ohne Beherrschung der Regionalsprache nicht mehr durchführbar. Von einer ursprünglich angestrebten Gleichberechtigung des Kastilischen und des Katalanischen könne, so die Klagen, daher nicht mehr die Rede sein. Entsprechend entstanden nicht nur kleinere, aber symbolhafte Konflikte um die Sprachverwendung, wie etwa bei der Beschilderung von Staatsstraßen oder im Hinblick auf die Siglen der katalanischen Autokennzeichen. Das Problem hat auch zu Klagen vor dem spanischen Verfassungsgericht geführt, weil sich jene Spanier benachteiligt fühlen, die in Katalonien leben und lediglich des Kastilischen mächtig sind. Einen besonders großen Aufruhr verursachte schließlich ein Gesetz, auf dessen Einhaltung seit 2003 auch geachtet wird, wonach alle Händler in Katalonien verpflichtet sind, ihre Produkte auf Katalanisch auszuzeichnen und die Kundschaft auf Wunsch auch auf Katalanisch zu bedienen.

Während auf der einen Seite die Katalanisierung heftig beklagt wurde, entstanden als Gegenreaktion eine Vielzahl von Bürgerbewegungen, wie die 1981 gegründete *Crida a la Solidaritat en Defensa de la Llengua, la Cultura i la Nació Catalana*, die mittels einer lautstarken öffentlichen Präsenz und unter dem Schlagwort «*Som una nació*» («Wir sind eine Nation») ihr Recht auf eine ungehinderte Verwendung der katalanischen Sprache einforderten. Von katalanischer Seite heißt es, dass angesichts einer Situation, in der die Kenntnisse des Kastilischen Pflicht seien, während es im Hinblick auf die Verwendung des Katalanischen nur ein Recht gebe, dieses gegenüber dem Kastilischen unweigerlich benachteiligt bleibe. Auf dieser Grundlage sei die angestrebte vollständige idiomatische Durchdringung der Gesellschaft nicht möglich. Dieses Wehklagen, das bis in die Gegenwart hineinreicht, deutet darauf hin, dass die katalanische Regierung trotz unbestrittener Erfolge in ihrer Sprachpolitik weit hinter den eigenen Ansprüchen zurückgeblieben ist: Obwohl die Kenntnisse des Katalanischen deutlich zugenommen haben, kann keinesfalls von einer umfassenden sprachlichen Katalanisierung gesprochen werden. So verstehen inzwischen wohl (abgesehen von den in den letzten Jahren in sehr großer Zahl eingetroffenen Immigranten aus dem Ausland) nahezu alle in Katalonien ansässigen Menschen mehr oder minder gut die katalanische Sprache. Dennoch ist das Kastilische im landläufigen Gebrauch unverändert stark präsent. Etwa die Hälfte aller Einwohner Kataloniens benutzen Kastilisch nach wie vor als Verkehrssprache; im Großraum Barcelonas liegt der Anteil sogar bei über sechzig Prozent. Der Anteil derjenigen, die die katalanische Schriftsprache beherrschen, beträgt überdies im Landesdurchschnitt sogar lediglich an die fünfzig Prozent. Vor diesem Hintergrund der mit allem Nachdruck betriebenen Sprachpolitik muss auch das Ansinnen der *Generalitat* verstanden werden, auf der Frankfurter Buchmesse 2007 mit dem katalanischen Sprach- und Kulturraum als «Gastland» ausschließlich das Katalanische zum Zuge kommen lassen zu wollen. Allerdings sind damit in Frankfurt gerade jene Autoren katalanischen Ursprungs nicht vertreten, die wie Juan Marsé, Eduardo Mendoza, Carlos Ruiz Zafón, Enrique Vila-Matas oder Manuel Vázquez Montalbán den höchsten Bekanntheitsgrad haben. Vielmehr soll den meist wenig bekannten Autoren, die auf Katalanisch schreiben, ein internationales Forum geboten werden. Immerhin werden etwa ein Drittel aller in Katalonien publizierten Bücher auf Katalanisch geschrieben, und etwa zwanzig Prozent der verkauften Tageszeitungen erscheinen ebenfalls auf Katalanisch. Damit zeigt sich aber innerhalb der katalanischen Kulturpolitik eine starke Tendenz, sich abzukapseln und lediglich die eigene Sprache und kulturellen Traditionen zuzulassen. Es hat den Eindruck, als gebe es ein ungeschriebenes Gesetz, wonach sich katalanische Kultur auf Katalanisch auszudrücken habe. Andernfalls dürfe sie offenbar nicht katalanische Kultur genannt werden. Es scheint überdies, als ob die verbissen anmutende Sprachpolitik keine unbedingte Entsprechung bei der Mehrheit der katalanischen Bevölkerung finde, die viel selbstverständlicher mit der Verwendung beider Sprachen umzugehen scheint. Das grundsätzliche Problem geht allerdings zweifellos von der faktischen Dominanz und dem außerhalb Spaniens stark zunehmenden Gewicht des Kastilischen aus. Weitere Fragezeichen entstehen natürlich im Angesicht der Globalisierung und der Durchdringung der Gesellschaft mit dem Englischen als dominierender *lingua franca*. Allerdings hat es der katalanische Kulturkreis, zu dem auch die Autonomen Gemeinschaften Valencia und Balearen gehören, nicht vermocht, die eigenen Kräfte zu bündeln. In diesen beiden Regionen wird eine Variante des Katalanischen gesprochen. Beide suchten allerdings im Rahmen des Demokratisierungsprozesses keinen Anschluss an Katalonien, sondern strebten ebenfalls eine politische und kulturelle Eigenständigkeit an. Dementsprechend wird die in diesen Landesteilen gesprochene Variante des Katalanischen als eigene Sprache mit zum Teil eigener Rechtschreibung betrachtet. Im Fall von Valencia kommt allerdings erschwerend hinzu, dass diese Region traditionell kein sprachlich homogenes Gebilde darstellt und vor allem im Hinterland das Kastilische die seit jeher gesprochene Sprache ist.

Olympischen Sommerspiele auszutragen. Hierzu wurden gewaltige Baumaßnahmen in Angriff genommen, die auch dem Stadtbild eine umfassende Modernisierung brachten. Die *Generalitat* ergriff damals die Gelegenheit, um Katalonien einem Weltpublikum als aufstrebende und selbstbewusste Nation darzustellen. Nach einem Konjunktureinbruch Anfang der 1990er Jahre und weiteren Strukturreformen entwickelte sich Katalonien in den letzten Jahren schließlich zu einer modernen und hochindustrialisierten Region Europas, die vollständig in den internationalen Märkten integriert ist. Auch in Bezug auf Lebenserwartung und Konsumverhalten gleicht Katalonien inzwischen anderen europäischen Industrieregionen. Die Arbeitslosigkeit ging darüber hinaus deutlich zurück, und der Strukturwandel sowie der Bedarf an Fachkräften haben wie in anderen Industrienationen zur Herausbildung einer hochqualifizierten Mittelschicht geführt. Um den Bedarf an gut ausgebildeten Arbeitskräften und Akademikern decken zu können, sind in Katalonien eine Vielzahl von neuen Hochschulen geschaffen worden. Gegenwärtig verfügt Barcelona über acht Hochschulen, und auch jede der übrigen drei Provinzhauptstädte hat inzwischen ebenfalls mindestens eine Universität. Die weibliche Bevölkerung wiederum drang in den Arbeitsprozess ein, wobei gegenwärtig der Anteil der weiblichen Universitätsabsolventen sogar über dem ihrer männlichen Kommilitonen liegt. Der Wegfall von Arbeitsplätzen im Rahmen des Strukturwandels sowie die rasche Industrialisierung auch anderer Gegenden Spaniens führten gleichzeitig dazu, dass die Binnenwanderung von Arbeitskräften in Richtung Katalonien zunächst abebbte. Dieser Umstand sowie ein starker Rückgang der Geburtenrate bedingten, dass zwischen Anfang der 1980er Jahre und Ende des Jahrhunderts die Zahl der Einwohner Kataloniens relativ konstant bei etwa sechs Millionen verharrte. Bezeichnenderweise nahm die Bevölkerung in den Industriezentren und in Barcelona in diesem Zeitraum sogar ab. Nun erfuhr wiederum die Gegend der Pyrenäen durch die Entwicklung des Wintertourismus erstmals einen starken Aufschwung. Katalonien erlebt aber auch die Schattenseiten moderner Industrie- und Dienstleistungsgesellschaften wie etwa die anhaltend hohe Sockelarbeitslosigkeit, insbesondere von nichtqualifizierten Jugendlichen sowie von älteren Arbeitnehmern, die kaum in den Arbeitsprozess wiedereingegliedert werden können. Da Katalonien wie andere Industrienationen von einer niedrigen Geburtenrate betroffen ist, wird auch hier von der mittelfristigen Notwendigkeit der Zuwanderung von qualifizierten Arbeitskräften aus dem Ausland ausgegangen. Katalonien und Spanien erleben gegenwärtig aber auch, dass das Land zu einem Einwanderungsziel von Menschen aus Entwicklungsländern (vor allem Lateinamerika und Afrika) in einem ungeahnten Ausmaß geworden ist. In den letzten Jahren hat die Bevölkerung Kataloniens durch diese Immigration wieder gewaltig zugenommen. Gegenwärtig hat Katalonien bereits deutlich über sieben Millionen Einwohner, von denen etwa eine Million ausländische Staatsbürger sind. Die Integration dieser neuesten Einwanderungswelle stellt eine der großen Herausforderungen für Katalonien dar.

2003 fand in der politischen Geschichte Kataloniens eine Zäsur statt, als sich Jordi Pujol nach dreiundzwanzig Jahren an der Spitze der *Generalitat* aus der Politik zurückzog und die CiU in diesem Jahr zudem die Regierungsverantwortung verlor. Diesem Wechsel war der Aufstieg der *Esquerra Republicana de Catalunya* vorangegangen, die ab Mitte der 1990er Jahre für einen radikalen katalanischen Separatismus eintrat. Bei den Regionalwahlen von 1995 erreichte sie bereits knapp zehn Prozent der Stimmen und setzte diesen Siegeszug bei den Wahlen vom November 2003 fort, als sie über sechzehn Prozent der Stimmen auf sich vereinigte. Die ERC war damit nicht nur wieder unter den Schwergewichten der katalanischen Parteienlandschaft, sie trug auch zum Sturz von CiU bei, als mit Unterstützung von ERC der Sozialist Pasqual Maragall, der fünfzehn Jahre lang Bürgermeister von Barcelona gewesen war, zum neuen Präsidenten der *Generalitat* gewählt wurde. Nachdem Pujol es während seiner Amtszeit stets vermieden hatte, eine Erneuerung des Statuts anzustreben, und stattdessen in bilateralen Verhandlungen auf Regierungsebene eine Verbesserung der bestehenden Situation im Sinne des Katalanismus zu erreichen versucht hatte, sprachen sich im Jahr 2002 alle Parteien im katalanischen Regionalparlament bis auf den PP für die Aushandlung eines neuen Autonomiestatutes aus, um auf diese Weise weiterhin wahrgenommene Barrieren zur freien Entfaltung der katalanischen Nation (insbesondere in den Bereichen Kultur, Sprache, Erziehung) abzubauen. Darüber hinaus wurde die Finanzzuteilung an Katalonien nach wie vor als besonders benachteiligend empfunden. Die Steuereinnahmen in Katalonien sollten künftig vielmehr vollumfänglich dieser Region zugutekommen. Eine weitere Forderung betraf die seit vielen Jahren diskutierte Reform des gegenwärtig weitgehend bedeutungslosen Senats hin zu einer zweiten Kammer, in der die Autonomen Gemeinschaften auch auf nationaler Ebene legislative Kompetenzen übernehmen können, um auf diese Weise die Föderalisierung des Staates voranzubringen. Auch wurden Stimmen laut, die eine stärkere Beteiligung der Regionen an der Besetzung des spanischen Verfassungsgerichtshofes anmahnten, da der Rechtsprechung vorgehalten wurde, tendenziell zugunsten der Zentralregierung zu entscheiden. Zudem klang immer wieder eine Unzufriedenheit mit der Dezentralisierung des Staates an, da alle Autonomen Gemeinschaften eine grundsätzliche Gleichbehandlung erführen. Dies entspreche nicht der nationalen Realität in Spanien. Vielmehr stehe Katalonien (und den anderen «historischen Regionen») das Recht auf weiter reichende Kompetenzen zu.

Nachdem das Projekt der Ausarbeitung des Statuts zunächst angesichts der Verweigerungshaltung der regierenden Konservativen, die sich dagegen sträubten, Katalonien Zugeständnisse zu machen, außerordentlich problematisch schien, entspannte sich die Situation mit der Übernahme der Macht durch die Sozialisten im März 2004, zumal sich bereits im Vorfeld dieser Wahlen der sozialistische Spitzenkandidat und spätere Ministerpräsident José Luis Rodríguez Zapatero für die Unterstützung des Vorhabens ausgesprochen hatte. Der in Barcelona im September 2005 verabschiedete Entwurf eines völlig neuen Statuts führte in Madrid allerdings zu kritischen Stellungnahmen aller möglicher Couleur: Regierung, Richter, Bischofskonferenz, die Zentralbank, der Arbeitgeberverband, die Gewerkschaften und sogar einzelne Militärs machten unterschiedliche und zum Teil heftige Kritikpunkte geltend und lösten inmitten einer ohnehin ideologisch aufgeheizten und emotional geführten politischen Auseinandersetzung zwischen den beiden großen Volksparteien eine heftige Gegenreaktion aus. Dabei wurden von Seiten des PP die Gespenster der Vergangenheit in Erinnerung gerufen und das projektierte Autonomiestatut als Anfang vom Ende der spanischen Nation verteufelt. Spanienweit entstand darüber hinaus eine breite Front gegen die als zu weit gehend empfundenen Ansprüche Kataloniens: Im Internet kursierten Boykottlisten gegen katalanische Produkte, und insbesondere der katalanische *cava* musste im Weihnachtsgeschäft 2005 herbe Umsatzeinbußen hinnehmen. Aber auch innerhalb der nationalistischen Kräfte Kataloniens kam es zu heftigen Auseinandersetzungen, nachdem während der Verhandlungen in den *Cortes* die ursprüngliche Fassung des Statuts nicht durchsetzbar war und sich die *Esquerra* mit dem «verwässerten» Verhandlungsergebnis nicht zufriedengeben wollte. Schließlich wurde das neue Autonomiestatut durch die *Cortes* bei den ursprünglichen Gegenstimmen des PP und der ERC (und später durch den Senat) angenommen und Mitte Juni 2006 in einem Volksentscheid in Katalonien mit einer klaren Dreiviertelmehrheit bei einer allerdings niedrigen Wahlbeteiligung von unter fünfzig Prozent bestätigt. Dieses durchaus zwiespältige Ergebnis spiegelt gleichermaßen den Grad des tatsächlichen Interesses der katalanischen Bevölkerung an der Autonomiefrage sowie deren Identifikation mit Katalonien. Wie eine im Dezember 2005, als die Diskussionen über das neue Autonomiestatut ihren Höhepunkt erreichten, durchgeführte Umfrage ergab, sprach sich in Katalonien eine deutliche Mehrheit dafür aus, die Kompetenzen der *Generalitat* zu erweitern. Jeder Fünfte wünschte sogar, dass den Katalanen die Möglichkeit eingeräumt werde, gegebenenfalls auch die Unabhängigkeit zu erlangen. Allerdings empfanden lediglich fünfundvierzig Prozent der

Befragten Katalonien als Nation, und der Anteil derer, die sich ausschließlich als Katalanen fühlten, lag bei lediglich vierzehn Prozent. Knapp die Hälfte der Befragten empfanden sich wiederum in gleicher Weise als Katalanen und als Spanier. Allerdings ist im Vergleich zu vorangegangenen Meinungsumfragen ein kontinuierlicher Trend hin zu einer stärkeren Identifikation mit Katalonien zu erkennen.

Das neue Statut stellt aus katalanischer Sicht trotz aller Kritik einen deutlichen Fortschritt gegenüber 1979 dar. So wurde die Forderung, Katalonien innerhalb des Vertragswerkes als Nation zu benennen, erstmals verwirklicht, wenngleich als rechtlich unbedeutende Feststellung in der Präambel. Darüber hinaus wurden Kenntnisse in beiden offiziellen Sprachen für den Staatsdienst verpflichtend. Dies betraf auch Richter und Notare, die bislang eine besondere Zurückhaltung in der Verwendung des Katalanischen an den Tag gelegt hatten. Auch wurde die Verbindung zwischen dem Justizapparat und den katalanischen Institutionen gestärkt. Obwohl auch weiterhin das in der Verfassung aufgrund der starken innerspanischen Entwicklungsunterschiede verankerte Solidaritätsprinzip zwischen den Autonomen Gemeinschaften zum Tragen kam, erhielt Katalonien auch einen deutlich vergrößerten Anteil an den Staatsfinanzen. Im neuen Statut wurde aber vor allem eine klarere Abgrenzung der verschiedenen Kompetenzen zwischen der Zentralregierung und der *Generalitat* vorgenommen, was der Tendenz zur Erosion der Kompetenzen durch die Madrider Gesetzgebung einen Riegel vorschob. Die Reform des Senats steht allerdings nach wie vor noch aus. Dieses insgesamt zufriedenstellende Ergebnis veranlasste den Präsidenten der *Generalitat*, Maragall, schließlich zu der Bemerkung, dass der spanische Staat in Katalonien nunmehr lediglich eine residuale Erscheinung sei.

Ist damit nun der Institutionalisierungsprozess in Katalonien abgeschlossen und das Verhältnis zwischen der Madrider Zentralregierung und der *Generalitat* auf eine dauerhaft stabile Grundlage gestellt? Es ist nicht gerade wahrscheinlich, dass angesichts der seit der Vereinigung der spanischen Kronen unter den Katholischen Königen nahezu ununterbrochen geführten Auseinandersetzungen um Kompetenzen in absehbarer Zeit eine dauerhafte Beruhigung der Lage eintreten wird. Hinzu kommt, dass nicht nur die radikalen katalanischen Nationalisten in den letzten Jahren ihre Anhängerschaft vergrößern konnten, sondern sich auch der spanische nationalistische Diskurs deutlich verschärft hat. Die *Generalitat* ist darüber hinaus einer der vehementesten Fürsprecher dafür, der Globalisierung und dem Dirigismus der Europäischen Kommission eine Regionalisierung entgegenzusetzen. Sie strebt an, das Konzept eines Europas der Regionen als infranationaler Einheiten nachhaltig zu stärken, um auf diese Weise im Angesicht des faktischen Bedeutungsverlustes der Nationalstaaten innerhalb der Europäischen Union den Bürgern «greifbare» Identifikationsmöglichkeiten zu geben. Gleichzeitig ist aber auch zu erwarten, dass trotz aller Reibungsflächen die gemeinsam gewachsenen politischen, historischen und kulturellen Wurzeln auch in Zukunft gegenseitig befruchtend wirken und wie in der Vergangenheit zur Gestaltung einer zeitgemäßen und lebenswerten Gesellschaftsordnung beitragen werden.

Zeittafel

Mittelalter

711	Beginn der muslimischen Eroberung der Iberischen Halbinsel
732	Sieg Karl Martells bei Poitiers über die muslimischen Heerscharen
801	Einnahme von Barcelona durch den späteren Karolingerkönig Ludwig der Fromme
827	Rebellion der lokalen Statthalter im katalanischen Raum gegen die fränkische Herrschaft
834–848	Erste Bündelung der Herrschaft im katalanischen und okzitanischen Raum
897	Schaffung der Dynastie der Grafen von Barcelona durch Durchsetzung der Erbfolge
985	Plünderung Barcelonas unter der Führung des muslimischen Feldherrn Almansor
988	Verweigerung des Treueeides durch Graf Borrell gegenüber dem fränkischen Monarchen Hugo Capet
1067	Erwerbung der Grafschaften Carcassonne und Rasés
1111	Einverleibung der Grafschaft Besalú
1112	Heirat von Graf Ramón Berenguer III. mit der Gräfin von Provence
1117/1118	Übernahme der Grafschaft Cerdagne
1137	Heirat zwischen Ramón Berenguer IV. und Petronella von Aragonien
1148/1149	Eroberung von Tortosa und Lleida
1151	Abkommen von Tudellén über die Aufteilung künftiger Eroberungen in den muslimischen Herrschaftsgebieten
1173	Kodifizierung der *Usatges de Barcelona*
1208	Verkündigung durch Papst Innozenz III. eines Kreuzzuges gegen die Katharer in Südfrankreich
1212	Vorentscheidung über die christliche Vorherrschaft auf der Iberischen Halbinsel nach der Schlacht von Navas de Tolosa
1213	Tod Peters II. von Aragonien in der Schlacht von Muret
1229–1231	Eroberung von Mallorca durch Jakob I.
1232–1245	Eroberung des Königreichs Valencia
1258	Abkommen von Corbeil

1276 Entstehung des Königreichs Mallorca infolge der Erbteilung nach dem Tod Jakobs I.

1279 Gründung in Barcelona des *Consolat de Mar*

1282 Aufstand auf Sizilien gegen Karl von Anjou (*Sizilianische Vesper*) und Übernahme der Herrschaft durch den König von Aragonien

1283 Festschreibung der Hoheitsrechte der katalanischen Stände (*Generalprivileg*)

1285 Eroberung von Girona durch den französischen König; Aufstand in Barcelona gegen die Herrschaft des Patriziats

1296 Unabhängigkeit Siziliens unter König Friedrich von Aragonien

1297 Übertragung Sardiniens und Korsikas durch Papst Bonifaz VIII. als päpstliche Lehen an den König von Aragonien

1304 Sieg der Katalanischen Kompanie in Byzanz über osmanische Truppen; Annexion eines Teiles des ehemaligen Königreichs Murcia

1311 Beginn der Herrschaft der Katalanischen Kompanie über das Herzogtum Athen

1323 Beginn der Invasion Sardiniens

1343 Annexion des Königreichs Mallorca

1348 Große Pestwelle

1351–1355 Krieg mit der Republik Genua

1359 Etablierung der *Diputació del General*

1373 Schweres Erdbeben

1391 Pogrome und Verwüstung von Judenvierteln (*aljamas*)

1409 Wiedereingliederung der Krone Siziliens

1410 Erlöschen der Dynastie der Grafen von Barcelona mit dem Tod von König Martin

1412 Versammlung von Caspe unter Vermittlung von Papst Benedikt XIII.

1427–1428 Schwere Erderschütterungen

1442 Übernahme der Krone Neapels durch Alfons V.

1453 Eroberung Konstantinopels durch das Osmanische Reich

1453–1462 Übernahme der Stadtregierung von Barcelona durch die Partei der *Busca*

1461 Stärkung der Rechte der Standesversammlung nach dem Beschluss von Vilafranca

1462 Lossagung der katalanischen Standesversammlung von der Herrschaft des Königs von Aragonien

1462–1472 Katalanischer Bürgerkrieg

Frühe Neuzeit

1469	Eheschließung zwischen Ferdinand von Aragonien und Isabella von Kastilien
1479	Herrschaftsbeginn der Katholischen Könige
1481	Verabschiedung der *Constitució de l'Observança* durch die katalanische Ständeversammlung
1482–1485	Landarbeiteraufstand gegen die Feudalherrschaft
1486	Schiedsspruch von Guadalupe
1487	Einsetzung des Tribunals der Heiligen Inquisition
1492	Eroberung des Königreichs Granada durch die Katholischen Könige; Ausweisungsedikt gegen die Juden
12. 10. 1492	Entdeckung des amerikanischen Kontinents durch Christoph Kolumbus
1493	Wiedereingliederung der französisch besetzten Grafschaften Roussillon und Cerdagne
1512	Gewaltsame Eingliederung des Königreichs Navarra unter die Krone Kastiliens
1516	Personalunion der aragonesischen und kastilischen Kronen unter Karl von Gent
1591	Schwerer Jurisdiktionskonflikt zwischen den Ständen Kataloniens und Philipp II.
1597–1598	Französisch-spanischer Krieg um das Roussillon
1609/1610	Ausweisung der Morisken aus der Iberischen Halbinsel
1635	Beginn des spanisch-französischen Krieges
1640	Aufstand der Landarbeiterschaft und Ermordung des Vizekönigs (*Corpus de sang*)
1641	Lossagung der katalanischen Stände von der spanischen Krone und Unterwerfung als Vasallen des französischen Königs Ludwig XIII.
1650–1654	Schwere Pestwelle
1652	Kapitulation Barcelonas
1659	*Pyrenäenfrieden* zwischen der spanischen und der französischen Krone; Abtretung des Roussillon
1687–1689	Aufstand der Landbevölkerung (*revolta dels barretines*)
1697	Belagerung Barcelonas durch französische Truppen
1701	Übernahme des testamentarischen Erbes am spanischen Reich durch Philipp von Bourbon; Huldigung durch die katalanischen Stände
1703	Wahl des Erzherzogs Karl durch die Große Haager Allianz zum König von Spanien

1705	Landung von Einheiten der Haager Allianz in Barcelona; Treueid der katalanischen Stände gegenüber Karl III.
1713	Friede von Utrecht und Teilung des spanischen Reiches
11.9.1714	Kapitulation Barcelonas
1716	Erlass des königlichen Dekrets *Nueva Planta de la Real Audiencia del Principado de Cataluña*
1717	Schaffung der Universität von Cervera als katalanische Zentraluniversität
1763–1764	Hungerkatastrophe in Barcelona
1778	Freigabe des Amerikahandels für katalanische Häfen
14.7.1789	Beginn der Französischen Revolution

19. Jahrhundert

1808	Einmarsch französischer Truppen in Spanien; Thronverzicht von Karl IV. und Ferdinand VII.; Niederlage französischer Truppen bei El Bruc; Schaffung der *Junta Superior de Gobierno del Principado de Catalunya*
2.5.1808	Madrider Aufstand gegen die französische Besatzung; Beginn des spanischen Unabhängigkeitskrieges
1812	Eingliederung Kataloniens in den französischen Staat
1814	Räumung Kataloniens durch Marshall Suchet; Rückkehr zum Absolutismus unter Ferdinand VII.
1.1.1820	Rebellion in Cádiz und Beginn des «liberalen Trienniums»
1823	«Feldzug der hunderttausend Kinder vom heiligen Ludwig» und Rückkehr zum Absolutismus unter Ferdinand VII.
1827	*Revolta dels Malcontents* in Katalonien
1832	In Barcelona Inbetriebnahme der ersten Dampfmaschine
1833–1840	Erster *Karlistenkrieg*
1833	Entstehung der Ode *La Pàtria* aus der Feder von Carles Aribau
1834	Reform der Verwaltungsgliederung durch Javier de Burgos
1835	Antiklerikale Gewaltwelle in Katalonien
1836	Enteignung von Kirchenbesitz durch Juan Álvarez Mendizábal
1846–1849	Zweiter *Karlistenkrieg* oder *guerra dels matiners*
1848	Inbetriebnahme der ersten Eisenbahnverbindung Spaniens zwischen Barcelona und Mataró
1853–1856	Schwere Choleraepidemie in Katalonien
1855	Erster Generalstreik in Barcelona

1859	Entwurf einer weitläufigen Neustadtanlage für Barcelona durch Ildefonso Cerdà; Einführung der *Jocs Florals* in Anknüpfung an mittelalterliche Dichterwettbewerbe
1866	Schwere Bankenkrise in Barcelona
17.9.1868	Militärerhebung in Cádiz («La Gloriosa») und Beginn des «Revolutionären Sexenniums»
1869	Revolutionäre Erhebungen in Katalonien
1871	Entstehung der Zeitschrift *La Renaixença*
1872–1876	Dritter *Karlistenkrieg*
11.2.1873	Ausrufung der Ersten spanischen Republik
1874	Staatsstreich und Restauration der bourbonischen Monarchie unter Alfons XII.
1879	Beginn des Reblausbefalls in Katalonien
1880	Veranstaltung des ersten katalanistischen Kongresses durch Valentí Almirall
1885	Übergabe des *Memorial de Greuges* an König Alfons XII.
1888	Weltausstellung in Barcelona
1892	Verabschiedung der *Bases de Manresa*
1893–1896	Welle anarchistischer Gewalt in Barcelona
1897	Prozesse von Montjuïc; Ermordung von Ministerpräsident Cánovas del Castillo
1898	Verlust der Reste des überseeischen Kolonialreiches infolge des spanisch-amerikanischen Krieges

20. Jahrhundert

25.4.1901	Gründung der *Lliga Regionalista*
25.11.1905	Überfall durch spanische Offiziere auf katalanische Zeitungsverlage nach dem *Affair Cu-cut*
21.4.1907	Überwältigender Wahlsieg von *Solidaritat Catalana* bei Parlamentswahlen
24.7.1909	Beginn der *Semana Trágica* in Barcelona
30.10.1910	Gründungsversammlung in Barcelona der *Confederación Nacional del Trabajo* (CNT)
6.4.1914	Zusammenschluss der vier katalanischen Provinzen zur *Mancomunitat de Catalunya*
19.7.1917	Zusammentreffen von Parlamentariern in Barcelona zur Ausarbeitung einer Verfassungsreform
13.8.1917	Ausrufung eines Generalstreiks und schwere soziale Unruhen
5.2.1919	Beginn schwerer Streikwellen in Barcelona

13.9.1923	Übernahme der Regierungsgewalt in Spanien durch General Miguel Primo de Rivera
20.3.1925	Auflösung der *Mancomunitat de Catalunya*
28.1.1930	Rücktritt von General Primo de Rivera
17.8.1930	Besiegelung des republikanischen «Paktes von San Sebastián»
12.4.1931	Kommunalwahlen; Sieg in Katalonien der *Esquerra Republicana*
14.4.1931	Ausrufung der Zweiten Republik und Exil von König Alfons XIII.
2.8.1931	Annahme des *Estatut de Núria* durch ein Plebiszit
10.8.1932	Putschversuch gegen die republikanische Ordnung durch General José Sanjurjo in Sevilla
9.9.1932	Verabschiedung des Autonomiestatuts für Katalonien
20.11.1932	Sieg der *Esquerra* bei Wahlen zum katalanischen Regionalparlament; Wahl von Francesc Macià zum Präsidenten der katalanischen Regierung
19.11.1933	Sieg der vereinigten Rechtsparteien bei Wahlen zum spanischen Parlament
25.12.1933	Tod von Francesc Maciá; Nachfolge an der Spitze der *Generalitat* durch Lluís Companys
6.10.1934	«Spanische Oktoberrevolution»; Ausrufung des «Staates Katalonien innerhalb der föderalen Republik Spanien» durch Lluís Companys
16.2.1936	Sieg der Volksfrontkoalition bei Wahlen zum spanischen Parlament
26.2.1936	Wiederherstellung der *Generalitat* unter Lluís Companys
17./18.7.1936	Militärputsch und Beginn des Bürgerkrieges
21.7.1936	In Barcelona Bildung des «Komitees der Antifaschistischen Milizen»
3.5.1937	Beginn der Kämpfe zwischen Kommunisten, Anarchisten und unabhängigen Marxisten in Barcelona
31.10.1937	Verlegung des republikanischen Regierungssitzes nach Barcelona
10.3.1938	Beginn der Offensive der Nationalisten in Aragonien
26.1.1939	Einnahme Barcelonas durch die Nationalisten
9.2.1939	Erlass des Gesetzes über politische Verantwortlichkeiten durch die Regierung Francos
11.2.1939	Vollständige Besetzung Kataloniens durch nationalistische Einheiten

1.4.1939	Ende des Bürgerkrieges
15.10.1940	In der Festung von Montjuïc Erschießung von Lluis Companys
19.10.1944	Einfall republikanischer Kämpfer in das Val d'Aran
22.1.1948	Auflösung der katalanischen Exilregierung unter Josep Irla
1.3.1951	Beginn des Boykotts des öffentlichen Transportwesens in Barcelona
7.8.1954	In Mexiko Wahl von Josep Tarradellas zum neuen Präsidenten der *Generalitat*
21.7.1959	Verkündigung des *Plan de Estabilización* als Ausgangspunkt für die Industrialisierung Spaniens
11.7.1961	Gründung des katalanischen Kulturzentrums *Òmnium Cultural*
7.11.1971	Zusammenschluss politischer und sozialer Oppositionskräfte zur *Assemblea de Catalunya*
20.11.1975	Tod von General Franco
18.11.1976	Verabschiedung des Gesetzes über die politische Reform durch die franquistischen *Cortes*
15.6.1977	Erste demokratische Parlamentswahlen
11.9.1977	Kundgebung mit einer Million Menschen für Autonomierechte für Katalonien
18.10.1977	Ernennung von Josep Tarradellas zum Präsidenten der provisorischen *Generalitat*
29.12.1978	Inkrafttreten der spanischen Verfassung
25.10.1979	Annahme durch Volksentscheid des neuen Autonomiestatuts
20.3.1980	Erste Wahlen zum katalanischen Regionalparlament; relative Mehrheit für die *Convergència i Unió* (CiU) unter Jordi Pujol
25.1.1981	Erklärung von zweitausenddreihundert in Katalonien lebenden Intellektuellen und spanischen Beamten gegen die Katalanisierung der Gesellschaft
23.2.1981	Putschversuch und Erstürmung des spanischen Parlaments durch Oberstleutnant Antonio Tejero
18.3.1981	Gründung von *Crida a la Solidaritat en Defensa de la Llengua, la Cultura i la Nació Catalana*
30.6.1982	Gesetz über die Harmonisierung des Autonomieprozesses (LOAPA)
18.4.1983	Verabschiedung des Gesetzes zur sprachlichen Normierung (*Llei de Normalització Lingüística*)

9.8.1983	Verwerfung der LOAPA in zentralen Punkten durch das spanische Verfassungsgericht
29.4.1984	Absolute Parlamentsmehrheit in Katalonien für Jordi Pujol
1.1.1986	Beitritt Spaniens zur Europäischen Gemeinschaft
25.7.1992	Eröffnung der Olympischen Sommerspiele in Barcelona
30.12.1997	Verabschiedung der *Llei de Política Lingüística*

21. Jahrhundert

16.11.2003	Regierungsübernahme in Katalonien durch ERC, PSC und ICV
19.1.2006	Rückführung von Archivbeständen der *Generalitat* aus Salamanca
18.6.2006	Annahme des neuen Autonomiestatuts für Katalonien in einem Volksentscheid
10.10.2007	Eröffnung der Frankfurter Buchmesse mit der katalanischen Kultur als Ehrengast

Abkürzungen

CC.OO.	Comisiones Obreras
CDC	Convergència Democràtica de Catalunya
CEDA	Confederación Española de Derechas Autónomas
CiU	Convergència i Unió
CNT	Confederación Nacional del Trabajo
ERC	Esquerra Republicana de Catalunya
FOC	Front Obrer de Catalunya
ICV	Iniciativa per Catalunya Verds
LOAPA	Ley Orgánica de Armonización del Proceso Autonómico
MSC	Moviment Socialista de Catalunya
PCE	Partido Comunista de España
PNV	Partido Nacionalista Vasco
POUM	Partido Obrero de Unificación Marxista
PP	Partido Popular
PSC	Partit Socialista de Catalunya/Partit dels Socialistes de Catalunya
PSOE	Partido Socialista Obrero Español
PSUC	Partit Socialista Unificat de Catalunya
UCD	Unión de Centro Democrático
UGT	Unión General de Trabajadores
USC	Unió Socialista de Catalunya

Auswahlliteratur

Gesamt- und Überblicksdarstellungen

Balcells, Albert: Breve historia del nacionalismo catalán. Madrid 2004

Balcells, Albert (Dir.); Pérez, Arturo; Sabaté, Flocel; Simon, Antoni: Historia de Cataluña. Madrid 2006

Gabriel, Pere (Dir.): Història de la cultura catalana, 10 Bde. Barcelona 1995–1999

Hernàndez Cardona, Francesc Xavier: Història de Catalunya. Barcelona 2006

Hurtado, Vìctor; Gatell, Cristina; Molinero, Felipe: Atles Històric de Catalunya. Barcelona 1998

Maluquer de Motes, Joan: Història econòmica de Catalunya, segles XIX i XX. Barcelona 1998

Mestre i Campi, Jesús (Dir.): Diccionari d'Història de Catalunya. Barcelona 1992

Mestre i Campi, Jesús; Hurtado, Vìctor (Dir.): Atles d'Història de Catalunya. Barcelona 1995

Nadal, Jordi; Benavente, Jaime; Benaül i Berenguer, Josep M.; Sudrià i Triay, Carles: Història econòmica de la Catalunya Contemporània, 6 Bde. Barcelona 1988–1994

Riquer, Borja de (Dir.): Història, Política, Societat i Cultura dels Països Catalans, 12 Bde. Barcelona 1995–1999

Risques, Manel (Dir.); Duarte, Angel; Riquer, Borja de; Roig Rosich, Josep M.: Història de la Catalunya contemporània. De la guerra del Francès al nou Estatut. Barcelona 2006 (2. Aufl.)

Vilar, Pierre: La Catalogne dans l'Espagne moderne. Recherches sur les fondements économiques des structures nationales, 3 Bde. Paris 1962

Vilar, Pierre: Història de Catalunya, 10 Bde. Barcelona 1987–2003

Spezialliteratur

Mittelalter

Abadal, Ramon d': El domini carolingi a Catalunya. Barcelona 1986

Abadal, Ramon d': El temps i el regiment del comte Gruifred el Pilós. Barcelona 1989

Abulafia, David: The Western Mediterranean kingdoms, 1200–1500. The struggle for dominion. London 1997
Aurell, Jaume: Els mercaders catalans al cuatrecents. Lleida 1996
Aurell, Jaume (Hg.): El Mediterráneo medieval y renacentista, espacio de mercaderes y de culturas. Pamplona 2002
Barceló, Miquel (Dir.): Musulmans i Catalunya. Barcelona 1999
Batlle, Carme: La crisis social y económica de Barcelona a mediados del siglo XV, 2 Bde. Barcelona 1973
Benito, Pere: Senyoria de la terra i tinença pagesa al comtat de Barcelona (segles XI–XIII). Barcelona 2003
Bisson, Thomas N.: Tormented voices. Power, Crisis and Humanity in Rural Catalonia 1140–1200. Cambridge (Mass.) 1998
Bolòs i Masclans, Jordi: Catalunya medieval. Una aproximació al territori i a la societat a l'edat mitjana. Barcelona 2000
Catlos, Brian A.: The victors and the vanquished. Christians and Muslims of Catalonia and Aragon, 1050–1300. Cambridge 2004
Colomer, Eusebio: El pensament als països catalans durant l'Edat Mitjana i el Renaixement. Barcelona 1997
Del Treppo, Mario: Els mercaders catalans i l'expansió de la Corona catalano-aragonesa. Barcelona 1976
Engels, Odilo: Reconquista und Landesherrschaft: Studien zur Rechts- und Verfassungsgeschichte Spaniens im Mittelalter. Paderborn 1989
Ferrer i Mallol, María Teresa (Dir.): Els catalans a la Mediterrània oriental a l'edat mitjana. Barcelona 2003
Ferrer i Mallol, María Teresa: Entre la paz y la guerra. La Corona catalano-aragonesa y Castilla en la Baja Edad Media. Barcelona 2005
Freedman, Paul H.: The Origins of Peasant Servitude in Medieval Catalonia. New York 1991
Hillgarth, Jocelyn N.: Ramon Llull i el naixement del llullisme. Barcelona 1998
Kagay, Donald J.: War, government, and society in the medieval Crown of Aragon. Ashgate 2007
Kosto, Adam J.: Making agreements in medieval Catalonia: power, order, and the written word, 1000–1200. Cambridge 2001
Nirenberg, David: Communities of violence. Persecution of minorities in the Middle Ages. Princeton 1998 (2. Aufl.)
Ryder, Alan: The Kingdom of Naples under Alfonso the Magnanimous: The Making of a Modern State, Oxford 1976
Sabaté, Flocel: L'expansió territorial de Catalunya (segles IX–XII): conquesta o repoblació ? Lleida 1996
Sabaté, Flocel: Vida domèstica del segle IX al XVIII. Barcelona 1996

Smith, Damian J.: Innocent III and the Crown of Aragon. The limits of Papal authority. Ashgate 2004
Sobrequés i Vidal, Santiago; Sobrequés i Callicó, Jaume: La guerra civil catalana del segle XV, 2 Bde. Barcelona 1987
VanLandingham, Marta: Transforming the state: king, court and political culture in the realms of Aragon (1213–1387). Leiden 2002
Vicens Vives, Jaume: Historia de los Remensas (en el siglo XV). Barcelona 1978

Frühe Neuzeit

Albareda, Joaquim (Hg.): Del patriotisme al catalanisme. Societat i política (segles XVI–XIX). Vic 2001
Albareda, Joaquim: Felipe V y el triunfo del absolutismo. Cataluña en un conflicto europeo (1700–1714). Barcelona 2002
Amelang, James: Honored Citizens of Barcelona: Patrician Culture and Class Relations, 1490–1714. Princeton 1986
Bada, Joan: La inquisició a Catalunya (segles XIII–XIX). Barcelona 1992
Belenguer Cebrià, Ernesto: Cataluña: De la Unión de Coronas a la Unión de Armas. Madrid 1996
Belenguer Cebrià, Ernesto: La Corona de Aragón en la monarquía Hispánica. Del apogeo del siglo XV a la crisis del XVII. Barcelona 2001
Blázquez, Juan: La Inquisición en Cataluña. El tribunal del Santo Oficio de Barcelona 1487–1820. Toledo 1990
Bricall, Josep M.: La política econòmica de la Generalitat, 2 Bde. Barcelona 1970/1979
Carbonell i Esteller, Montserrat: Sobreviure a Barcelona. Dones, pobresa i assistència al segle XVIII. Vic 1997
Casals, Angel: L' Emperador i els catalans. Catalunya a l'Imperi de Carles V (1516–1543). Granollers 2000
Elliott, John: The Revolt of the Catalans: A Study in the Decline of Spain, 1598–1640. Cambridge 1963
Ferro, Víctor: El Dret Públic Català. Les institucions a Catalunya fins al Decret de Nova Planta. Vic 1987
García Cárcel, Ricardo: Pau Claris. La revolta catalana. Barcelona 1980
García Cárcel, Ricardo: Felipe II y Cataluña. Valladolid 1997
García Espuche, Albert: Un siglo decisivo. Barcelona y Cataluña, 1550–1640. Madrid 1998
Gay Escoda, Josep M.: El corregidor a Catalunya. Madrid 1997
Kamen, Henry: The phoenix and the flame. Catalonia and the Counter Reformation. New Haven 1993

Kamen, Henry: Cambio cultural en la sociedad el Siglo de Oro. Cataluña y Castilla. Madrid 1998

Lluch, Ernest: El pensament econòmic a Catalunya, 1760–1840. Barcelona 1973

Lluch, Ernest: La Catalunya vençuda del segle XVIII. Barcelona 1996

Marcet-Juncosa, Alice: Breu història de les terres catalanes del nord. Perpignan 1988

Marfany, Joan-Lluís: La llengua maltractada. El castellà i el català a Catalunya del segle XVI al segle XIX. Barcelona 2001

Martínez Shaw, Carlos: Cataluña en la carrera de Indias 1680–1756. Barcelona 1981

Molas Ribalta, Pere: Comerç i estructura social a Catalunya i València als segles XVII i XVIII. Barcelona 1977

Molas Ribalta, Pere: Catalunya i la Casa d'Àustria. Barcelona 1996

Neumann, Karsten: Das Wort als Waffe: politische Propaganda im Aufstand der Katalanen 1640–1652. Herbolzheim 2003

Palos, Joan Lluís: Catalunya a l'imperi dels Àustria. La pràctica de govern (segles XVI i XVII). Lleida 1994

Peláez, Manuel J.: Catalunya després de la guerra civil del segle XV. Barcelona 1981

Pérez Latre, Miquel: La Generalitat de Catalunya en temps de Felip II. Valencia 2004

Pladevall, Antoni; Simon, Antoni: Guerra i vida pagesa a la Catalunya del segle XVII. Barcelona 1986

Prats, Joaquim: La universitat de Cervera i el reformisme borbònic. Lleida 1993

Puigvert, Joaquim M.: Església, territori i sociabilitat (s. XVII–XIX). Vic 2001

Reglà, Joan: El bandolerisme català del Barroc. Barcelona 1966

Roura i Aulinas, Lluís: Guerra Gran a la ratlla de França. Catalunya dins la guerra contra la Revolució Francesa 1793–1795. Barcelona 1993

Sales, Núria: Els segles de la Decadència (s. XVI–XVII). Barcelona 1989

Serra, Eva: Pagesos i senyors a la Catalunya del segle XVII. Baronia de Sentmenat 1590–1729. Barcelona 1988

Simon, Antoni: Construccions polítiques i identitats nacionals. Catalunya i els origens de l'estat modern espanyol. Barcelona 2005

Stewart, David: Assimilation and acculturation in seventeenth century Europe. Roussillon and France, 1659–1715. Westport 1997

Thompson, James: A Distinctive Industrialization: Cotton in Barcelona, 1728–1832. Cambridge 1992

Torras Ribé, Josep M.: Els municipis catalans de l'Antic Règim, 1453–1808. Barcelona 1983

Torras Ribé, Josep M.: Los mecanismos del poder. Los ayutamientos catalanes durante el siglo XVIII. Barcelona 2003

Torras Ribé, Josep M.: Felip V contra Catalunya. Barcelona 2005

Torres, Xavier: Nyerros i cadells. Bàndols i Bandolerisme a la Catalunya moderna (1590–1640). Barcelona 1993

Vidal Pla, Jordi: Guerra dels segadors i crisi social. Els exiliats filipistes (1640–1652). Barcelona 1984

19. Jahrhundert

Anguera, Pere: El català al segle XIX. De la llengua del poble a llengua nacional. Barcelona 1997

Anguera, Pere: El carlisme a Catalunya. Barcelona 1999

Anguera, Pere: Els precedents del catalanisme. Catalanitat i anticentralisme, 1808–1868. Barcelona 2000

Arnabat, Ramon: La revolució de 1820 i el Trienni Liberal a Catalunya. Vic 2001

Burgueño, Jesús: De la vegueria a la província. La formació de la divisió territorial contemporània als Països Catalans (1790–1850). Barcelona 1995

Cabana, Francesc: La burgesia catalana. Una aproximació històrica. Barcelona 1996

Canal, Jordi: El Carlisme català dins l'Espanya de la Restauració, 1888–1900. Un assaig de modernització política. Vic 1998

Castellanos, Jordi: Intellectuals, cultura i poder. Entre el Modernisme i el Noucentisme. Barcelona 1998

Connally Ullman, Joan: The Tragic Week: A Study in Anticlericalism in Spain, 1875–1912. Cambridge (Mass.) 1968

Fabre, Jaume; Huertas Clavería, Josep M.: Barcelona, la construcció d'una ciutat. Barcelona 1989

Ferrer, Francesc: La persecució política de la llengua catalana. Història de les mesures preses contra el seu ús des de la Nova Planta fins avui. Barcelona 1985

Ferrer, Llorenç: Pagesos, rabassaires i industrials a la Catalunya Central (segles XVIII–XIX). Barcelona 1987

Figueres, Josep M.: Valentí Almirall, forjador del catalanisme polític. Barcelona 1990

Fontana, Josep: La fi de l'Antic Règim i la industrialització 1787–1868. Barcelona 1988

Fontana, Josep: La revolució liberal a Catalunya. Vic 2003
Fontbona, Francesc; Jorba, Manuel (Hg.): El romanticisme a Catalunya, 1820–1874. Barcelona 1999
Fradera, Josep M.: Indústria i mercat. Les bases comercials de la industria catalana moderna, 1814–1845. Barcelona 1987
Garcia Balañà, Albert: La fabricació de la fàbrica: treball i política a la Catalunya cotonera (1784–1884). Barcelona 2004
Hina, Horst: Kastilien und Katalonien in der Kulturdiskussion 1714–1939. Tübingen 1978
Izard, Miquel: Revolució industrial i obrerisme. Les tres Classes de Vapor a Catalunya, 1869–1913. Barcelona 1970
Izard, Miquel: Manufactureros, industriales y revolucionarios. Las burguesías industriales catalanas y el control por el poder en España, 1868–1875. Barcelona 1979
Janué, Mariciò: La Junta Revolucionària de Barcelona de l'any 1868. Vic 1992
Marfany, Joan-Lluís: La cultura del catalanisme. El nacionalisme català en els seus inicis. Barcelona 1995
McDonogh, Gary W.: Good Families of Barcelona: A Social History of Power in the Industrial Era. Princeton 1986
Mees, Ludger; Nagel, Klaus-Jürgen; Puhle, Hans-Jürgen: Kampf um den Wein. Modernisierung und Interessenpolitik im spanischen Weinbau Rioja, Navarra und Katalonien 1860–1940. Wien 2005
Mercader, Joan: Catalunya i l'Imperi Napoleònic. Barcelona 1978
Mir, Conxita (Hg.): Actituds polítiques i control social a la Catalunya de la Restauració, 1875–1923. Lleida 1989
Moliner i Prada, Antoni: La guerrilla en la Guerra de la Independencia. Madrid 2004
Monés, Jordi: La llengua a l'escola, 1714–1939. Barcelona 1984
Nadal, Jordi; Maluquer de Motes, Joan: Catalunya, la fàbrica d'Espanya, 1833–1936. Barcelona 1985
Núñez Florencio, Rafael: El terrorisme anarquista, 1888–1909. Madrid 1983
Pascual i Domènech, Pedro: Agricultura i industrialització a la Catalunya del segle XIX. Formació i desestructuració d'un sistema econòmic. Barcelona 1990
Pascual i Domènech, Pedro: Los caminos de la era industrial. La construcción y financiación de la red ferroviaria catalana (1843–1898). Barcelona 1999
Pérez Picazo, M. Teresa; Segura, Antoni; Ferrer, Llorenç (Hgg.): Els catalans a Espanya, 1760–1914. Barcelona 1996

Pich i Mitjana, Josep: Federalisme i catalanisme. Valentí Almirall i Llozer (1841–1904). Vic 2004
Riquer, Borja de: Lliga Regionalista. La burguesia catalana i el nacionalisme, 1898–1904. Barcelona 1977
Riquer, Borja de: Escolta Espanya. La cuestión catalana en la época liberal. Madrid 2001
Risques Corbella, Manel: El Govern Civil de Barcelona al segle XIX. Barcelona 1995
Santirso, Manuel: Revolució liberal i guerra civil a Catalunya, 1833–1840. Lleida 1999
Ucelay-Da Cal, Enric: El imperialismo catalán. Prat de la Riba, Cambó, D'Ors y la conquista moral de España. Barcelona 2003
Valentí Fiol, Eduard: El primer modernismo literario catalán y sus fundamentos ideológicos. Barcelona 1973
Vallverdú, Robert: La Guerra del Matiners a Catalunya, 1846–1849. Una crisi econòmica i una revolta popular. Barcelona 2002
Vicens Vives, Jaume: Los catalanes en el siglo XIX. Madrid 1986

20. und 21. Jahrhundert
Alavedra, Joan; Roig Rosich, Josep M.: Francesc Macià, el camí cap a la Presidència de la Generalitat, 1859–1926. Barcelona 1993
Althammer, Beate: Die Textilarbeiterinnen von Barcelona: Arbeitsbedingungen, Alltag und soziale Konflikte 1900–1914. Saarbrücken 1992
Álvarez Junco, José: El Emperador del Paralelo. Lerroux y la demagogia populista. Madrid 1990
Andrés Orizo, Francisco; Roque, Maria Àngels: Els catalans a l'enquesta de valors. Barcelona 2001
Arias Velasco, Josep: La Hacienda de la Generalidad (1931–1936). Barcelona 1977
Avilés Farré, Juan: Francisco Ferrer y Guardia. Madrid 2006
Balcells, Albert: Catalan Nationalism, Past and Present. London 1996
Balcells, Albert, Pujol, Enric; Sabater, Jordi: La Mancomunitat de Catalunya i l'autonomia. Barcelona 1996
Balfour, Sebastian: Dictatorship, Workers, and the City: Labor in Greater Barcelona since 1939. Oxford 1989
Ballester, David; Risques Corbella, Manel; Sobrequés, Jaume: El triunf de la memòria. La manifestació de l'Onze de Setembre de 1977. Barcelona 2002
Barbagallo, Francesco, et al.: Franquisme. Sobre resistència i consens a Catalunya (1938–1959). Barcelona 1990

Batista, Antoni; Playà, Josep: La gran conspiració. Crònica de l'Assemblea de Catalunya. Barcelona 1999
Benet, Josep: L'intent franquista de genocidi cultural contra Catalunya. Barcelona 1995
Bengoechea, Soledad: Organització patronal i conflictivitat social a Catalunya. Tradició corporativisme entre finals de segle i la dictadura de Primo de Rivera. Barcelona 1994
Berger, Verena: Theater und Sprache. Das katalanische Theater zwischen Diktatur und Demokratie. Wien 1999
Cabana, Francesc: 37 anys de franquisme a Catalunya. Una visió econòmica. Barcelona 2000
Colomer, Jaume: La temptació separatista a Catalunya. Els orígens (1895–1917). Barcelona 1995
Colomer, Josep Maria: Els estudiants de Barcelona sota el franquisme. Barcelona 1978
Colomines i Companys, Agustí: El catalanisme i l'Estat. La lluita parlamentària per l'autonomia (1898–1917). Barcelona 1993
Culla, Joan B.: El republicanisme lerrouxista a Catalunya (1901–1923). Barcelona 1987
Díaz Esculies, Daniel: El catalanisme polític a l'exili. 1939–1959. Barcelona 1991
Díaz Esculies, Daniel: L'oposició catalanista al franquisme: el republicanisme liberal i la nova oposició, 1939–1960. Barcelona 1996
Fanés, Felix: La vaga de tramvies de 1951. Barcelona 1977
Ferrer, Miquel: La Generalitat de Catalunya a l'exili. Barcelona 1977
Gallofré i Virgili, Maria J.: L'edició catalana i la censura franquista (1939–1951). Barcelona 1991
García Jordan, Pilar: Els catòlics catalans i la Segona República, 1931–1936. Barcelona 1986
Gergen, Thomas: Sprachengesetzgebung in Katalonien. Die Debatte um die «Llei de Política Lingüística» vom 7. Januar 1998. Tübingen 2000
Giner, Salvador (Hg.): La societat catalana. Barcelona 1998
Guibernau, Montserrat: Nacionalisme catalá. Franquisme, transició i democràcia. Barcelona 2002
Jackson, Gabriel; Centelles, Agustí: Catalunya republicana i revolucionària, 1931–1939. Barcelona 1982
Kaplan, Temma: Red City, Blue Period: Social Movements in Picasso's Barcelona. Berkeley 1992
King, Stewart: Lengua e identidades culturales en la narrativa contemporánea de Cataluña. Woodbridge 2005

Loibl, Stefan: Kollektiv oder kooperativ? Genossenschaften und Kollektive in Katalonien. Berlin 1988
MacRoberts, Kenneth: Catalonia. Nation building without a state. Oxford 2001
Marí i Mayans, Isidor: Die Katalanischen Länder. Geschichte und Gegenwart einer europäischen Kultur. Berlin 2003
Marín, Martí: Els ajuntaments franquistes. Política i administració municipal, 1938–1979. Lleida 2000
Martín Ramos, Josep Lluis: Els orígens del Partit Socialista Unificat de Catalunya (1930–1936). Barcelona 1977
Massot, Josep: L'Església catalana entre la guerra i la postguerra. Barcelona 1978
Matthée, Ulrich: Katalanische Frage und spanische Autonomien. Paderborn 1988
Mir, Conxita: Vivir es sobrevivir. Justicia, orden y marginación en la Cataluña rural de postguerra. Lleida 2000
Molinero, Carme; Ysás, Pere: L'oposició antifranquista a Catalunya (1939–1950). Barcelona 1981
Molinero, Carme; Ysás, Pere: Catalunya durant el franquisme. Barcelona 1999
Molinero, Carme; Ysás, Pere: Els industrials catalans durant el Franquisme. Vic 1991
Monés, Jordi: L'escola a Catalunya sota el franquisme. Barcelona 1981
Nagel, Klaus-Jürgen: Arbeiterschaft und nationale Frage in Katalonien zwischen 1898 und 1923. Saarbrücken 1991
Pagès i Rejsek, Josep: Die politische Autonomie Kataloniens. Ursprünge, Kompetenzen und Organisation der Generalitat. Barcelona 1996
Piñol, Josep M.: El nacionalcatolicisme a Catalunya i la resistencia, 1936–1966. Barcelona 1993
Pitarch, Ismael: L'estructura del Parlament de Catalunya i les seves funcions polítiques, 1932–1939. Barcelona 1977
Pöter, Bernhard: Von der Ohnmacht zur Gegenmacht. Die Arbeiterkommissionen in der Provinz Barcelona unter dem Franquismus. Saarbrücken 1995
Pradas, Maria Amàlia: L'anarquisme i les lluites socials a Barcelona, 1918–1923. La repressió obrera i la violencia. Barcelona 2003
Raguer, Hilari: La Unió Democràtica de Catalunya i el seu temps, 1931–1939. Barcelona 1976
Ridao, Joan: Les contradiccions del catalanisme. Barcelona 2006
Riera, Ignasi: Els catalans de Franco. Barcelona 1998

Riquer, Borja de: L'últim Cambó (1936–1947). La dreta catalanista davant la guerra civil i el franquisme. Vic 1996
Roig Rosich, Josep M.: L'Estatut de Catalunya a les Corts Constituents, 1932. Barcelona 1978
Roig Rosich, Josep M.: La dictadura de Primo de Rivera a Catalunya. Un assaig de repressió cultural. Barcelona 1992
Sabartés, Jaume: F. C. Barcelona. Zwischen Sport und Politik. Die Geschichte des Fußballvereins 1939 bis 1981. Berlin 1987
Sabater, Jordi: Anarquisme i catalanisme. La CNT i el fet nacional català durant la Guerra Civil. Barcelona 1986
Sobrequés i Callicó, Jaume: El restabliment de la Generalitat i el retorn del president Tarradellas. Barcelona 1988
Soldevila, Ferran: Història de la proclamació de la Segona República a Catalunya. Barcelona 1977
Solé i Sabaté, Josep Maria; Villarroya, Joan: Cronologia de la repressió de la llengua i la cultura catalanes, 1936–1975. Barcelona 1994
Solé i Sabaté, Josep Maria; Villarroya, Joan: La repressió a la reraguarda de Catalunya (1936–1939), 2 Bde. Barcelona 1989/1990
Thomàs, Joan Maria: Falange, guerra civil, franquisme. FET y de las JONS de Barcelona en els primers anys del règim franquista. Barcelona 1992
Ucelay-Da Cal, Enric: La Catalunya populista. Imatge, cultura i política en l'etapa republicana, 1931–1939. Barcelona 1982
Villarroya i Font, Joan: Els bombardeigs de Barcelona durant la Guerra Civil. Barcelona 1981
Villarroya i Font, Joan; Solé Sabaté, Josep Maria: Breu historia de la guerra civil a Catalunya. Barcelona 2005